WIZARD

資本主義は最高!

ホーム・デポ《グローバル企業》設立で夢《アメリカンドリーム》をつかんだ男

ケン・ランゴーン［著］ 堀川 志野舞［訳］

I LOVE CAPITAL

Story– by Kenneth Gerard Langone

Pan Rolling

I LOVE CAPITALISM!
An American Story
by Ken Langone

This edition published by arrangement with Portfolio,
an imprint of Penguin Publishing Group, a division of Penguin Random House LLC
through Tuttle-Mori Agency, Inc., Tokyo

妻と息子へ、永遠の愛と感謝を込めて

目次

この世界は、リスクを恐れぬ冒険者のものだ。
――ケン・ランゴーン

かつて、ある若者が私に言った。「お金ですべては買えないでしょう」

私は言った。「いいかね、私は貧しかったが、いまなら言える。貧しくて良いこともあまりないんだ」

第1章

バックネル大学に三〇〇ドルの借り

I OWE BUCKNELL $300

本書は、資本主義に対する私のラブソングだ。資本主義は機能する。もう一度言わせてもらおう。資本主義は機能する！　私がその生きた証拠だ。資本主義はすべての人に機能する。肌の色が黒くても、白くても、褐色でも、何色でも。誰でも大きな夢を見る権利があり、誰もが大きな夢を描くべきである。私はそうした。私は裕福な家に生まれたわけではない。はっきり言っておきたい。私がアメリカン・ドリームそのものだ。

私は第二次世界大戦中から戦後間もない時代にかけて、ロングアイランドのロズリン・ハイツで育った。裕福だった試しはない。父は腕のいい配管工だったが経済的には成功せず、暮らしはいつもかつかつだった。父の稼ぎだけでは家族を養いきれなかったので、母も働きに出ていた。母は学校のカフェテリアで働き、そのわずかな収入を家計の足しにしていた。だが、私はわが家が貧しいとは思っていなかったし、素晴らしい子ども時代を過ごした。

ロズリン・ハイツから丘を越えたすぐ向こうには、砂と砂利が採掘されている丘陵が広がっていた。カウ・ベイと呼ばれる地域だ。当時、ニューヨーク市では工事が盛んに行われていたので、カウ・ベイの砂は大きな需要があった。道路、歩道、インフラ整備——コンクリートが使われるところはどこでも。ふたりの祖父はどちらも若い頃にイタリアから移住してきて、どちらも採石場で働いていた。土砂崩れがしょっちゅう起こる、危険な仕事場だった。父方の祖父は商才があり、採石場に店も構えていた。鉱山労働者とその家族に、野菜や缶詰、その他なんでも販売していたのである。さらに祖父は多くの不動産を購入した。土地の所有は移民にとって何より重要なことであり、金持ちへの道だった。祖父が手に入れた地所はやがて非常に価値が上がったが、祖父自身は一九三二年に車に轢かれて亡くなった。轢いたのが誰なのかは分からずじまいだった。祖父の死後、その息子たちは誰が資産税を払うのかで揉めて、結局誰も払わなかったので、租税先取特権制度《タックス・リーエン》により、不動産は売却された。

父方の祖父が亡くなったのは私が生まれる三年前のことで、祖母も一九一九年にインフルエンザの大流行によって亡くなっているので、祖母にも会えなかった。母方の祖父母には会えている。彼らは働き者だった。祖母は専業主婦だった。祖父は六歳で学校を辞め、それ以来学校には行っていない。一九五二年に七二歳で亡くなったとき、祖父は英語もイタリア語も読み書きできなかった。

祖父は農民だった。立派な人で、六歳から死ぬまでシャベルを握りつづけていた。祖父の右手はすっかり変形してしまっていた。六〇年間シャベルを握っていたせいで、親指が曲げられなくなっていたのだ。祖父の唯一の楽しみは、土曜の午後の〝オペラ〟だった。平日は毎日採石場で働いて、土曜の午前中は雑用をしていた。帰宅すると、祖母が準備しておいた風呂に入り、汚れを落とす。いつもベストとスーツのズボンを身に着けて、フックとアイレット（靴ひも穴）が付いているようなハイトップの黒い靴を履いていた。履き古してくたびれると、作業靴にしていた。

入浴して着替えると、昼食の時間だ。祖父は菜食主義者で、ポテトとピーマンの炒め物にパンを一切れ、自家製ワインをほんの少しというのがお気に入りだった。土曜の午後は昼食を終えると木陰に座り（祖父は家を所有したことは一度もなく、いつも賃貸だった）、WZJラジオ局でテキサコがスポンサーとなって放送しているメトロポリタン・オペラを聴く。二〇一七年、私はメトロポリタン・オペラの『ラ・ボエーム』の公演に招待され、上演前にメトロポリタン美術館の理事を務めるアン・ジフと食事をした。ディナーと公演の間じゅう、私は密かに思っていた。「いやはや、じいちゃんにいまの私を見せてあげたかった」と。

近隣のきれいな町、ビーコン・ヒルに、ミスター・デービスという男性が住んでいた。彼はニューヨーク州の役人で、運輸省に勤めていた。祖父は週末にはミスター・デービスの家で、芝を刈ったり、庭木の剪定などをしていた。ミスター・デービスは祖父に道路の仕事も世話してくれた。当時は、冬の道に砂をまくのに、機械を使っていなかった。ふたりの人間がトラックの後部に立ち、身を乗りだして雪の積もった道に砂をまいていたのだ。これも祖父の仕事のひとつだった。堅実な仕事で、たかが知れていたとはいえ、そこそこの収入になった。大した金額ではなくても採石場よりはマシで、そこまで危険でもなかった。ただし、もうひとりの相手にうっかりシャベルで殴られるという危険はつきものだったが（特に夜間は）。

一九五二年八月のある土曜日、祖父はミスター・デービスの家で仕事をしていて、一本の枝を切ろうと手を伸ばしたときに脳卒中を起こし、その四日後に亡くなった。祖父は心房細動（ＡＦｉｂ）を患っていたのだが、当時はワルファリンがなく、β遮断薬がなかった。私も心房細動の診断を受けているが、抗凝血剤を摂取している。家系、遺伝的性質だ。

私の両親、アンジーことアンジェリーナ・テレサとジョン・フランシス・ランゴーンもまた、いたって素朴な人間だった。どちらも高校さえ卒業していない。母は七年生で中退した。父は採石場で働くのが嫌だったので、職業学校に行って配管工になるために学んだ。だが、一九三〇年から一九三四年の大恐慌の四年間（私が生まれる前のことだ）、父はまったく仕事をしなかった。経済情勢だけが理由ではなく、健康上の事情もあった。双極性障害を抱えていたうえに、大腸炎を患ったのである。四年間、私の両親は親戚や友人たちの助けを頼りに暮らした。

一九三五年九月に私が生まれた頃には父はまた働きはじめていたが、両親は相変わらず経済的に困窮していた。第二次世界大戦中、父はオイスターベイのヤコブソン造船所で働き、戦争に使う船の配管工事をしていた。母はわが家から通りを挟んだところにあるロズリン・ハイツ小学校で奉仕活動を行い、当時は欠食児童と呼ばれていた子どもたちに食事を与えていた。政府はこの哀れな子どもたちに食べさせるため、余剰食糧を送り届けていた。母は数年間ボランティアを続けていたが、やがて学校に子どものためのカフェテリアができると、そこで働かないかという誘いを受けた。

母は毎朝、私の朝食を作り、あらかじめ昼食の用意もしてから、カフェテリアの仕事に歩いて出かけていった。昼食はいつも同じで、私の好物、アメリカンチーズを載せた白パンだ。母は驚くほどよく気がつく人だった。精神的な問題や勉強の問題、とにかくなんであれ、つらい思いをしている子どもがいたらそのことに気づき、何かと気に掛けては親切にしていた。

私は母親が働いているカフェテリアで昼食をとるのは嫌だったので、毎日ランチは家に帰って食べていた。友だちを連れて帰ることもあった。アーサー・キンブル、黒人の子だ。ニックネームはババ。ババが一緒に帰ってくると分かっているときには、母は彼の分もサンドイッチを作っておいてくれた。

私たちはロズリン・ハイツのセント・マークス・プレース五八番地に住んでいた。両親はこの家を一九四四年に四〇〇〇ドルで購入した。父が住宅ローンを組んでいたのを覚えている。月々の返済額は二八ドルほど。一五×三〇メートルほどの土地に建つ小さな家で、裏手には線路へと続く丘があった。石炭炉を備えた地下室は未完成のままだった。一階にはダイニング、リビング、キッチン、それに小さなパントリーがあり、パントリーには冷蔵箱が置かれていた。この冷蔵箱のために、三、四日おきに、氷が運ばれてきた。氷の塊を包んだ帆布を肩にかつぎ、氷のトングを手にした男がやってくるのだ。冷蔵箱は木製で、仕切りでふたつに分かれており、仕切りの下側には食料を、上側には氷を入れるようになっていた。

二階には寝室が三部屋あった。五歳上の兄のマイクと私がひとつの部屋を、両親がもうひとつの部屋を使い、最後のひと部屋は、例えば新居を見つけるまでの仮住まいが必要な新任教師などにときどき貸していた。

父は常に仕事を探していた。父は配管工の組合員（配管工組合四五七支部）で、ひとつの仕事が終わると、次の仕事を見つけるまで職を失うことになる。

父は実に几帳面できちっとしていた。ひとつの仕事が終わるといつも、家に帰って母に報告し、そのたびに母が父のつなぎの作業服を洗濯した。家には旧式の洗濯機があった。前後に動く攪拌機、そして上部には手回し式のしぼり機が付いているタイプだ。翌朝には父の作業服はきれいになってたたまれていて、父は保温機能のある金属製の弁当箱を持って車に乗り込み、組合の仕事を探しに出かけていく。父は車であちこちの作業場を次から次へと回り、仕事がないかひたすら尋ねた。もしも朝の一一時からの仕事が見つかれば、「いますぐ始めても?」と尋ねた。すると、現場監督はたいていの場合、「もちろん。始めたいのならすぐに始めてくれ」と答えるのだった。

四五七支部の組合員は、ふたつ先にある市、グレンコーブに集まっていた。組合事務所の面々は父を好きだったが、ある日、組合の代表者がわが家を訪ねてきて言った。

「なあジョニー、こんなのフェアじゃない。事務所で何日も待ちつづけている連中がいるのに、いつもあんたが仕事を取っちまうんだから」

すると父はこう言い返した。

「いいか、おれには子どもがふたりいるんだ。請求書の支払いをしなきゃならない。仕事がないってときに、事務所でピノクル〔トランプゲーム〕なんかをやりながら、ボスから声がかかるのをじっと待っていられるわけないだろう。車に乗り込んで、仕事を探しに行くまでだ」

仕事が来るのをじっと待ちながら、日がな一日ピノクルに興じて、家に帰る。それが、組合の他の配管工のしていることだった。

「おれは組合に入っている。組合費も払っている。ただひとつ違うのは、おれは声がかかるのを待つなんてことはしない。仕事は自分で見つけにいく。これからもこのやり方を続けるまでだ」と父は代表者に言った。

組合の役員たちはいい顔をしなかった。組合員をコントロールしておきたかったのだ。

一九四八年から一九五〇年までの二年間、父は自営の配管工として働いた。しかし、困った問題があった。父は顧客に請求書を送らなかったのだ。仕事を終えた三年後に請求書を送ることもあった。作業はとっくに終わっているので、請求書を受け取った相手は「おいおい……」となる。

慈善を施そうとしたわけでもなんでもない。経営が下手だっただけだ。工具店で信用取引の限度額まで使って、これ以上は掛け買いできないとなったときに、ようやく請求書を送付しはじめるのだ。兄がスミス・コロナ社製の小型のタイプライターを使って、父のために作った書式どおりにタイプしていたのを覚えている。父は兄の隣に座って、「ええと、取りつけ部品がふたつ、一三〇×一九〇ミリ、四メートルの銅製の管……」などと言っていた。そして兄が請求書を送付した。

父には自発性はあったが、詰めが甘かった。私は違う。私は一一歳で働きはじめた。常にチャンスをうかがっていて、金を稼ぐのが好きだった。最初の仕事は新聞配達だ。ある年のクリスマスには、ほうきの柄（頭の部分はなく、柄だけ）と新聞配達で稼いだ金を手に、クリスマスリースをひとつ七五セントで販売している温室を訪れて、二ダース購入した。そしてリースをすべてほうきの柄に通すと、ひとりあたり五〇セントで雇ったふたりの子どもに両端を持たせて、家から家へと訪ねてまわった。私はリースひとつを一ドル五〇セントで販売し、なかなかの収益をあげた。

ある晩、母が私にこう言った。

「いいこと、あなたは大きな成功を収めるはずよ」

「どうして？」と私は尋ねた。

「お金っていうのはね、世代を飛び越えるものなの。あなたのお父さんのお父さんは、とても成功していたわ。あなたのお父さんとその兄弟は、できるだけの努力はしたけれど、あまり報われなかった。次はあなたが成功する番よ」

父は小型トラックを持っていた。ジョン・ワグナー&サンズ・ティー&スパイスという会社から買い取ったもので、スプレーで深緑に塗装してあった。父はそれをルート・トラックと呼んでいた。このトラックには助手席がなかった。毎週日曜日には家族四人で、兄マイクが高校卒業後すぐに入隊して以降は三人でトラックに乗り込み、ポート・ワシントンに住む祖母の家に昼食を食べに行った。父が運転し、母はその横で牛乳箱に腰かける。もともと配達用のお茶を載せるのに使われていた、そして父が工具を積んでいたトラックの後部に、私は座った。

ロズリン・ハイツにはロズリン・エステーツという金持ちが住む一画があった。ロズリン・エステーツを通り抜けて近道をすれば、ポート・ワシントン・ブールバードとノーザン・ブールバードの交差点に行き当たり、そのままポート・ワシントン・ブールバードを進めば祖母の家に着く。日曜日にロズリン・エステーツを車で通るたびに、母は私に問いかけた。

「いつかここに住みたい？」

うん、と私が答えると、「だったら、頑張って勉強しないとね」と母は言うのだった。私は母の教えに従った。貧乏になるなんて、まっぴらだったから。私は金持ちになりたかった。

私は放課後になるとロズリンの精肉店で働き、その後は毎晩六時から七時まで、ロティサリー・チキンの小さな店で焼き串についた油脂を落とす仕事をしていた（精肉店の店主はチキンの店を商売敵だと考えていて、私がそっちも手伝っていることを知らなかった）。一九五〇年、私が一五歳の頃に、精肉店からいくつか道を挟んだところにM&Hというスーパーマーケットが開店し、私はそこでもアルバイトをした。精肉店の仕事を続けながら、スーパーの開店準備を手伝い、棚に缶詰を並べた。ゴルフコースでキャディーの仕事もした。造園の仕事も始め、あちこちで芝刈りをした。一六歳になって身体が大きくたくましくなると、夏に日雇いで道路工事の仕事をした。私は勤勉なガキだった。そう、ポケットに金さえ入ってくればそれでよかったのだ。

私はいつでもチャンスをうかがっていた。精肉店の次は、ロズリン・ハイツでは数少ないユダヤ人の家族が経営するアルトマン酒店で働いた。ある日、野球の得意なレニー・アルトマンにこう言われた。

「うちで週に二日働く気はないか？」

ゴミの収集は水曜日と金曜日。アルトマンの店では、酒を全部取りだした後の空の段ボール箱をすべて出さなければならない。そんなわけで、火曜日と木曜日の夜、私は段ボール箱を抱えて、グレンウッド・ランディングの発電所からこの地域に電気を運んでいる大きな送電塔のふもとまで、一八〇メートルほど歩いていった。この塔の真下に段ボール箱を出しておけば、翌朝にはゴミ収集車が回収していった。

どうして気づいたのかは覚えていないが、ある日私は、このゴミ回収業者が段ボール箱を持っていってバラし、古紙回収業者に売って金にしていることを知った。第二次世界大戦が終わったばかりの頃の話だ。そこで、私はレニーに相談しにいった。彼は私に対して、一晩につき五〇セント、週に一ドルを支払ってくれていた。私は彼に言った。

「あのさ、ぼくもあの人たちみたいに、段ボール箱を売りたいんだ。だからレニー、もうバイト代はいらないよ。段ボール箱を売った代金を収入にするから」

レニーは承諾してくれた。

四年後、ハイスクールを卒業した頃に、レニーから電話をもらった。そのとき私は精肉店の仕事は辞めて、スーパーマーケット・チェーンのひとつ〈ボーハック〉で働いていた。レニーに会いにいくと、「きみはカレッジに行くつもりらしいな」と、封筒を差し出された。「うん、そうしたいと思ってる」と私は答えた。すると彼は「こいつを取っておいたんだ」と言って、一ドル札が詰まった封筒を私にくれた。レニーは毎週欠かさず、私に払うはずだった一ドル札を封筒に入れていて、それをいま、まとめてくれたのだ。「ほら、カレッジでの足しにしてくれ」と彼は言った。

私は誰にも負けない最高の子ども時代を過ごしたと心から思っている。私の両親は、子どもにとって何よりも必要なもの、無償の愛を与えてくれた。両親は頭がよかったが、正規の教育は受けていなかったので、勉強についてうるさく言うことはなかった。ふたりはただ私を学校に行かせたがり、いずれはカレッジに行かせることを夢みていた。兄もカレッジには行けなかったからだ。だが問題は、私が「賢い子ども」ではあっても、「真面目な生徒」ではなかったという点だ。

ハイスクールではまったく勉強に興味がなかった。少しも身を入れず、最低限の勉強しかしなかった。遊んだり、仕事をしたりするのに忙しすぎたのだ。精肉店、〈ボーハック〉、カントリークラブのキャディー、クリスマスリースの販売。そう、私はやり手だった。ドライクリーニング店の店主を言いくるめて、彼の家に芝生を敷く約束を取りつけたこともある。だがそのときは、腐植土と土とピートモスを注文させておきながら、私は女の子に夢中になって仕事に行かずじまいで、彼の家の前には使われることのない土がいつまでも山積みになっていた。私はまだ子どもだったのだ！

数学は簡単に理解できた。昔から数字には強かったが、それだけだった。カレッジへの進学は両親が抱く夢で、私自身の夢ではなかった。一九五三年にはハイスクールを卒業する予定だったが、私には夢がなかった。あるのはホルモンだけ。その年、私はちっとも相手にしてくれない女の子に夢中になっていた。一七歳の頭で考えたとき、論理的に次に踏むべきステップは、海兵隊に入隊することだった。海兵隊に入れば朝鮮半島に派兵されるかもしれない。そして、戦争の英雄になった姿を彼女に見せてやれるかもしれない。

ただ、この学年にしては私は年少だった。一八歳になるのは卒業後の九月になってからなので、入隊するには両親の許可が必要だった。だが父は私がカレッジに行きたがらないことに怒りくるい、母も入隊を認めようとしなかった。「いけません。もう息子をひとり従軍させているんだから。あなたも、一八歳になったらやりたいようにしていいわ。それまで引き留めていられるなら、まだ心穏やかでいられるから」と母は言った。すると、その年の夏にアイゼンハワーが朝鮮戦争を終わらせて、私の計画はおじゃんになった。

当時私には、ポート・ワシントンに、バックネル大学に通っている一、二歳上の友人が三人いた。その春、彼らの家で開かれる週末のパーティーに招かれた。金曜の夜に訪問し、最高に楽しい時間を過ごした。翌朝、友人たちは大学の授業に出席したが（バックネル大学では土曜の朝に授業があったが、土曜の午後と夜、日曜の朝にもさらにパーティーが開かれていた）、私は彼らに「あそこの建物に学籍係がいる。バックネル大学への入学を許可する係員だよ。会ってくるといい」と勧められた。

それは友人たちの思いつきで、私が考えたことではなかった。パーティーは最高だったものの、だからと言ってカレッジに通おうとは思わなかった。それでも、「いいから会ってこいって。暇つぶしにさ」と友人たちは言った。

「まあいいか」と私は思い、行ってみることにした。建物に入ると、ジョージ・フェイントという名の学籍係がいた。フェイントは、私からあまりやる気を感じられなかったに違いない（二日酔いでもあった）。

「何しに来たんだ？」

「あなたに会って話をしろって、友だちから言われたもんで」と私は答え、もうすぐハイスクールを卒業する予定だと話した。

「で、卒業後はどうする？」とフェイントは質問した。

「海兵隊に入隊するつもりですけど」と私は言った。

「少し話をしようじゃないか」

私たちは少しおしゃべりをした。どちらかというと、私はとんでもなく正直に話した。学校は好きじゃない。勉強は好きじゃない。フェイントはいくつか質問をしているうちに、私の頭がいいことに気づいたようだ。話を終えて帰り、翌週に私はフェイントから手紙を受け取った。そこには、もしもバックネル大学に入学したければ許可しようと書かれていた。手紙の最後には、「カレッジではハイスクールよりもずっと頑張らないといけない」とあった。どうやら彼は私の学校に電話をして、「いいですか、あの子は頭はいいが、どうも熱意が感じられない」と誰かに言われたらしい。

ともかく、このとき私は母に話した。

「母さん、ぼくはカレッジに進学しようと思うんだ」

そのとき、私は複雑な感情を抱いていたように思う。バックネル大学の学費は年間二五〇〇ドル。両親には相当な無理をさせてしまうことになる。私が海兵隊に入隊したがり、今度は気乗りしないままカレッジに進学しようとしていることに対し、まだ怒りがおさまらずにいた父は、ハイスクールの卒業式を見にこなかった。

一九五三年六月のある月曜日、卒業式の夜。私は角帽とガウン姿で進み出て、ハイスクールの校長であるミスター・ロスから卒業証書を受け取った。その後、私と友人、ほかのクラスメートたちもほぼ揃ってみんなで、モントーク岬へとお祝いにくりだした。学校の伝統だ。

翌日の午前一一時に帰宅し、リビングルームに入ると、母が泣き叫んでいた。「誰が死んだんだ？」と真っ先に思った。

「誰も死んでないわ」と母は言った。

「どうして泣いてるの？」
「あなたは大学を落第するんだわ。成績が悪くて退学させられるのよ」
「なんの話？」
「昨夜、ミスター・ロスに言われたのよ、あなたはカレッジを退学させられるだろうって」と母は話した。

母は小学校のカフェテリアを任されているだけではなく、調理も担当していた。母が作るイタリア風スパゲッティは、イタリアンレストランで出されるものと遜色ないほど美味しかったので、このスパゲッティがメニューにあるときは、よその学校の教師たちもこぞってランチを食べに来ていた。母は教師みんなと知り合いで、ハイスクールの校長を務めるミスター・ロスのことも知っていた。私の卒業式の夜、ミスター・ロスは母のもとへ行き、こう話していた。

「なあアンジー、きみとご主人はいまの暮らしのために、一生懸命働いているだろう。きみに言っておかねばなるまい、息子をカレッジに行かせるのは金の無駄だよ、あの子は大学生には向かない」

そんなわけで、母はリビングルームで泣いていたのだった。

私は言った。「母さん、ぼくはカレッジを退学させられたりしないよ。約束する」

しかし、私はその約束を危うく破りそうになった。

父は夜間と週末にも臨時の仕事を入れ、私もさまざまな仕事をした給料からいくらか出して、バックネル大学の学費をどうにか工面した。やがて九月になり、私は家を出て、生まれて初めてひとりでやっていくことになった。しばらくの間、これまでにないほど楽しい時期を過ごした。解放感を味わい、楽しんでいた。それはもう、本当に楽しかった。週末ごとにパーティーがあり、何時に寝なさいとも、何時に起きなさいとも言われないのだ！

だが、楽しいことばかりではなく、困った点もあった。新しくできた友人たちとビールを飲んで笑い合っていても、パーティーがお開きになると孤独を感じ、これまでの人生で経験したことがないほどの疎外感を味わった。バックネル大学はワスプ〔WASP　White, Anglo-Saxon, Protestant〕の裕福な生徒だらけで、医者や弁護士や企業のお偉いさんの子息が集まっていた。そんななかに、ロングアイランドの貧しい地区の出身で、配管工とカフェテリア勤務の両親を持つ、イタリア系アメリカ人の私が混じっているのだ。両親の職業について話すのが嫌だったのを覚えている。恥ずかしかった。劣等感があった。グループの一員になりたくてたまらなかったが、どのグループに入ればいいのだろう？

一学期にはあらゆる友愛会の勧誘攻勢がかかる。私はすべてのクラブを訪れて、それぞれのもてなしを存分に楽しんだ。シグマ・アルファ・ミューというユダヤ系の友愛会（通称〝サミー〟〔ユダヤ人の男子学生の俗称〕）もあった。私はいまでも、その友愛会に入っていた親しい友人が大勢いる。それはさておき、新入生勧誘週間の初めに、サミーのメンバーは私に会員バッジを差しだした。

「どういうこと？　ユダヤ系じゃないと会員にはなれないんじゃないの？」と私は尋ねた。

「きみは違うのか？」

私は首を横にふった。

すると、信じられないほどのすばやさでバッジを取りあげられた。しかし、ユダヤ人の罪の意識のありがたいこと。彼らはキャンパスでいちばんうまい料理を、しかもたっぷりとおごってくれた。思うに、そこがイタリア系とユダヤ系の似ているところではないだろうか。どちらも食べるのが好きで、たらふく食べたがる。とにかく、毎週木曜日はステーキの夕べで、彼らはいつも私を招いてくれた。薄いTボーンステーキが何枚もの大皿に盛りつけられていた。思いだしてもヨダレが出てくる。

結局、友だちも入会していたので、シグマ・キーという友愛会に入った。これでもう、どこの出身でも、両親の職業がなんでも、関係ない。私はシグマの一員なのだ。私は入るべきグループを見つけ、すんなり溶け込んだ。そしてお楽しみは続いた。

当時のバックネル大学には、ある賢明なシステムがあった。一年生の一学期半ばで成績が出て、家族に通知されるのだ。こんにちでは、親が成績を知らされることはない。学校が親に成績を通知するのは違法なのだ。これは納得がいかない。私は息子たちにこう言った。成績を見ることができないのなら、私は金を払わない。学費は自分たちで払いなさい。請求書が来たら、自分で小切手にサインをしなさい。私の役目は終わったのだ、と。

話を戻すが、当時私は経済学を受講していた。ポール・サミュエルソンの著書を教材として使う、経済学基礎クラスだ。火曜日と木曜日に小クラスがあり、毎週土曜日には全クラスが講堂に集まってラッセル・ヘッドリー教授による講義を受ける。ヘッドリー教授はときおり、青い表紙の参考書を配り、「○○について説明しなさい」という課題を出す。感謝祭の二週間前、教授は経済学の基本事項である需要と供給の理論について論述させた。休暇を控えた土曜日、授業の終わりに教授は言った。

「休みに入る前にひとつ。ランゴーンくんはここにいるか？」

私は手を挙げながら、「まずい」と思った。講堂には二〇〇人ほどの学生がいるのに、私の名前が呼ばれているのだ。こいつはまずい。

「放課後、きみに話がある」と教授は言った。

授業が終わると、私は彼のオフィスに入った。相手はあの教授。威圧的な男だ。ヘッドリー教授は私の参考書を手に取ると、デスクにバサッと投げた。

「生涯を通して、こんなにひどい英語を読んだのは初めてだ」

しばらく教授はじっと黙り込み、私は椅子の上でもじもじしていた。やがて、教授は私を見て言った。

「言わんとしていることを理解するのには苦労したが、経済学というものはちゃんと分かっているようだ」

これは興味深かった。それまで、自分が何を言おうとしているのか、自分でも理解するのに苦労していたのだ。私が言いたいことを他人が理解してくれるとは思わなかった。

「ランゴーンくん、教えてくれ。きみはバカだと誰かに言われたことがあるか？」とヘッドリー教授は尋ねた。

「はい。大勢に」

「教師には？」

「ハイスクールで、もちろん」

「そいつはひどい。だが、いちばんまずいのは、きみがそれを信じているということだ」と教授は言い、私を見て話を続けた。「この大学の他の授業ではどんな調子だ?」

「このクラスと同じような感じです」

「だったら、きみは一月にはこの大学を出ていくことになるぞ。それでいいのか?」と教授は私を見つめながら問いかけた。

「嫌です」と私は答えた。

「じゃあ、どうする?」

「どうすればいいのか分かりません」

「他にはどの講義を受けているのか、教えてくれ」

だから、私は教えた。すると、ヘッドリー教授は言った。「他の教授に私から話をしてみるとなったら、きみも努力するか?」

「ぼくにどうしろと?」

「勉強に打ち込むんだ」

ラッセル・ヘッドリーは私のために動いてくれた。私が受けている講義の教授全員と話をして、「あの生徒は磨けば光ると思う。われわれは彼が落ちていくのを引っぱりあげられるよう、努力するべきじゃないだろうか」と言ったのだ。ちなみに、これは私が自ら招いた事態にほかならなかった。誰かに突き落とされたわけではない。自分で自分を追い込んだのだ。

ヘッドリー教授は、私のためにもうひとつ重要なことをしてくれた。バックネル大学に入学したとき、私は理学士課程に登録していた。語学や一般教養科目は受講する必要がなかった。はっきり言って、理学士のほうが文学士よりも楽で、私はそのほうがよかった。あの当時は、自分の知力にまったく自信がなかったから。

ヘッドリー教授は、私が力を出しきっていないと感じていた。一般教養科目を受講すれば、もっと学力が伸びるだろうと考えた。だから、私は受講科目を変更した。哲学、美術史、スペイン語まで取った。ハイスクールでは、スペイン語は落第していた。スペイン語の教師が好きではなかったというのもあるが、なによりも、動詞の語形変化がどうも理解できなかったのだ。なのに突然、動詞の活用が分かるようになってきた。私は哲学と文学と美術史を心から楽しんだ。好奇心が開花しはじめていた。ラッセル・ヘッドリーとバックネル大学には、一生の恩があると言えよう。

だがその後、私はすべてをあっけなくぶち壊しそうになった。

毎年一月、学期の終わる直前に、シグマ・キーでは飲み屋街《バワリー》のどんちゃん騒ぎ《ブロール》と称する週末のパーティーを開いていた。これはテーマの定められた仮装パーティーで、ホームレスやもっとひどい扮装をすることになっていた。誰よりも独創的なコスチュームを思いつこうと、みんなが競い合っていた。

この友愛会で、私には新しい友人ができていた。デビッド・パーカーという名の会員だ。素晴らしい男で、私たちはいまでも親しくつき合っている。それはともかく、一月初旬のある夜、パーカーと私は他の会員たちと一緒に友愛会のクラブハウスで過ごし、違法のビールを飲んで酔っ払いながら（ペンシルベニア州の飲酒年齢は二一歳からで、私たちはまだ一八歳だった）、どんな仮装をするつもりか話して笑っていた。すると、いきなりパーカーが言った。「おれはクソでいくつもりだ」

「クソでいくって、どういうことだ？」と私は尋ねた。

「長袖、長ズボンの下着を茶色く染めるんだ。で、茶色のストッキング・キャップをかぶって、なんの仮装かって聞かれたら、クソだって答えるんだよ」

いやはや、笑ってしまった。一八歳で酔っ払っていたら、こんなことでもすごいアイデアだと思ってしまうものだ。

それは金曜日の夜だった。少なからぬ量のビールを飲んだ後で、私たちは連れ立って車に乗り込むと、そんなバカなと思うだろうが、〈ダイン・ア・マイト〉という店名のダイナーへ向かった。〝ルイスバーグ最大の小さなダイナー〟を自称している店だった。みんなでテーブルを囲み、パーカーの仮装のアイデアを笑っているうちに、私はふとひらめいた。

「なあ、きみの首にかける便座を手に入れてやろうか？」

これがウケた。そいつは最高の考えだと誰もが思った。みんなが大声をあげて笑いながらテーブルをバンバン叩いている間に、私は、ちっとも自慢できることではないが、男子トイレに行って便座をもぎ取ろうとした。しかし、どうしても外れない。どれだけ引っ張っても、便座の野郎はびくともしないのだ。忌々しい便座をぐいと引っ張ると、とうとう便器が丸ごと床から外れてしまった。そこらじゅうが水浸しだ。男子トイレのドアの下からも水が流れ出ていく。その頃、仲間たちはダイナーで大暴れしていた。店のものを壊している奴までいた。オーナーのセイディーは警察に通報し、州警察官がやって来て、私たちは連れていかれた。

警察は私たち一〇人か一二人ほどをしょっ引いて、調書を取った後で、自己誓約と引きかえに保釈した。それにもちろん、バックネル大学にも事情を知らせていた。なにしろダイナーは実際に損害を受けており、セイディーは告発していたのだ。学生部長のマル・マッサー（皮肉なことに、彼はシグマ・キーの卒業生だった）は私たちを呼びつけ、事の真相を大まかに把握すると、私とパーカーでみんなのぶんまで罪をかぶるようにと事実上促した。関わった学生の数が少ないほうが、大きな騒ぎにならずに済むだろうとマッサーは考えたのだ。さて、他のみんなも有罪なのに、私とパーカーだけが罪をかぶるのは、公平と言えるだろうか？　まさか。だが、不公平だからと言って、私自身のしたことに弁解の余地はない。私は大きなヘマをやらかしてしまったのだ。私はひどく怯えていた。

マッサーは私とパーカーに言った。「いいかね、きみたちふたりで法務官を訪ねて、どうすればいいのか話し合ってきなさい、戻ったらまた話そう」

それを聞いて、少し気が楽になった。そんなわけで、私とパーカーはポール・ショーウォルターという名前の法務官のもとを訪れ、治安紊乱行為の罪を認めた。

「よろしい、それは軽犯罪にあたる行為だ。それぞれ三七ドル五〇セントに加えて、損害賠償金を支払うように」とショーウォルターは言った。大金だ。だが私たちはその金をどうにか工面した。キャンパスに戻って、マッサーのオフィスを訪ね、法務官に会ってすべてが片づいたことを報告した。

「よろしい」とマッサーは言い、こう続けた。「自室に戻り、荷物をまとめて、出ていきたまえ」

「出ていけとは、どういう意味ですか？」と私は尋ねた。

「バックネル大学を退学してもらう」とマッサーは言った。

私は泣きだした。まず頭に浮かんだのは母のことだ。「母さんをひどく失望させてしまう」と私は思った。パーカーも泣いていた。マッサーのオフィスはロバーツ・ホールにあった。パーカーと私は走って中庭を横切り、カーネギー図書館にある入学事務局へ向かった。入学事務局にはフィッツ・ウォーリングという担当者がいた。彼はシグマ・キーの出身でもあり、友愛会のアドバイザーを務めていた。パーカーと私はふたり揃って泣きながら事務局を訪れると、自分たちのしたことを話した。

「一緒に来なさい」とウォーリングは言った。

私たちはウォーリングの後をついていき、また中庭を横切ってマッサーのオフィスへ引き返した。ウォーリングはマッサーの秘書に「この子たちも一緒に、いますぐ彼と話がしたい」と言うと、私たちを後ろに従えて、秘書に返事をする間も与えずオフィスにずんずん入っていった。

ウォーリングはマッサーに話した。「彼らが何をしたかは分かっているし、やったことはたしかに間違っている。だが、やったのはこのふたりだけじゃないことも知っている。きみの目的のために、ふたりは罪をかぶったんだ。だから、この子たちをどうしようと自由だが、退学させるわけにはいかない」

見事なスピーチだった。マッサーはうなずくと、「いいだろう」と言い、私たちのほうを見た。「今学期の終わりは帰省を許可する。しかし、その後と来年度は、休暇中もこのキャンパスに残り、構内整備部の指示に従って落ち葉掃きなどをしてもらう」

やった。ただひとつだけ問題がある。春休み、あるいは感謝祭に帰省できない理由を、母になんと言えばいいのだろう？　私は母に電話をかけた。「母さん。こんなの、信じられないだろうな。ぼくはいま、勉強に夢中なんだ」

「どういうこと?」と母は聞いた。

「本気で遅れを取り戻したいんだよ。だから、今度の休みは大学に残って勉強しようと思ってる。担当教授も残ってるはずだから。授業内容にみんなより早く取り組むチャンスなんだ」

電話の向こうで母が安堵のため息をつくのが聞こえた。「あなたが真面目になりますようにと、聖アントニウスに毎晩お祈りしていたけれど、祈りが聞き届けられたのね」と優しい母は言った。母も父も、真相を知ることのないまま亡くなった。

ところが、それから何年もたってから、おもしろい形でこの件が再び話題になった。私の親しい友人のひとり、ウォルターー・バックリーという男は、かつてベスレヘム・スチール社の年金基金を運用していた。ベスレヘム・スチール社が経営破綻すると、ウォルターと同僚たちは資金運用会社を立ちあげ、私も五〇万ドルを投資することに同意した。設立当初の資本総額の二五パーセントにあたる金額だ。ある日、ウォルターから電話があった。彼はまさしくワスプ……生粋のワスプだ。私たちがこれほど親しくなれたのが信じられないほどだ。彼と私を見比べたら、「なんてこった、まるっきり違う者同士が惹かれ合うってのは、本当なんだな」と思うだろう。

話を戻すと、ウォルターは何か私に言いたいことがあるのに、どう切りだしたものか分からないようだった。とうとう、彼は口を開いた。

「会社の認可を受けるために、ペンシルベニア州の司法長官に書類を提出する必要があったんだが、社の二五パーセントを所有しているから、きみの情報も提出しなければならなかったんだ」

話の行く先が、私はすぐにピンときた。

「で、私には前科があると言われたんだろう」

「何かの間違いに決まっているだろうが」とウォルターは言った。

「いやいや、間違いじゃないんだ」

私はこの情けない一件について、すべてを打ち明けた。

「私は軽罪を犯したことを認めて、罰金三七ドル五〇セントと損害賠償を支払った」と話した。電話の向こうからウォルターの笑い声が聞こえただろうか？

結局、認可は無事におりた。果たして、免状には星印の注がついていただろうか。


一九五四年六月、一年生の終わりにカレッジから帰省すると、ある友人がマンハセットでパーティーがあると教えてくれた。マンハセットはロズリン・ハイツとは違う。立派な家、立派な庭、立派な車が並ぶ、裕福な地区だ。私はそのパーティーに参加し、ひとりの女の子を見つけた。背が高く、ブロンドだった。白いバミューダ・パンツに、半袖で襟つきの青いシャツを着ていた。それにバレリーナ・シューズ。当時はそういう服装がはやっていた。

五分ほど彼女と話した。いい感じだった。その後私があちこち回っているうちに、彼女は姿を消してしまった。私はパーティー会場となっている家の女の子に言った。

「あのさ、さっきここにいた子だけど、電話番号を教えてくれるって言ったのに、教える前に帰っちゃったんだ」

ほんのちょっと、嘘が混じっていたかもしれない。だが、彼女はあの背の高い女の子の電話番号を教えてくれた。

それは月曜日の夜だった。翌朝、私は夏のアルバイトを始め、リザ・アンド・サンズというロングアイランドの建設業者で日雇いの仕事をした。この会社は、街の境界からマンハセットのシェルター・ロック・ロードまで、ロングアイランド・エクスプレスウエーの一区画を建設していた。長期の仕事で、私は働けることにわくわくしていた。ここで働くには、労働組合一二九八支部への加入が必要だった。

パーティーの翌日の昼休み、私は角のガソリンスタンドにある公衆電話に行き、パーティーに来ていたあの背の高い女の子に電話をかけた。電話代は確か五セントだった。母親が電話に出て、私はエレインに替わってくださいと頼んだ。エレイン、それが彼女の名前だ。エレインが電話に出ると、やあ、と私は挨拶した。

「どなた？」と彼女は尋ねた。

「昨夜、パーティーで話をした男だよ。今度の金曜の夜、デートしないか？」

「無理よ」

「どうして？」

「行きたくないだけ」

そう言われてしまったら、何が言える？「分かったよ」と私は言って、仕事に戻った。

翌日も、彼女にまた電話した。返事は同じ。たとえパーティーであっても、きちんとした女の子は男の誘いに乗ってはいけない、と彼女は教えられていたのかもしれない。当時の価値観はいまとは異なっていた。

そこで、私は木曜日にも彼女に電話して、こう話した。「いいかい。明日の夜、ぼくと一緒に出かけてみて、もしもきみが楽しく過ごせなかったら、会うのも電話するのも金輪際やめるからさ」

「お母さんに聞いてみないと」と返事があった。エレインは一六歳、私は一八歳だった。彼女は電話口に戻ってくると、言った。「出かけられるけど、門限は一一時半よ」

「一一時半だって？　コンラッド・ジャニスが〝聖者の行進〟を演奏するのは、真夜中を過ぎてからだぜ」と私は言った。イースト・ビレッジに当時セントラル・プラザという名前の店があり、のちに映画俳優になる男がトロンボーンを演奏していた。彼の名がコンラッド・ジャニスだった。演奏するのは、その頃大流行していたディキシーランド・ジャズで、セントラル・プラザはビアホールだった。一ドル二五セント出せばビールがピッチャーで飲めて、女の子は酔いつぶれて椅子からひっくり返った。

「一一時半までには帰らなきゃ」とエレインは言った。

いいだろう。私はハイスクール時代の友人とその彼女も誘い、四人で出かけることにした。私は父の車を借りて、エレインを迎えに行った。彼女はマンハセットのすてきな地区にある、すてきな家に住んでいた。父親のディック・アッビはウォール街に勤めていたし、彼らはカントリークラブの正会員だった。戸口に現れたエレインの姿を、私はいつまでも忘れないだろう。クリノリンのペチコートでスカートを膨らませたワンピース姿。美しかった。私たちはイースト・ビレッジへ車を走らせ、音楽を聴き、ビールを飲み、楽しんだ。ばかみたいに笑った。着いたのは九時頃だったが、エレインの門限に間に合うよう、一〇時半には店を出た。私の友人も文句を言わなかった。ロングアイランドに車で戻り、友人とその彼女を降ろした後で、エレインを家まで送った。玄関まで一緒に歩きながら、「すごく楽しかったよ」と言った。

「わたしも」と彼女は答えた。

「電話する」と言い残し、私は背を向けて立ち去った。玄関から私道まで、スレートの歩道が続いていたのを覚えている。私は車に乗り込み、私道から車を出す前に、窓をあけて彼女に伝えた。「きみと結婚するよ」

彼女は声をたてて笑い、私に向かって首をふってみせた。それからドアに鍵を挿すと、家の中に入っていった。すごいことを教えようか？　彼女はそれから二度と他の相手とはデートしなかった。私も同じだ。

どんな恋愛も、最初は外見的に惹かれ合うものだ。だが、私は彼女の屈託のなさも気に入っていた。私自身は、ちょっと荒っぽいところがあった。実は、付き合いはじめてから、エレインはロズリンの私の女友だち（ガールフレンドではなく、ただの友だちだ）に会い、こんなことを言われていた。

「あなた、ケン・ランゴーンと付き合ってるんですってね」

「そうよ」とエレインは答えた。

「やだ、彼ってちょっとおかしいでしょ」

「それはどうか分からないけど。確かなのは、彼と一緒に過ごしていると、いつも笑ってばかりいるってことだけよ」とエレインは彼女に話した。

エレインは屈託がなく、私も屈託がなかった。若者が過ごすにはいい時代だった。第二次世界大戦が終わって一〇年がたち、アメリカにはさまざまなものが登場しはじめていた。大きな車、ジェット機、そしてエルビス・プレスリー（私はロックンロールにハマったことはないが）。

エレインはマンハセット出身で、私はロズリン出身だったが、私は彼女の世界に割り込もうとする侵入者のように感じることはなかった。私たちはお互いに夢中で、一緒にいることを楽しんでいた。ふたりで最高の時間を過ごした。映画に行ったり、ジョーンズ・ビーチに行ったり。金のかからない、ありふれたことをした。私たちには共通点がたくさんあった。彼女はスポーツが好きで、私も好きだった。私はハイスクールでクロスカントリーをしていたが、エレインは私よりずっと優れたアスリートだった。テニスが得意で、ゴルフのハンディキャップは七だった。私はカレッジ在学中に、彼女がハイスクールでバスケットボールの試合に出ているのを観たことがあるが、見事なものだった。

エレインには友人が大勢いた。とても人気者だった。だが、私が何より好きだったのは、彼女の自由な精神だ。彼女は私がどんな人間か決めつけようとしなかったし、私も同じだ。私たちは一緒に過ごすことをとにかく楽しみ、それはいまでも変わらない。

需要と供給は人生のすべてのことに関わっている。もしも特別な才能があるか、利益が出ることを人にさせられる独自の何かがあるとしたら、それはいいことだと、私は早い段階で気づいた。バックネル大学に在学中、父は二週間おきに生活費として一六ドルの小切手を送ってくれていた。一週間あたり八ドル。父にとっては精一杯の金額で、私にとっては厳しい予算だった。そう、食べるためにはなんでもしなければならなかった。しかし、「必要は発明の母」だ。

一年生の終わり頃、私はあることを思いついた。バックネル大学に入学するとすぐに、裕福な大勢の新入生（事実上、私以外はみんな裕福だった）は、自分の名前入りのものや、バックネル大学のマークが付いた文房具を購入していた。友愛会に入会するまで待ってから、そのエンブレムを文房具に入れる学生もいた。「文房具を販売して儲けるにはどうすればいいだろう？」と私は思った。

すると、ひらめいた。新入生のオリエンテーションだ！　バックネル大学のオリエンテーションでは、ビーニー帽をかぶって、サンドイッチボードみたいなもの（二枚の白い厚紙を、一枚は胸に、一枚は背中に当てて、二本の糸でつなげて肩からかけるのだ）を身に着け、その厚紙の両面に名前と出身地を記しておかなければならなかった。これはちょっとばかり屈辱的だった。そこも肝心な点だ。オリエンテーションの最初の数日間はまだ誰とも仲よくなれず、みんなふさぎこみがちだ。ハイスクールの友だちが恋しくなるが、みんなはどこかよそにいる。その時期こそが狙い目だと私は思った。

マサチューセッツでカレッジリングやキャップやガウンを作っている企業、L・G・バルフォアには、文房具部門もあった。私は二年生になる前に、この会社からサンプルを取り寄せて、一枚の厚紙に貼りつけた。新入生のオリエンテーションが始まる一週間前に、すべての準備をしておいた。新入生がやって来ると、私は見本帳を持って彼らの寮を訪れた。

「なあ、きみたちは友だちにたくさん手紙を書くつもりだろう」

私は彼らに長距離電話は三分間で六五セントかかることを思いださせた。当時は大金だ。

「さて、友だちは何人いる？　一〇人かい？　彼らに週に二、三回は手紙を書くかな？」

新入生たちはうなずいている。彼らがふさいでホームシックになっているのが分かった。

「よし、一年生に必要なものはここに揃ってる。注文数が多ければ、値引きもするよ」

よくもまあ、うまいことつけ込んだものだと思うだろう。

私はその場ですぐに小切手や郵便為替で支払わせることを忘れなかった。それには理由がある。入学してから二週間もすれば、彼らは故郷の友人のことは忘れてしまい、新しい友だちを作り、友愛会に押し寄せる。手紙を書こうだなんて、考えもしなくなる。何年かたってから、私はこんなことを言われた。「くそったれめ、あの忌々しい文房具がまだ山ほど残ってるんだぞ」と。

いつしか、私にとって需要と供給は、ただの理論ではなくなっていた。


二年生になってエレインと付き合いはじめると、週末はたいてい帰省するようになった。お互いの実家が近いバックネル大学の学生が車を持っていて、私たちは四人で彼の車に乗せてもらっていた。各自が片道につき二ドルをガソリン代として彼に払っていた。日曜の夜には車で大学に戻ったが、ときどき、四二丁目にあるタイ・シティという店に寄り、ネクタイを何本か購入した。バックネル大学の学生は、ディナーの席と友愛会館にいるときは、ネクタイとジャケットの着用が義務づけられていた。そういう時代もあったのだ！

当時、カレッジの学生はみんな、レップ・タイという斜めにストライプが入ったシルクのネクタイを締めていた。タイ・シティでは、一本あたり一ドルの安いレップ・タイが売られていた。すぐに皺になるので、安物だと分かった。タイ・シティのネクタイを締めた者は、もう結び目をほどくべきではないと悟る。あのひどい皺は絶対に取れないのだから。緩めるだけにしておいて、頭をくぐらせて外すのだ。

それはさておき、私はすべて色の違うネクタイが一〇〇本入った箱を買い、日曜日の夜にバックネル大学に持ち帰ると、月曜日に新入生の寮を訪れ、一本あたり一ドル五〇セントか一ドル七五セントで売りつけて、ひと箱につき五〇ドルから七五ドルを稼いだ。起業家としてのさらなる冒険だ。

それだけではない。同じ友愛会に、マット・スリーパーという男がいた。私が二年生のときにスリーパーは四年生で、バックネル大学でR・J・レイノルズの販売代理人を務めていた。R・J・レイノルズは、キャメルや新しいフィルター付きタバコ、ウィンストン（のちにはセーラムも）を製造しているタバコ会社だ。この会社はスリーパーに月々二五ドルを支払い、さらにキャンパスで配るためのタバコを大量に渡していた。

R・J・レイノルズは毎月、タバコが二〇カートン入った大きな段ボール箱をスリーパー宛てに送ってきた。封蝋で閉じられたカートンには、セロファンで包まれたキャメルとウィンストンの四箱入りパックが各二五セット入っている。スリーパーがやるべきことは、友愛会のダイニングルームを回り、それぞれの場所に四箱入りパックを置いてくるだけだ。あるいは、寮に行ってドアをノックし、タバコを差しだす。彼はタバコを売るのではなく、無料で配っていた。R・J・レイノルズは、そうすることでビジネスを築きあげていたのだ。

スリーパーの卒業が近づき、私はその仕事を引き継ぎたかった。「マット、どうすればその仕事をさせてもらえる?」と私は尋ねた。

「おれに金を払うんだな。おれが推薦すれば、誰でもあの仕事ができる」と彼は言った。

私はいくら払えばいいのかと聞いた。五五ドルという返事だった。一九五四年には相当の金額だった。それでも、最初の二カ月で元は取れる。

だが、まずはO・R・ジマーマンの審査をパスしなければならない。

ジマーマンはR・J・レイノルズのカレッジ担当の幹部だった。ハリスバーグを拠点に何十ものカレッジを担当していて、販売代理人のもとを頻繁に訪れていた。ジマーマンが私に会うためバックネル大学に来ることになったとき、スリーパーにこう言われた。「おまえもタバコを吸わないとだめだぞ」

「どういうこと?」

「言葉のままだよ、タバコを吸うんだ。ジマーマンが面接に来たら、三人でランチを食べに行く。彼はこの仕事に必要なことなんかを聞かせて、それから合否を判断するんだが、おまえにアドバイスしておいてやろう。食事の後、ジマーマンはおまえにタバコを勧めてくる。もしもタバコを吸わないと答えたら、彼はおまえを雇わないはずだ」

もちろん、スリーパーは喫煙者だった。しかし、私は違った。そんなわけで、私は友だちに吸い方を教えてもらった。友だちはフィルターの付いたウィンストンの吸い方を教えてくれて、私はどうにか吸えるようになった。

そんなこんなで、O・R・ジマーマンがバックネル大学にやって来て、スリーパーと私と三人で

〈バイソン〉にランチを食べに行った。放課後にコーラとフレンチフライを食べに行くような、キャンパスにある店だ。私たちはボックス席に座った。食事をし、おしゃべりをして、すべてが順調に運び、やがてジマーマンがキャメルの箱を取りだして、私に勧めてきた。私はタバコに火をつけて、煙を吸い込んだ。するとし突然――汚い言葉を使って申し訳ない――くそったれの店内がぐるぐる回りはじめた。かろうじて「失礼」とだけ言うと、トイレに走り、これまでに経験がないほど吐いた。その後は、身なりを整え、顔を洗い、テーブルに戻った。で、手短かに言うと、私は仕事を手に入れた。

その後、タバコは二度と吸わなかった。

エレインと私は一九五六年九月に結婚した。私はバックネル大学の四年生になったばかりで、教会のネズミみたいに貧しかった。エレインにとって、私との結婚は大きな賭けだった。私の先行きにはなんの保証もなかったのだから。彼女は看護学校に通う予定だったが、私と結婚することになり、看護学校に行くのはやめた。結婚する前、私は父に言われた。「母さんと私は、これまでと同じ額の仕送りをするつもりだ。足りない分は自分たちでなんとかしなさい」と。父は断固として、妻を養うことができないなら、結婚するべきではないと考えていた。そして父親が息子を援助することもない。イタリア系のマッチョ的思考だ。

人生のその時点で分かっていたのは、稼ぎたいということだけだった。では、どこなら金を稼げる？　ウォール街だ。妻の父親はウォール街に勤めていて、シェアソン・ハミルで機関投資をしていた。だが、当時の私はほとんど知識がなかった。ウォール街について知っているのは、株式と債券の売買が行われる場所だということだけだった。

言い換えれば、私は何も知らなかった。けれど、経済誌の『フォーチュン』は大学の図書館で毎月熱心に読んでいた。私は会社の合併に興味があった。企業の成長や、そのためにどのように資金を調達しているのかということに興味があった。なぜそんなにもウォール街に惹かれていたのかは分からない。私はアイビー・リーグの学生ではなかった。家族のコネもまったくなかった。エレインの父親と地方債についてじっくり話し合うこともなかった。理由はいまだによく分からないが、とにかく刺激的に感じられたのだ。

エレインと私は、九月から一月までの分はどうにか家計をやりくりできそうだった。食費、キャンパスから離れた大通りにある小さなアパートメントの家賃、私の一学期分の学費。つまり、二学期分を一学期で済ませて、早く卒業する方法を考えなければならないということだ。

そこで、学生監のドクター・コールマンを訪ねた。履修単位を増やすのに、許可が必要だったのだ。しかし、彼は励ましてくれなかった。「一度にこれだけの学業をこなせるとは思えない。残念だが」と言われた。履修単位を増やせなければ、いますぐ退学するのがいちばん理にかなっているかもしれない、と私は話した。卒業まで一学期分の単位が足りないまま一月に退学することになるなら、最後から二番目の学期のために学費を費やしてなんになる？　だったら、いますぐニューヨークに行って就職し、学費は貯蓄に回せばいい。

私の話を聞いて、コールマンは首をふった。「分かった。履修単位を増やしていい。だが、自分の首を絞めることになるぞ」

「かもしれません。でも、他にどうすることもできないから」

コールマンにはマーサ・ヘンダーソンというアシスタントがいた。まるで秘書のようにコールマンのオフィスの外にデスクを構えていたが、ヘンダーソンはただのアシスタントではなく、影の学生監と言える存在だった。コールマンのオフィスから出ると、彼女から声をかけられた。「どうだった？」

履修単位を増やすことをコールマンは認めてくれた、と私は答えた。

「そう、じゃあなんとかなりそうなのね」

「ミス・ヘンダーソン、実は問題があって」

「問題って？」

「困ったことに、三〇〇ドル足りないんだ」

どういうことかと尋ねられ、私はちょっと見積もりが甘かったことを話した。履修単位を追加すると、一月までやっていくのに三〇〇ドル足りないのだ。クリスマス休暇中に郵便局で働く予定だから、いくらかは稼げるはずだが、それでもまだ赤字だった。

ミス・ヘンダーソンはにっこりして、「力になれると思うわ」と言った。

マーサ・ヘンダーソン――彼女の名前は決して忘れない――のおかげで、私はバックネル大学から三〇〇ドルを借りることができた。

バックネル大学からのこの贈り物が、どんなに意味のあるものだったことか。実際はローンを組んだわけだが、私は贈り物と受け止めている。この借入金はとうの昔に返済を終えているものの、私はいまでもバックネル大学に三〇〇ドルの借りがあるような気がしている。

そして、どうなったかって？　私はこんなふうに感じられることを嬉しく思っている。エレインと私は、バックネル大学に多額の寄付をしてきた。しかし、人生の崖っぷちに立っているときに手を差し伸べてくれた相手には、どんなに尽くしても足りないものなのだ。あれは私が前に進むための扉の鍵だったのだから。あの三〇〇ドルがなければ、どうなっていたかは知る由もない。

第2章 鉄道、飛行機、コンバット・ブーツ
TRAINS, PLANES, AND COMBAT BOOTS

二月にバックネル大学を卒業すると、マンハセットにある妻の実家に引っ越した。まともに自活できるようになるまでの間だけ置いてもらう予定だった。エレインはマンハッタンで受付の仕事を見つけ、私も仕事を探しはじめた。ウォール街で身を立てたいと漠然と考えていた。

エレインの両親は嫌な顔ひとつせずに私たちを住まわせてくれたばかりか、所有する車の一台、一九五一年式のフォードのクーペまで結婚祝いにくれたが、私はただの居候にはなりたくなかった。職探しの傍ら、義父母のためにあらゆることをした。家の外壁にペンキを塗ったり、家具の表面を削って新品同様にしたり、地下室の床を塗ったりした。昔から器用だったのだ。

そんなこんなだったが、エレインはニューヨークで受付の仕事に就いたというのに、ウォール街では何も進展がなく、私はそわそわしてきていた。リテール・クレジットという会社に勤めている知り

合いがいたので、話をしに訪ねてみると、即座に採用された。私はもっといい職が見つかるまで、臨時の仕事と割り切って働くつもりだった。仕事内容はこんな感じだ。例えば、オールステート・インシュアランスという保険会社で、自動車保険に加入しようとしている顧客がいるとする。オールステートはリテール・クレジットに問い合わせて、この顧客の身元を調査させる。私たちはその顧客の家まで車を走らせ、どんな家に住んでいるかを確かめて、近所の人間と話をする。要するに、汚点がないか探りまわるのだ。この仕事を始めた途端、すべてに嫌気がさした。

仕事のやり方には決まりがあった。ひとりの社員が一日に四件を扱うことになっている。四件の調査依頼書を受け取ったら、道路地図ですべての住所を調べ、行ったり来たりせずにすむよう、どうやって回るかルートを組み立ててから（車は自前で用意しなければならなかった）、出かけていってドアをノックするのだ。この仕事をしている者の大半は、カレッジを出ていなかった。

「どうも。おたくの隣人のベラージオ夫妻（名前はなんでもいい）の身元調査をしているんですが。間違いがないようにしたいんです」

するとたいていはこんな言葉が返ってくる。「彼らのことはよく知らないんで」

しかし、こちらも引き下がるわけにはいかない。「では、お隣で怒鳴っているのを聞いたことはないですか？　ミスター・ベラージオが無謀な運転をしているのを見かけたことは？　彼らが酒飲みかどうか知りませんか？」

時には、目の前で乱暴にドアを閉められることもある。「あんたとは話したくない。出ていってくれ」と言われるのだ。

午後二時か三時になると、オフィスに戻り、四件のそれぞれについて分かったことを書きあげることになっている。だが、何も分からなかったとしたら？　あるいは、人間性を疑うような噂話を隣人から聞いてしまったとしたら？　だから、私は決心した。こんなやり方には従わないことを。問題は、私にはこの仕事が必要だということだ。給料は週に約七五ドルを受け取っていた。大した額ではないが、エレインと私には一〇セントでも大事だった。ありがたいことに、私たちが同居することに対し、義父母は少しの金額も負担させようとはしなかった。

私は思った。「こうすればいい。四件の調査依頼書を受け取って、家に帰り、のんびりとランチを食べて、作り話をタイプするんだ！　〝立派な人です、正直な人です……〟と」

さらに、四件以上の調査を引き受けると、追加で手当がもらえることを知った。だから、私は一日に五、六件分の仕事を始めた。そして、それぞれの調査書に「好ましい人たちです、みんなに慕われていて、少しでも悪いことをするところを見たことがありません」と、文言のバリエーションを変えて書き込んだ。

六週間ほどたってから、私はガーデン・シティにある上司のオフィスに呼ばれた。「きみを昇進させたいと思うんだが」と上司は言った。

「何をするんでしょう？」

「人事部の仕事をしてもらいたい。わが社では、クライアントが雇おうとしている人間の身辺調査もしているんだ」

「分かりました」と私は返事した。別に構わないだろう。これらの調査はもっと徹底して行う必要があるため、一日に二件こなせばよかった。そんなわけで、私はまた例の手っ取り早いやり方をして、またもや同じ要領で取り組んだ。調査対象が誰であれ、その人物は地球上でいちばんの善人というわけだ。

良心の呵責は少しも感じなかった。この会社がしていることは間違っていると思っていたから。リテール・クレジットは、誰にでも隠している汚点があるはずだから、それを見つけだすのだ、という仮定のもとで仕事をしていた。私はそのことに憤りを感じていた。フィクションの調査書を書きながら、私は金持ちから奪い、貧しい人々に分け与えている気分になっていた。

そして、またも思った。調査件数を制限する必要があるだろうか？　一日二件に限らなくてもいいのではないか？　私は一週間に四〇件は量産できた。午前一一時半に家のテレビでクイズ番組の『ザ・プライス・イズ・ライト』を観ながら、調査対象者についてどんな素晴らしいことを書こうかと思い浮かべていた。

それから三週間ほど過ぎたある日、私は再び上司から「話がある」と呼ばれた。

「お話とは？」

「きみが提出した、ある調査書の内容について確認したいんだが」と、上司は私のレポートを見て言った。「この人物はリトルリーグのコーチで、地域での評判がいいと書いてある。ご近所のどぶさらいを手伝っている。非常に活動的で、クリケットの投手で、云々かんぬんと」

上司は私のほうを見た。「それでだ、ケン、教えてほしいんだが。車椅子に乗りながら、どうすればそんなことができるというんだ？」

私はうまい返事を思いつけなかった。

「デスクを片づけて、出ていってくれ」と彼は言った。

ウォール街で働くことを真剣に考える頃合いだった。義父は私の話を聞いてくれそうな相手を大勢知っていた。私はモーリス・ハートという人物を紹介してもらった。外国債の売買を専門に取り扱う、ニューヨーク・ハンセアティックという会社の上級管理者だ。私はミスター・ハートに会うため、金融街のブロードウエー一二〇番地を訪れ、ウォール街に興味を持っている理由や、企業の財務や合併や買収に魅力を感じる理由について話した。ミスター・ハートは投資会社の人間を何人か紹介してくれて、彼らに会ってからまた戻ってくるようにと言った。

というわけで、紹介された数々の会社――ホールシー・スチュアート、クラーク・ダッジ、キダー、ピーボディ、F・S・スミザーズ、ゴールドマン・サックス、ホワイト・ウェルドを訪ねてまわったが、色よい反応は得られなかった。再びミスター・ハートを訪ね、どこも空振りだったと報告した。すると、彼は私を見て言った。

「きみに現状を教えよう。ユダヤ系の若者にはユダヤ系の会社、ワスプの若者にはワスプの会社がある。アイルランド系は株式取引所の職員として配属され、きみみたいなイタリア系の若者は、奥のオフィスで事務処理をやらされる。私がしてあげられることは何もない。きみを奥のオフィスに押し込めたくはないんだ。きみはそんな扱いを受けていい若者じゃないからな」

ミスター・ハートは話を続けた。「アドバイスしておこう。ビジネスについて何かしら学べる仕事を見つけなさい。例えば銀行とか、信託部門で機関投資家と働ける仕事を」

つまり、ウォール街ではなく、基礎を学んで要領を身に付けられる職場ということだ。義父にそのことを話すと、「エクイタブル・ライフに友人がいる」と言われた。

他の大手保険会社と同じく、エクイタブル・ライフも保険だけを扱っているのではなかった。会社組織の半分は、保険料として入ってくる金を投資して利益を最大限に増やすことを業務としていた。エクイタブル・ライフの投資部では私募を取り扱っていた。つまり公開市場を通さずに直接、発行会社から証券を買っていた。扱っているカテゴリーは三つ。産業関連企業（株式会社）、公益企業、鉄道だ。

エクイタブル・ライフには非常に堅調な鉄道債部門があり、その部を取り仕切っている人間が、投資部門全体の人事部長も務めていた。その人物が義父の知人だった。みんなからハディと呼ばれるその人物の名前は、ハドソン・ホワイトナイト。愛すべき男だった。

私がリテール・クレジットを退職した直後の四月、義父はハドソン・ホワイトナイトとの面談を取りつけてくれた。ホワイトナイトの話だと、投資部門では見習いを雇って、ちょうど新たに研修を始めているところだが、対象となるのはＭＢＡ（経営学修士号）の取得者だけだということだった。そこで私は提案した。「では、ぼくがＭＢＡを取得するため夜間学校に通うとしたら？」

「本気でそうしたいのかね？　相当の忙しさになるぞ」と彼は尋ねた。

「本気でやるつもりです」と私は答えた。きつい仕事でも、足元にひざまずいて祈るような思いだった。証券業というものに心を躍らせていたのだ。建物や鉄道に融資し、売買で金を増やすということに、とにかくわくわくしていた。そういう仕事のすべてが気に入った。

研修への参加については、何人かの人間に会わせるので、二週間かけて彼らの面接を受けてもらいたい、とホワイトナイトは言った。私は粗野な男だった。ロングアイランドのブルーカラーの家庭で育った貧しい若者で、人を感心させられるようなところはなかった。けれど、ペンシルベニア出身のホワイトナイトは私がバックネル大学に行っていたことに感心していたし、面接した人々も私の至らない部分を見過ごしてくれたのだろう。一九五七年五月二三日、確か木曜日だったが、ホワイトナイトと面談し、こう言われた。「空いている時間を利用してMBAを取得することに同意するなら、きみを採用しよう」と。

彼はさらに続けた。「私がきみを推薦した理由を教えておこう。きみは立派な教育を受けているし、たぐいまれな熱意もある。きみが私の予想どおりに心からこの仕事を好きになったら、きっと大きな成功を収めるだろう。給料は週給八二ドル五〇セント。年収だと四二九〇ドルだ。仕事の傍らMBAを取得してもらわなきゃならないが、わが社には授業料の返還制度はない」

「分かりました」と私は答えた。この上なく興奮していた。

配属先は産業社債部門で、ビル・マッカーディという部長の下で働くことになった。六月の第一月曜日が勤務初日で、私はマディソン街二六一番地にあるAMFビルディングの一五階に出勤した。マッカーディのオフィスに入ったが、その顔に笑みは浮かんでいなかった。「ここでのやり方を教えておく。正確さが何よりも重要だ」と彼は言った。

「調子はどうだい?」や「よろしく」や「きみには大いに期待しているよ」ではなく。軽いおしゃべりも、激励もなし。「きみにはマイク・フェディシュンの下についてもらう。私が何かをやれと言ったら、すぐにやってもらいたいし、最初から正しくやってもらいたい」とマッカーディは言った。それだけだった。

「なるほど。手強い相手だな。まあいいだろう」と私は思った。フェディシュンに挨拶に行くと、気に入ってもらえた。私は、エクイタブル・ライフが投資した企業の売上げと収益の概要をまとめるという仕事を与えられた。例えば、過去一〇年間の売上げの一覧があったとしたら、対前年比の売上げの増加率を計算するのだ。意味のないうんざりする作業だ。だが、私は年次報告書と委任勧誘状に没頭し、知識を身につけていった。何もかもが気に入っていた。実を言うと、勤務初日からこの仕事が大いに気に入り、そんな気持ちで働けるのは人生で最高の喜びのひとつだと知った。

五月に、義母が私とエレインのために、クイーンズ地区のオーバーンデールにある寝室がひとつの小さなアパートメントを見つけてくれていた。家賃は月一二八ドルで、二年間の賃借契約だった。私たちは五月中に引っ越した。私の八二ドル五〇セントの週給に加えて、エレインの受付係の給料もあるが、生活は苦しかった。しかし、義父母も私の両親も、私たちによくしてくれた。私たちはお古の家具をたくさん使っていた。中古の食器棚を買い、自分で足の部分をカットして、マホガニー材に青いペンキを塗った。アルミニウム製のアウトドア用の長椅子をリビングに置いて、ソファとして使っていたのを覚えている。それがどうした、ちゃんと座れたんだから、かまわないだろう！

私たちは貧しい暮らしをしようとしていたわけじゃない。ただ金がなかっただけだ。ノーザン・ブールバードにある〈ルーサズ〉でのビールとピザの夕食が、贅沢な夜の外出だった。映画も観にいった。ピンキーという名の小さな犬を飼っていた。本当のところ、楽しいことばかりじゃなかったが、それでも、楽しんでいた。

一九五七年七月、私はニューヨーク大学（NYU）に入学し、その夏から夜間クラスを受講しはじめた。仕事を終えると毎晩グランド・セントラル駅まで歩いていき、IRT〔Interborough Rapid Transit Company〕レキシントン・アベニュー線でウォール・ストリート駅に向かう。地下鉄の駅はトリニティ・プレースとウォール街の角、トリニティ教会の立っているところにあった。そこから墓地を通り抜けて、当時は校舎がトリニティ・プレースにあったNYUのビジネススクールに向かう。エアコンはなく、暖房も大して効かなかった。夏場は汗だくになり、冬場は芯まで凍えた。受講生は多かった。教室に入りきらない生徒たちに対応するため、バンカーズ・クラブやロイヤーズ・クラブなどの場所を利用して、ダウンタウンのあちこちで授業が行われていた。

エレインは仕事を変えて、マンハセットの外科医、ドクター・ジョン・マウンテンの医療助手として働いていた（思いだしてほしい、妻は看護師になりたかったのだ）。私が授業を受けている木曜の夜、この医師は診察時間を設けていた。エレインは仕事の後に二時間ほど休憩を取って、両親と一緒にディナーを食べていたが、義父母はいつも私のために食事の皿を持たせてくれた。エレインはそれをアパートメントに持ち帰ると、皿と料理が冷めないよう、湯を沸かした鍋の上に載せていた。私が学校から帰宅するのは一一時頃だったが、彼女は待っていた。そして、私が夕飯を食べる間、一緒に座っていてくれた。

仕事を始めて二週間ほどが過ぎたある朝、私はマッカーディに呼ばれた。「きみは丸い穴に四角い杭を打っているが、それだとうまくはまらない。四角い穴に四角い杭を打てば、きれいにはまるだろうが」と彼は言った。

「失礼ですが、ミスター・マッカーディ。私はこの職場には場違いだということでしょうか？」

「別にそうは言っていないが、自分の才能を存分に活かせる仕事について、考えてみたほうがいいんじゃないかと思ってね」

マッカーディはホワイトナイトから「この男をきみの下で働かせる」と、疑問や反論の余地も与えられず一方的に言われたことに腹を立てているのだ、と私は気づいた（のちに、それは事実だと分かった）。ブルーカラーの出身だという理由で、マッカーディは私を見下していたのだろうか？　そうかもしれない。確かなことは知る由もないが。

「分かりました」と私は答えた。他になんと言えばいい？

数週間後、ホワイトナイトのオフィスから電話があった。「下の一四階に統計部がある。バーナード・バーグマンが投資の統計を担当している。これから半年間は彼の下で働いてもらう」

階下に降りてみると、ミスター・バーグマンはこの上なく感じのいい男だった。バーニー・バーグマンとアシスタントのリタ・モリスは、私の隣の小さなオフィスで机を並べて働いていた。バーニーはエクイタブル・ライフの鉄道車両リース業を監視していた。鉄道は興味深い分野だった。一九五〇年代後半の当時は、全米幹線道路網が形成されつつあり、鉄道会社はどこも困窮していた。必要な車両のための資金を工面する方法のひとつに、ＥＴＣ（設備信託証券）を利用するという手があった。つまり、こういう仕組みだ。エクイタブル・ライフは投資の対象としてＥＴＣを買い、鉄道会社は必要な車両を指定する。エクイタブル・ライフは設備信託証券の収益で鉄道車両を購入し、鉄道会社にリースするのだ。それらの鉄道車両はエクイタブル・ライフが所有することになる。車をリースする場合と同じ仕組みで、鉄道会社は月々のリース料を支払わなければならない。

エクイタブル・ライフは一万台以上の鉄道車両（長物車、有蓋車、無蓋貨車、タンク車）を所有していて、車両の型によって一日あたりのリース料が設定されていた。バーニー・バーグマンはそれらを記録するシステムを構築していた。各車両について、七五×一二五ミリのカードを一枚ずつ用意して、月ごとにリース料を記録するのだ。カードは車両の型によって色分けされていた。有蓋車はブルー、長物車は黄褐色がかったグリーン、無蓋貨車はピンク、タンク車はイエロー。各車両には番号が割り振られている。バーニーはこの仕事が大好きだった。週末にスタテンアイランドの自宅に帰り、ハイファイのレコードプレーヤーのそばに座ってLPを聴きながら、このカードの作業をするのが趣味のひとつだと言っていた。私の新しい仕事は、厄介なこれらのカードの記録を更新することだった。とてつもない仕事量だ。

最初の四、五週間は、シャープペンシルを片手に小さなオフィスに座り、適切な色と番号のカードに、それぞれのリース料を几帳面に書き込んでいった。しばらくして、ふと気づいた。車両が大破するという事態が発生した場合は、カードにそのことを記入して、その車両の記録を取るのはそこで終わるが、そういう稀なケースを除けば、リース料の数字は変わらなかった。ずっと同じなのだ！

そこで私は考えた。「こんなやり方をする必要があるのか？　もっとうまい方法があるはずだ」と。オフィスはマディソン街の三九丁目にあり、通りを渡ったところには事務用品店があった。私は店に入り、「数百ドルから数セント単位まで含まれる、数字の調整が可能なゴム印はある？」と尋ねた。

「ありませんが、お作りすることはできます」という返事だった。

私はとても興奮していた。一月の長物車のリース料が、例えば九三ドル五五セントだったとしたら、魔法のスタンプの数字をその金額になるよう合わせて、黄褐色がかったグリーンのカードすべての一月の空欄に押すだけでいい！　天才だ！

この特注のゴム印は六～七ドルほどかかり、自腹を切るには痛い金額だったが、それだけの価値は充分にあると思えた。さらに三週間が過ぎた頃、私は一万枚のカード全部を大きな箱に入れ、バーニーとリタのオフィスに苦労して運び込んだ。

「それは何かね？」とバーニーが尋ねた。

「カードです」と私は得意そうに答えた。

「どういうことだ？　すべて終わったのか？」

「はい、終わりました」

「見せてもらおう」

「どうぞ、どうぞ」と私はカードを取りだし、バーニーは一枚ずつめくりはじめた。ひたすらカードを見つめている。彼は顔をあげ、カードを見おろし、また顔をあげた。

「どうやって終わらせたんだ？」

「マックスフィールズ・オフィス・サプライに行って、スタンプとスタンプ台を買ったんです。あとは各月ごとに、一日あたりのリース料と日数を掛けるだけ。ピンクのカード、イエローのカード、ブルーのカード、グリーンのカード、それぞれすべてに正しい数字のスタンプを押せば済みます」

バーニーは私を見て、「こういうやり方はやめてほしい」と言った。

「え？」

「こういうやり方はやめてほしいんだ」

「どういうやり方ならいいんですか？」

「手書きで記入してほしい」

「でも、このほうが見やすいですよ。間違える可能性も減りますし」

「見やすくないし、間違える可能性も減らない。手書きしてもらいたいんだ」とバーニーは言った。

私に何が言えるだろう？　彼と議論するつもりはなかった。この仕事を失いたくなかったのだ。だから、小さなオフィスに戻り、一からやり直した。すべてのカードに手書きで記入するのには五カ月間がかかり、終わる頃には右手の人差し指の脇にシャープペンシルの小さなくぼみが残った。その痕跡はいまも消えていない。

私は身をもって学んだか？　学んだとも、クビになるなということを！

一九五七年晩秋のある日、ハドソン・ホワイトナイトのオフィスに呼びつけられた。「兵役をどうするのか、何か考えはあるのかね？」と彼は問いかけた。ホワイトナイトは愛国心が非常に強く、軍を重んじており、陸軍予備隊の大佐だった。

「あの、ぼくは結婚しているので」と私は言った。

「そうだな。だが、この国のために尽くしたいだろう」

おっしゃるとおりです、と私は答えた。それは本心だった。結婚する前、バックネル大学の学生だった頃、私は海軍に入隊するつもりだった。ロードアイランドのニューポートにある米海軍幹部候補生学校に通い、海軍基地で働く兵站将校ではなく、船の上で軍務に就く兵科将校になりたいと思っていた。陸に閉じ込められた海軍軍人になることには、まったく興味がなかった。ところが、一九五七年の平時のアメリカでは、既婚者は海軍の兵科将校に採用されなかったので、海軍への入隊はやめた。

グリニッジ・ビレッジの西四丁目に陸軍予備隊があることを知り、そこに行ってみた。入隊の署名をしたら半年間の従軍が義務づけられるということだった。現役勤務はある一定の日数以内に始めなければならない。従軍して半年間が過ぎたら、五年半は予備兵としての義務を負うことになる。週に一回の予備軍集会に出席し、毎年夏には二週間、ニューヨークのウォータータウンにあるキャンプ・ドラムに行くのが決まりだ。私は入隊した。一九五八年の三月から軍務に就くことになった。つまりNYUで今学期を満了し、半年間の従軍を終えてから、復学するということだ。

入隊したことを報告すると、ホワイトナイトは喜んだ。もちろんエクイタブル・ライフはきみの従軍中の休職を認めよう、と彼は言った。彼はきっと、軍に入れれば私が鍛えられると思っていたのだ。私は会社のみんなから未熟だと思われていたが、実際にそのとおりだった。なんと言っても、私は二一歳だったのだから。場違いもいいとこだ！　他の研修生たちは、みんなＭＢＡを取得していた。ある者は四年間の海軍勤務を経てから学位を取得していた。彼は二七歳だった。別の男は二六歳だった。もうひとり、ジョン・ターナーという男は二八歳だった。ターナーは三年間ゼネラル・エレクトリックに勤めた後、ペンシルベニア大学ウォートン校に戻ってＭＢＡを取得した。最終的に私の同僚となり、私たちは最高の友人になった。ターナーにはよく、あの面倒な鉄道車両カードのことでからかわれたものだ。他のみんなが私よりも大きな責任を負っているのは明らかだった。それに、給料の額も大きかった。私の年収が四二九〇ドルなのに対して、ＭＢＡを取得している連中は六〇〇〇ドルか六五〇〇ドルを受け取っていた。

だが、私だって給料はもらっているし、夜間にはＮＹＵに通い、学校でも職場でも学んでいる。私は学ぶことに貪欲だった。どれだけ学んでも学び足りないほどに。土曜日には公立図書館に行き、さらに読書をしたものだ。

半年間、バーニー・バーグマンの下で働いた後、私はマッカーディのところに戻った。相変わらず彼にはあまり好かれていなかったが、そばにいることが減っていた。マッカーディはひどい関節炎を患っており、しょっちゅう席を外していたのだ。

一九五七年と一九五八年には、航空会社が最初のジェット機を納入しはじめ、どこも航空機を購入するために金を借りていた。マッカーディが責任者を務め、私も復帰したエクイタブル・ライフの産業関連企業部は、これに大きく関わっていた。私はアメリカン航空、トランス・ワールド航空、イースタン航空の融資について、いくつかの仕事に携わる機会を得た。刺激的な仕事だった。最初のうちは、自分のしている仕事についてほとんど何も知らない状態だったのだから、なおさらだ。

各管理者には、投資を担当する法務部の弁護士がひとりずつ割り当てられていた。マッカーディに割り当てられていたのは、ジョー・スペクターという弁護士で、スペクターと私は一緒に働きはじめた。スペクターは私よりずっと年上で（三七歳ぐらいだったが、年寄りに思えた）、私は自分の知らないことを、つまりほとんどすべてということだが、彼に正直に話した。すると、「いいかい、何も心配はいらないよ。何か分からないことがあれば、私に電話してくれ」と彼は言った。

私はそうさせてもらい、スペクターは約束に忠実だった。立派な男で、本当によく面倒を見てくれた。他にも分かったことがある。一九五〇年代後半にはいまよりも特筆すべきことだったのだが……彼はゲイだった。ある晩、スペクターは私とエレインをディナーに招待してくれた。グリニッジ・ビレッジにあるアパートメントを訪ねると、パットという名のルームメートがいて、最高にうまいイタリアンを料理してくれた。ふたりがパートナーだということははっきり分かった。いまもよく覚えているエピソードがある。人間というのは、おかしなことを覚えているものだ。パットは恥毛の目立つ女性の裸体画を描き、その絵をアパートメントの廊下に飾っていたのだが、ニューヨーク州北部の出身で上品なユダヤ系のご婦人であるスペクターの母親は、この絵を見ると、花瓶を探してきて恥毛の前に置いて隠したというのだ！

話が逸れたが、スペクターにはとても世話になった。ここで強調しておきたい非常に大切なことがひとつある。私は自分の力だけで成功したとは言えないし、今後もそんなことは言うつもりはない。そんなことを言ったら、私を仲間にしてくれたすべての人々を不当に扱うことになる。私は彼らみんなに感謝している。ジョー・スペクターもそのひとりだ。彼がもう亡くなっていることが寂しくてたまらない。スペクターはいい人だった。

ともあれ、こうして融資の仕事に関わるようになり、私はとてもわくわくしていて、仕事もうまくやっていた。ビジネススクールで受講している科目についても興味津々だった。仕事に直接的に関連する、企業財務、証券分析。ビジネススクールの講師の大半は、ウォール街に勤めていた。非常勤教授と呼ばれる人々だ。証券分析の講師は、クラーク・ダッジの調査室長だった。もうひとりの講師は、ゴールドマン・サックスの財務部に勤務していた。私はいろいろな人と知り合いになり、人脈を作りはじめていた。

毎朝、私は茶色い紙袋にランチを入れ、Q28バスに乗ってオーバーンデールからフラッシング、メイン・ストリートまで行き、そこから地下鉄に乗り換えて、IRT7系統でメイン・ストリート駅からグランド・セントラル駅へと向かった。地下鉄を降りると、ロッカーにランチをしまった。グランド・セントラル駅には一〇セントで使えるコインロッカーがあった。ロッカーの鍵を抜くと、四二丁目からマディソン街三九丁目まで歩いて出勤した。

昼休みになると、公益企業部を取り仕切っているボブ・ベンソンが、通りを挟んだところにある〈クロスビーズ〉という軽食堂に、自分の下で働く研修生たちをよく連れていっていた。他にも何人かが必ずくっついて行っていたが、私はやることがあるからと言っていつも断っていた。私はグランド・セントラル駅へ行き、待合室に入り、持参したランチをロッカーから取りだして、ベンチに座って食べた。私もみんなと一緒にランチを取りたかったが、エレインと私には金がなかった。月に一二八ドルの家賃と、食費と自動車保険を支払わなければならない。外食して三ドルのランチを食べるだけの余裕も私にはなかったのだ。

一月になって学期が終わると、私はさしあたって休学することになった。三月二三日、私は陸軍に入隊した。

ニュージャージー州のちょうど真ん中あたり、トレントンの南に位置するフォート・ディックスで基礎訓練を受けた。最初の四週間は家に帰ることを認められなかった。軍曹は黒人でラルフ・ジェファーソンという名前だった。口数は少ないが、優秀な指導者だ。

初日に私たちは新品の軍服を身に着けた。戦闘服のジャケット、帽子、ひと揃い。「よし、一列一二人で四列に分かれろ」とジェファーソンが命じた。その後、私たちはひとりずつ左右に移動させられ、自分より背の高い者の後ろにつくよう整列させられた。やがて、背の順に並んだ四列ができ、それぞれの先頭にはいちばん背の高い者が立っていた。「おまえたち四人が分隊長だ」とジェファーソンは言った。それだけだった。私は背が高かったので、分隊長になった。

ようやく四週間が過ぎ、私たちは初めて週末の外出を許された。ちなみに、外出できるのは土曜日の正午を過ぎてからで、月曜の朝の点呼までには戻らなければならない。私はフォート・ディックスからバスに乗ってポート・オーソリティ・ターミナルへ行き、地下鉄でフラッシングへ向かい、さらにバスに乗り換えて家へ帰った。長い三時間だった、本当に。

エレインと私は再会を大いに喜んだ。

次の週末の外出が近づき、私が陽気なメロディを口笛で吹きながら小さな荷物を詰めていると、ジェファーソン軍曹が近づいてきて、言った。「やあ、軍曹」と。

おかしいな、と私は思った。私は軍曹ではない。二等兵だ。

「なあ、軍曹、意気揚々としてるじゃないか。楽しい週末の計画があるのか?」とジェファーソンは言った。

「はい、そうです」と私は答えた。

「だったら、計画は変更しないとな」

「なぜでしょう?」

「週末、きみはここに残るからだ」

「私が何かしましたか?」

　すると、ジェファーソンは言った。「ああ、おまえは何もしちゃいないさ。だが、六番目のやつを見ろ」

　六番目の寝台を見ると、二等兵が荷造りをしていた。

「今朝、おまえらの分隊が整列したとき、あいつの靴はハーシーのチョコバーで磨いたような有様だった。だからあいつは週末に家に帰り、おまえはここに残ることになる。分隊の全員分の靴を磨くんだ」と軍曹は言った。

　私たちはふくらはぎの途中まである半長靴《パラトルーパーブーツ》を支給されていた。「上っ面だけじゃなく、靴底とかかとの部分も磨いておけよ」

「ですが、私が何をしたというんです?」と私は尋ねた。

「おまえは何もしていない。だが、ひとつ教えておこう。分隊の連中を、二度とあいつみたいな身なりで整列させるんじゃない」

「そんな、勘弁してください」

軍曹は首をふった。「だめだ。話は以上。ここで過ごす週末を楽しんでくれ」

というわけで、私は残って週末を過ごした。エレインには、家に帰れないことを電話で伝えるはめになった。その週末、私は一二足のパラトルーパーブーツを、上部も、靴底も、かかとの部分も、文字どおりつばをつけてピカピカに磨きあげた。きちんとやろうとしたら、一足に約一時間はかかった。エスクァイアの艶出しクリームの大きな缶と古いTシャツ、水を入れたボトルを用意した。艶出しクリームを塗布して、乾かし、水に濡らしたTシャツでブーツを磨き、また乾かす。さらに艶出しクリームを薄く伸ばして、乾かし、またピカピカに磨きあげる……。

一二足すべてのブーツを、上部、靴底、かかとの部分、一足あたり一時間かけて。みんなが外出から戻ってきたときには、どのブーツも鏡みたいに輝いていた。私は靴を磨きあげておくことの大切さを学んだ。今日に至っても、(もう自分で靴を磨いてはいないのだが)私はどんなときでもピカピカに輝く靴を履いている。

基礎訓練を修了すると、第一軍の本部、ガバナーズ島のフォート・ジェイに転属された。そこで一カ月ほどが過ぎると、ニューロシェル沖合の島にあるフォート・スローカムに移された。そこから今度はフォート・トッテンに転属になったが、ここはクイーンズのベイサイド地区にあり、週末の外出には最も便利な場所だった。

陸軍ではまあまあうまくやれた。命令に従い、文句は言わなかった。状況に身を任せていた。いつ終わるのかは分かっていたし、終わりは来た。一九五八年九月、私はエクイタブル・ライフとNYUに戻った。

「きみにいい知らせがあるぞ」。オフィスに戻ると、ホワイトナイトに言われた。「エクイタブル・ライフの方針が変わって、これからはきみのNYUの学費が支給されることになる」

これはすごいことだ。もっと履修科目を増やして、ずっと早く修了できる。私は帆に風をとらえて復学し、とてもうまくやった。論文の指導教師であるジュールズ・ボーゲンとは素晴らしい関係を築いた。彼は金融界で優れた業績をあげている人物で、ビジネスに関する執筆が多数あり、『ファイナンシャル・ハンドブック』という重要なテキストを編集していた。何年ものちに、私はかなりの成功を収めると、NYUに寄付をして、人生の門出に多大な世話になったふたりの人物、私の義理の父とドクター・ボーゲンにちなんで、アッビ‐ボーゲン・ファカルティー・ラウンジと名づけた教職員控え室を造った。

ある日、私はボーゲンのオフィスに呼ばれた。「きみは教科内容をかなりよく理解しているね。教鞭を執ろうと考えたことは？」

そう聞かれて、私は目をぱちくりさせた。考えたことはありません、と答えたが、それは事実だった。実際のところ、私はその場に立ち尽くしながら思っていた。「なんてこった、たった七年前には、カレッジから放りだされる瀬戸際に立っていたのに、いまはカレッジで教えてみないかと言われているとは」と。

「じゃあ、考えてみるといい。だが、仕事も続けるべきだ。夜間に教えることに興味は？」とボーゲンは尋ねた。

「とても興味があります」

「よかろう。ワシントン・スクエアで私の友人に会えるよう手配しておく」

ボーゲンは私をホバート・カーに会いに行かせた。NYUの商業・会計・金融学校で銀行業および財務学部の学部長を務める人物だ。カーは学部学生に企業財務と証券分析を教える講師を探していた。私がこの二年間で少なからず学んだふたつの教科だ。そんなわけで、私は一九六〇年の九月から講師を始め、同月に学習過程と論文を終えて、一〇月にはMBAを取得した。

論文のタイトルは『転換証券の希薄化防止条項』という、舌を噛みそうなものだった。エクイタブル・ライフでは、企業に貸し付けを行う場合、こちらの選択次第で債務をその企業の株に転換する権利を有するという流れができつつあった。そうすると、融資が企業の成長を促した場合、こちらも株式に便乗できるのだ。投資によって追加の利益を生じさせる特別な方法で、当時の大流行になっていた。しかし、新しいやり方だったので、問題点の改善が必要だった。例えば、私がある転換社債を保有していたとして、その企業が大量に新株を発行した場合、私の保有する株式価値は希薄化することになりかねない。その企業に対する持ち分が減るのだ。となると、転換権の価値を守る契約条項を融資書類に加えておくことが重要になる。

その年の秋は、暮らしぶりにかなり満足していた。何度か昇級があり、エクイタブル・ライフの年収は九〇〇〇ドルにまでなっていた。講師料も合わせると、年収は一万二〇〇〇ドルから一万三〇〇〇ドルにのぼった。バックネル大学を卒業したとき、私の夢は年収一万ドルを稼ぐことだった。エレインと私はフラッシングのアパートメントを引き払い、ロズリン・ハイツのすぐ先にあり、ずっと裕福な地区であるブルックビルに建つ小さな一戸建てを借りた。

それに、もうじき赤ん坊が生まれる予定だった。結婚してから数年はなかなか授からなかったのだが、一九六〇年の春にエレインは妊娠した。そして一九六〇年一二月二一日、第一子となるケニー・ジュニアが誕生した。私の人生において、最も幸せで誇らしい一日だった。私は父親になったのだ。

職場では、マッカーディのところから産業関連企業部の別の部長の下に配置換えされた。この部長はレイ・ハーマンといって、事務員から徐々に出世して地位を築きあげた人物だ。親切な男だった。マッカーディと同じく、ハーマンも多数の企業の融資を担当していて、私に山ほど仕事を投げてくれた。

ハーマンから任される数が増えるほどに、私はますます仕事が好きになった。金曜の遅くまで働き、必要であれば土曜日も仕事をした。身を粉にして懸命に働いていることを、ハーマンは評価してくれた。私には、自分の能力を存分に発揮しているという実感があった。ハーマンは私を部下というより息子のように扱ってくれた。彼と奥方のドットは、ブルックビルのわが家からほんの数キロの距離にあるフローラル・パークに住んでいた。ふたりはときどき、家の近くの小さなイタリアン・レストランでのディナーに、私とエレインを誘ってくれたものだ。

一九六一年の八月になると、私は州北部にあるキャンプ・ドラムに行き、陸軍のサマーキャンプに参加した。八月一三日、フルシチョフが東西ベルリンの境界を封鎖し、ベルリンの壁を作りはじめた。国家的危機であり、ソ連による明らかな挑発で、ケネディ大統領は一〇万人の予備兵を召集した。そして、なんということだろう、私もその一〇万人のひとりだった。

「仕事や私事を整理しておくように。九月一五日から従軍することになる」と私たちは命じられた。

その頃、私はエクイタブル・ライフで順調にやっていた。生き生きと過ごしていた。なのに突然、人生がめちゃくちゃになった。ブルックビルの家には妻と九カ月の息子がいる。エクイタブル・ライフはアベニュー・オブ・ザ・アメリカス〔六番街〕一二八五番地に新しい本社を建てたばかりで、社員はみんなそちらに移っていた。私はそのビルで一日しか働かなかった。

一九六一年九月一五日、私はノースカロライナのフォート・ブラッグ陸軍基地に向けて出発した。

第3章

積み木

BUILDING BLOCKS

私はフォート・ブラッグで惨めな思いをしていた。技術兵の「SPEC5」として月に一三〇ドルという〝大金〟を稼いでいたので……つまり金がなくて家に帰れず、妻と赤ん坊はロングアイランドにいる。仕事も中断させられている。講師も一時的にやめなければならなかった。自分が哀れでたまらなかった。

ある日、人事管理室に来るようにと連絡を受けた。入室すると、中尉に言われた。「空挺降下学校に志願していないようだが」

兄は第八二空挺師団の落下傘歩兵だった。私はパラシュート部隊に関わりたくなかった。

「サー、私は母と約束をしたのです」

「どういうことだ?」と中尉は私を見て、言った。

「降りる階段がなければ飛行機から飛びださないと、母に約束させられたのです」

中尉は腹を立てた。「おもしろい男だ。失せろ」

翌日、また人事管理室に来るよう連絡があった。「くそっ」と私は思った。入室すると、今度は別の将校に迎えられた。「おまえの二〇一号ファイル、兵員ファイルを見て気づいたんだが、NYUで講師をしていたらしいな」と将校は言った。

「はい」

「何を教えていた？」

「企業財務、証券分析、商法です」

「陸軍で教えてみる気はあるか？」と将校は尋ねた。

「どこでですか？」

「ノースカロライナ州だ」

つまり、こういうわけだ。当時、われわれはもう朝鮮半島で戦っていなかった。ベトナムにもまだ派遣されていなかった。だが、少数のアメリカ兵がMAAG（軍事顧問団）と共に、ラオスとカンボジアに派遣されていた。彼らは通信、小火器、武器、戦場の医療など、あらゆることについて現地の軍を訓練する、専門分野に特化した兵士たちだ。ストレスの多い任務だった。この兵士たちは海外で半年間を過ごした後、残りの半年間は米本国に帰って交代し、その後また東南アジアに戻る。すると、誰かが妙案を思いついた。半年間こっちで過ごすのであれば、学士号か修士号の取得を目指せるよう、カレッジレベルの講座を受講させてはどうか、と。

場所はノースカロライナ州のローリーだ。行ってみると、こう言われた。「きみにはふたつの講座を受け持ってもらう。ひとつは月曜と水曜、もうひとつは火曜と木曜、すべてフォート・ブラッグの教練センターで。一講座につき、月々二六〇ドルが支払われる」。つまり、基本給の一三〇ドルに五二〇ドルが上乗せされるわけだ。突然、私はほんの少しだけ貧乏を脱することができた。

「兵役に就きながら、どうやって講義の準備をすればいいのでしょう？」と私は尋ねた。

「きみには一日二時間のＥＤ（任務免除）も与えるつもりだ」

なるほど、これは素晴らしい。私は講義の資料のことなら知り尽くしていた。だから、ただ兵舎に戻って、睡眠不足を解消することができる。というわけで、私は陸軍にいながらにして、ノースカロライナ州で教鞭を執ることになった。

だが、妻と息子から一〇〇〇キロ以上離れた場所にいることや、仕事とＮＹＵでの教職を中断されたことに、私はまだ腹を立てていた。ノースカロライナ州で初めて講座を開くクラスに入ったときは、けんか腰だった。「さて、言っておきたいことがある。みんながくぐってきた、あのドアが見えるか？あの外は別世界だ。この中は学問的に自由だ。私の名前はケン、みんなのこともファーストネームで呼ぼう。階級なんかどうでもいい」と私は兵士たちに話した。

講義が終わると、一九五センチほども身長のある大男の特務曹長がやってきて、静かな声で話しかけてきた。「教授《プロフェッサー》……」

私はさえぎった。「私は教授じゃない。講師《インストラクター》だ」

「教授、いいですか、私は一日中、人に敬礼し、敬礼されているし、名字と階級で相手を呼んでいる。

てもらう」

「そう言わずに。この教室の外ではきみの好きにすればいいが、この教室の中では私の好きにさせてもらう」

その土曜日の午後、私が寝台に寝ころがっていると、この特務曹長が訪ねてきた。「もう予定があるかもしれないが、今夜、妻や娘たちと一緒にディナーを取るので、ぜひわが家に来てほしい」

「遠慮しておくよ。先約があってね」と私は答えた。

嘘だった。行きたくなかっただけだ。私のなかで職業軍人のイメージは、乱暴者だった。彼らは妻を殴り、子どもたちを壁に投げ飛ばすのだ。そんな世界に関わりたくなかった。

次の週末、彼はまた訪ねてきて、私はまた夕食に誘われた。「気持ちはありがたいけど、行くつもりはないよ」と私は返事した。ところが、そのまた次の土曜日にも彼は現れて、「ひと晩だけでいいから、ディナーに来てくれ」と言うのだ。だから、私は招待を受けた。

やれやれ、私は彼を誤解していた。彼の名はエド・マサロニスといって、ミネソタ北部にあるメサビ鉄山の出身だった。一九四〇年に一七歳で陸軍に入隊し、スコットランドに配置された。向こうにいるとき、部隊長がブリティッシュ・コマンドスの訓練を受ける志願兵を募った。三〇〇〇人の兵士が志願し、コマンドスは彼らに走るよう命じた。ただし、ジャンプブーツを履き、装備一式を背負った状態で。数時間が過ぎてもまだ走りつづけていた五〇〇人が、初めてのアーミー・レンジャーに選ばれた。エドもそのひとりだった。彼はレンジャー・スクールに行き、第二次世界大戦と朝鮮戦争の主要な戦いに参戦し、ラオスで従軍した。当時エドは、ノースカロライナ州のフェイエットヴィルで、フォート・ブラッグの新兵採用を担当していた。奥方のパットは、フォート・ブラッグの軍隊図書館に勤めていた。エドとパットにはふたりのかわいい娘がいて、四人とも私が人生で出会った誰よりも親切で礼儀正しく、立派な人々だった。エドはただの生徒ではなく、私の親友のひとりになった。

その年の二月、私とエレインはフォート・ブラッグの小さなアパートメントを借りることに決め、妻と息子ケニーは二カ月ほどそこで暮らすことになった。その頃エレインはまた妊娠していた。私たちはよくマサロニス家を訪ね、チキンやリブのバーベキューをごちそうになったものだ。それはそれで楽しかったものの、私はやはり陸軍を除隊して元の暮らしに戻ることを熱望していた。

NYUからは、六月までに戻れたらその夏も講師として働かせてもらえると言われていた。だから私は早期除隊を申請し、承認された。私は五月に除隊した。まさにその一九六二年五月、株式市場は一九二九年以来の最大の暴落となった。「いまがそのときだ。ウォール街に乗り込んでやる」と私は言った。

世間的に見れば、直感に反する行為だった。投資銀行は猛烈な勢いで人員削減に着手していた。だが、私にしてみれば、この世界に足を踏み入れる最高のチャンスだった。

義父は、控えめに言っても賛成しなかった。エレインの父親はすっかり動揺していた。愛する娘がブルックビルの小さな賃貸住宅に乳幼児を抱えて暮らし、出産も控えているというのに、この頭のイカれた婿ときたら、高い給料と安定した利益を得られる確固たる地位を手放そうとしているのだ。私はエクイタブル・ライフで年収一万ドル近くを稼いでいた。こんにちの価値に換算すると、八万ドルと同程度の金額だ。「いいか、きみには立派な仕事があり、家族がいる。頼むから、そんなことをしないでくれ」と義父は諭した。

「バッバ〔Babba〕」――私はミスター・アッビをこう呼んでいた――「すみません。でも、私はウォール街に行かないと。ずっと前から希望していたことなので」

すると、見上げたもので、義父はこう言った。「よかろう。いくつか面接を取りつけられるか、やってみよう」

私がエクイタブル・ライフに勤めたままでは、ウォール街の誰も話をしてくれないだろうと分かっていた。多くの投資銀行がエクイタブル・ライフと取引をしており、私を引き抜けば報復を受ける恐れがある。新たな勤め口が決まってからではなく、前もって辞職しておくしかない。ぽっかり口をあけた虚空に踏みださなければならないのだ。

私はエクイタブル・ライフの産業関連企業部長であるビル・カウィーに話をしにいった。

「ミスター・カウィー、私はウォール街に行きます」

「勤め先はあるのか？」

ありません、と私は答えた。

「どうしてわが社に戻ってこないんだ？　きみは順調に働いていたじゃないか」

「そうですね、ミスター・カウィー。でも、ウォール街に行きたいんです。とにかく、昔から頭にあったことなので」

「なあ、いまは勤め先が見つからないぞ。私は三〇年代にウォール街を去って、この会社に来たんだ。大恐慌の間は散々で、投資銀行は〝スコッチ・ウィーク〟と呼ぶやり方を取っていたものだよ。一週間の勤務時間をふたりで分けることで、どちらかひとりを解雇せずに済むというわけだ。いまの状況も、当時とあまり変わらないように思えるが」

「私がこちらでお世話になったままでは、誰も話をしてくれないでしょう」

「分かった。では、こうしよう。きみの辞職を認めるが、もしも仕事が見つからなかったら戻ってくると約束してほしい」

「ミスター・カウィー、お言葉ですが、私は二度と戻らないでしょう。そこまでよくしていただいて、実際に戻ってくることになったら、良心が咎めて、一生この会社を辞められなくなりますから」

ミスター・カウィーは私を見つめ、「これから苦労するぞ」と言った。

なるほど、私はたしかに苦労した。

初めてウォール街で職探しをしたときと同じようなものだったが、今回はさらにひどかった。ワスプの会社は私を欲しがらなかった。ユダヤ人の会社も私を欲しがらなかった。人を雇おうという者はなかった。むしろ解雇していたのだ。やっとのことでたどり着いたのが、鉄道債を専門とするR・W・プレスプリッチという活気のないひっそりとした会社だ。この会社には、非常に優れた鉄道調査部があった。債権トレーダーのトップに立つエディ・ローワンは、義父の親しい友人だった。ローワンは私を企業向け販売部門の部長であるジャック・カーレンに紹介してくれた。企業向け販売部門とは、あちこちにあるエクイタブル・ライフみたいな会社を相手に、興味を持ちそうな投資対象を紹介するのが仕事だ。

カーレンはプレスプリッチの共同経営者で、六〇歳代の元債権トレーダーだった。おしゃれな男だったのを覚えている。襟に小さな花を挿し、パイプでタバコを吸っていた。だが、何よりも印象深かったのは、彼のコミュニケーションスキルの高さだ。あれほど素晴らしい面接官は初めてだった。私たちはすぐに意気投合した。しばらく話をした後で、彼は言った。

「きみは優秀な販売員になりそうだな。しかし、雇うことはできない」

「どうして私が優秀な販売員になりそうだと分かるんですか？」と私は尋ねた。

「私には分かるんだ。きみは人の話に耳を傾けている。そして、話している相手への気遣いができている。どこで押してどこで引くか、きみならタイミングが分かるだろう。それは多くの販売員がやらないこと、いや、できないことだ。たいていはひたすら押して、押して、押しまくって、しまいには相手を怒らせてしまう」

さらにしばらく話し合った後で、カーレンは言った。

「きみを雇いたいが、とにかく無理だ。だがきっと、これからきみの話が耳に届くことになるだろう。では、幸運を祈るよ、うまくいくといいな」

プレスプリッチのオフィスはパイン・ストリート八〇番地にあった。私はエレベーターでロビーに降りると、ぴたりと立ち止まった。「ちょっと待てよ」と自分に言い聞かせ、エレベーターで上階に引き返す。そして、受付係に頼んだ。

「たったいま、ミスター・カーレンと別れたんですが。もう一度、少しだけお目にかかれますか？」

ジャック・カーレンがやって来て、「何か忘れ物かね？」と尋ねた。

「違います。もう一度、お話しできますか？」

私たちは小さな会議室に入った。

「秘書に給料をいくら払っていますか？」と私は質問した。

「週給一五〇ドルだが」

「私に秘書と同じ額の給料を払ってもらえれば、あなたの下で働きます」

「それでは生活できないだろう」

「いいえ、できます。夜はNYUで講師を務めていますから。嘘じゃありません、ちゃんと生活していけます。それはこちらの問題であって、あなたが気にすることではありません」

カーレンはあのタバコ用パイプから煙をひと吹きして、思いを巡らせた。最後に、彼はこう言った。

「いいだろう」

「ジャック、ひとつだけ条件があります」

いままでは彼は笑みを浮かべている。「条件がある？」

「あなたが取引していない顧客は、みんな私がいただきます。取引をしていない相手がいれば、私にはその相手を訪ねる権利がある、ということで」

「もちろんだ。素晴らしい」とカーレンは言った。

一九六二年八月一三日、私はR・W・プレスプリッチに勤めはじめた。その日のことはよく覚えている。その前週の金曜日に、地方債担当のクッシュマン・マギーというシニア・パートナーが心臓発作で急死したため、社員みんなが嘆き悲しんでいたのだ。それでも仕事は続く。ジャック・カーレンは私を自分の部署である企業向け販売部門（通称、第一五部署）に配属した。トレーディングルームの中央に置かれたデスクには、ほかに三人の販売員がいた。最年長の販売員はビンセント・バンカーで、ニックネームはビンディ。ビンディ・バンカーは、代表であるW・バレット・ブラウンの義理の息子だった。元海兵隊士官で、生まれながらにそういう立場に慣れているようだった。私はバンカーを好きだったが、そんなこんなの理由から、初めのうちは畏縮していた。同じ部署のあとのふたりは、チャーリー・ベネディクトとサイラス・〝バド〟・カナディだ。私は下っ端もいいところだった。その年のクリスマスには三〇〇ドルのボーナスが支給された。私は銀行に行き、クリスマスプレゼントを買うためにさらに二〇〇ドルを借りた。

プレスプリッチでの仕事は、こんな具合に始まった。社内には、あらゆる産業を網羅する調査部があった。小売り、消費者向け製品、鉄鋼、科学薬品、自動車、等々。上場しているすべての株式について、調査部はアナリストに各産業のファンダメンタルズを分析させている。調査アナリストはみな、推奨する投資対象を揃えている。USスチールは買い。ゼネラルモーターズ（GM）は売り。プロクター・アンド・ギャンブル（P&G）は買い。ウォール街のやり方は、アナリストが推奨する銘柄を販売員に伝え、販売員はその提案を機関投資家や、いわゆる上流顧客、つまり金持ちに売り込む、というものだ。

大恐慌の後は何年も株は低迷を続けていたが、一九五〇年代後半に好景気になると、機関投資家は株式の購入を真剣に考えはじめた。一九六二年の暴落が起こった後、株価の値下がりを受けて、私たちは年金基金や保険会社、銀行などの取引先に、相場はもう上昇しかないと言いきかせていた。

私は一九六三年一月に、初めてプレスプリッチの外回りに出て、シンシナティを訪れた。コツを教えるため、ジャック・カーレンも一緒に来てくれた。カーレンが飛行機嫌いだったので、うんざりするような鉄道旅を強いられた。長距離列車でひと晩かけて、ペンシルベニア駅からコロンバスまで移動。そこから列車はスピリット・オブ・セントルイスとシンシナティ・リミテッドのふたつに分かれてそれぞれの街に向かう。カーレンと私は、投資アイデアを求めている銀行信託部のアナリストたちと面会することになっていた。最初に訪れたのは、シンシナティのファースト・ナショナル・バンクだ。カーレンから紹介してもらった後、私が話を進めた。私は調査部長に向かって言った。「われわれはUSスチールを推しますが、その理由をご説明いたします」。エクイタブル・ライフで培った調査能力と、NYUで講師を務めた経験によって、私は自分が売り込んでいるものについて、かなり豊富な知識を持って話すことができたため、典型的な販売員に数歩先んじていた。

すぐに私はその地域をたびたび訪れるようになった。少なくとも月に一週間は出張したので、講師の仕事は辞めるしかなかった。私はシンシナティ、ルイビル、クリーブランド、コロンバス、トリード、デトロイト、ピッツバーグに顧客を開拓していった。彼らは私が狙っていた「誰も取引していなかった顧客」だった。つまり私が取り組むのはまっさらなビジネスだということだ。競争相手がいないため、私はより多く稼げるはずだった。顧客の大小などはどうでもよかった。ひたすら懸命に仕事に取り組んだ。そのうちに、私はシンシナティのフィフスサード銀行、クリーブランドのユニオン・コマース・バンク、オハイオ州の学校職員退職年金、ウエスタン・アンド・サザン・インシュアランス・カンパニー、ユニオン・セントラル・ライフ・インシュアランス・カンパニーを顧客に獲得していた。

だが、私はすでに証券販売にとどまらないことを考えはじめていた。初めてシンシナティに出張する直前のクリスマスが過ぎたある晩、私は子どもたちのおもちゃを片づけていて（ケニーは二歳になったばかりで、九月に生まれたブルースは生後三カ月だった）、あることに気づいた。義父母が子どもたちにプレゼントしてくれた『原始家族フリントストーン』の積み木には、〝ケナー・プロダクツ、オハイオ州、Ｃｉｎｔｉ〔シンシナティの省略形〕〟の印が押されていた。私は興味をそそられた。当時、『原始家族フリントストーン』のテレビ番組は大人気だった。フリントストーンの商品はそこらじゅうにあふれかえっていた。私は普段から需要と供給に興味があったため、このケナー・プロダクツの利益の取り分はどれぐらいなのだろうかと気になった。

私は出社すると、ムーディーズとスタンダード＆プアーズの分厚い便覧でケナー・プロダクツを調べた。コンピューターがなかった時代は、紙の便覧を利用していたのだ。ケナー・プロダクツは一九六二年の春にクーン・ローブを通じて新規株式公開を予定していたが、その後の市場の急落を受けて、売出しは取りやめになっていたことが分かった。そこで私はシンシナティの案内所に電話をかけて、ケナー・プロダクツの電話番号を教えてもらった。電話して、ＣＦＯ（最高財務責任者）と話したい旨を伝えた。すると電話に出た女性は、「弊社にＣＦＯはおりません」と答えた。

ケナー・プロダクツの経営組織は、三人の人間で構成されていた。アル、フィル、ジョーというスタイナー三兄弟だ。彼らはある日、オフィスの窓から外を眺めていて、ケナー・ストリートという標識を見たことで、この社名を思いついたのだという。アル・スタイナーが私の電話を受けた。「来週、シンシナティに行きますので、ぜひ立ち寄ってお目にかかりたいのですが」と私は話した。

「どうしてわれわれと会いたいのかね？」とアルは尋ねた。

「私はR・W・プレスプリッチという投資銀行の者です。御社の資金調達に関して、ひとつ案があります」

アルは感じのいい男だった。「いいとも。シンシナティに来たら寄ってくれたまえ」と彼は言った。ジャック・カーレンとともにシンシナティに着いたとき、最初の面会の後、午後に二時間の空きがあった。私はカーレンに、スタイナーに電話したことを話し、彼らと面会するのに一緒に来るつもりがあるかを尋ねた。

カーレンは不思議そうな顔をした。

「おもちゃ業界については、私はこれっぽっちも分からんし、きみも同じだろう。やろうとするだけ無駄じゃないか」

「いいですか、ジャック。単純なことですよ。彼らはもともと株式を公開するつもりだったし、調達した資金は残らず会社に入るはずだった。彼らが自分たちのためにテーブルから金を取るのとは、まったく別の話です」

「それでも、きみは時間を無駄にしているように思うが」

今度はこっちが彼をまじまじと見つめる番だった。自分の仕事については凄腕だが、カーレンは販売員だ。視野がそこまでしか及ばないのだ。

「分かりました。意見が異なるということで、意見が一致しましたね。次の面会の前に、私は行ってきます」

というわけで、私はケナー・プロダクツを訪ね、アル・スタイナーと弟のフィル・スタイナーに会った。ふたりはかなり年輩の紳士で（当時の私にはそう見えた）、年齢は六五歳ぐらいと五五歳ぐらい、そして私の訪問に対するとまどいを隠さなかった。

「用件は？」とアルが尋ねた。

「あなたがたには資本が必要かと思いまして」と私は言った。

「なぜそう思う？」

「昨年の春、御社は株式を公開しようとしたものの、市場が暴落して、資金の調達ができなかったでしょう」

ふたりは顔を見合わせた。

「本当のところ、資金を調達したいんだ」とフィル・スタイナーは認め、事情を説明した。彼らはアニメプロダクションのハンナ・バーベラと『原始家族フリントストーン』のライセンス契約を結んだばかりで、フリントストーンの商品を続々と発売しようとしていて、新たな工場を建設する予定だった。実に明解な話だ。彼らは会社を成長させたがっていた。

「御社のバランスシートがどんなものかは知りませんが」と私は話した。

「財務はいたって健全だよ」とフィルは言った。

「融資を受けることに興味は？」

「どういう種類の融資かね？」

私には言うべきことがはっきり分かっていた。エクイタブル・ライフで働いた四年半のたまものだ。

「株式を公開するのではなく、債券を発行してはいかがですか？　公開公募の場合、証券取引委員会に届け出る必要があり、予想外の変動をする株式相場の影響をこうむり、株主に負い目を感じることになります。債権はもっとシンプルです。取引するのは、ひとりかふたりの投資者だけで済みますからね」

兄弟は顔を見合わせた。

「株式を例えば五〇〇万ドルで販売した場合、最終的には五〇〇万ドル全額が株式になるでしょう。しかし、新株引受権付社債を販売するのであれば、一対二の比率で済ませることも可能だ。二ドルの債務に対し、債権者は一ドル分の株式を購入する権利を有するというわけです。株式の希薄化を半減させることになる」と私は説明した。

「なかなかおもしろい。だが、そんな社債に誰が興味を示すだろう？」とアルが問いかけた。

「分かりません」と私は答えた。実際に分からなかったからだ。どこまでも誠実なこの人たちを相手に、ごまかすような真似だけはしたくなかった。

「分からないとは、どういうことだね？」

「分かりません」と私は繰り返した。こういう新株引受権《ワラント》の付いた債権が存在することは知っていた。だが、どんな保険会社や年金基金や投資家がこの条件で債権を購入することに関心を示すのか、そこが分からなかった。

「ご希望であれば、何件か電話をかけて、調べてみます」

訪ねてきてくれてありがとう、と彼らはお礼を言った。「兄と話し合ってから、改めて連絡するよ」とフィルは言った。

その面会の後、私はシンシナティでジャックと一緒に訪ねたいくつかの銀行に電話をかけて、スタイナー兄弟とケナー・プロダクツについて問い合わせた。彼らの評判は非の打ち所がなかった。ニューヨークに戻ると、私はアルとフィル・スタイナーからの電話を待たず、オフィスに戻るやいなや、こちらから電話した。「どうお考えですか？」と私は尋ねた。

「まだ検討中だよ。条件はどんなものになるだろうか？」

「そうですね、期間は一〇年間で利率は六パーセントというところでしょうか。最初の二年間は債券保有者への支払いをなくして、残りの八年間に均等割で分割償却ということにもできるかと」

「きみの取り分は？」

私は彼らに、いくら調達したいのかと尋ねた。五〇〇万ドルという返事だった。

「この取引が成立しなければ、一セントもいただきません。取引が成立したときには、二パーセント、一〇万ドルをお支払いいただきます。あとは法的費用と、債券の購入者の法的費用も上限付きで負担していただくことになるでしょう」

「プレスプリッチにはこの分野を専門とする人間がいるのか？」

「いいえ、プレスプリッチには、投資銀行部門を運営している者がいて、企業のための資金調達を行っています。詳細な点については、彼に任せます。私の役目は、願わくばあなたがたと契約して、付き合いのある機関投資家にそれを売り込みに出かけることです」

「やってみよう」とスタイナー兄弟は返事した。

というわけで、私は投資銀行部門に出向いた。さて、この部を取り仕切っている男は非常にお堅い人物だった。ここでは仮にデビッド・Gと呼ぶことにしよう。彼は正真正銘の堅物で、ハーバード大学ロースクール（法科大学院）を卒業していた。契約を取りつけたことを話すと、彼はすっかりいらだっていた。私のようなロズリン・ハイツ出身の二七歳の若造が、境界線を越えて彼の領分にずかずか踏み込んできたのだから。「契約を取りつけたとは、どういうことだ?」と彼は言った。

「オハイオの会社が資金調達を希望しているので、これまでに株式を販売してきたオハイオの保険会社をすべて当たって、取引を持ちかけてみるつもりです」

彼は疑っているようだった。「ずいぶんと面倒な仕事になりそうだな」

「そんなことはありません。彼らの条件に合わせて、五〇〇〇万ドルの資金調達に成功したら、われわれに一〇万ドルが支払われることが明記された書類に両者の署名をもらうだけです」

「こちらの実費については?」

「そんなにケチケチするもんじゃないですよ。実費がなんだっていうんです?　どっちみち、シンシナティには行くんだから。いくつか電話をかけるだけです。実費なんか要求するつもりはありません。そんなしみったれた真似。私は彼らに信頼してほしいんですよ」

相手が自分より年上でも、そんなことはどうでもよかった。彼は企業金融部門の部長であり、私の所属する部ではない。当時の私の考え方は、こんにちでも変わっていない。私のボスはひとりしかいない。顧客だけだ。顧客に正しく対応していれば、何も心配することなどないのだ。

しかし、デビッド・Gはカンカンになった。「標準的なやり方を曲げるわけにはいかない」と彼は言った。

「取引したくないんですか?」と私は尋ねた。

「いや、いや、そうじゃない。取引はしたいが」

「取引がしたいなら、あなたではなく、私のやり方に従ってもらいます。取引がしたくないというのなら、私は辞職して自分でやります」

この男は、自分が給料をもらっている仕事を私がしていることで、不安になっているのだ。どうやって持ってくればいいのか分からない取引を、私が持ってきているから。この男では、伐採作業員の宿泊所で売春婦を売ることもできないだろう。そんなわけで、彼は代表であるW・バレット・ブラウンに告げ口しにいった。デビッド・Gを同席させて、ブラウンは私を呼びつけた。ブラウンはパイプを吸うワスプの老人だった。

「なあきみ、そいつはうまいビジネスだ」とブラウンは言い、パイプの煙越しに目を細くした。「だが、わが社にはわが社なりのビジネスのやり方ってもんがある」

「ミスター・ブラウン、それは分かっています。分からないのは、私のこの取引に対するやり方の、どこが会社の慣習や価値に反しているのかということです。教えていただけますか?」と私は言い、デビッド・Gのほうを向いた。「デビッド、教えてもらえますか?」

デビッド・Gは私を見ようとさえしなかった。そしてブラウンに向かって、「バリー、それに実費の負担という問題もある」と言った。

「いいですか。私は電話代以外の必要経費はすべて自分で払います。シンシナティを訪れる特別な理由があれば、交通費は自分で払います。その問題については、これで片づくでしょう。ほかに問題は？」

「取引相手がちゃんとした人間なのか、確認しておきたい」

「受話器を取って、シンシナティのありとあらゆる銀行に電話してみればいい。私はもうやりましたよ。彼らは信頼できる人間だ。シンシナティの立派な市民だ。博愛主義的な人々だ。彼らの会社は、創業から四〇年近くになる」

私はブラウンに向かって言った。「ミスター・ブラウン、私がどうするつもりかお話ししましょう。恨みっこなしです。私はプレスプリッチを辞職して、この取引をひとりで進めます。私をもう一度雇いたければ、雇い直せばいい」

「待ってくれ」。ブラウンは気が触れたようにパイプの煙をプップッと吹いている。「それは困る。それはまずい」

私はデビッド・Gを見た。「両方のやり方を取ることはできません。あなた方が妨害するなら、取引はふいになるでしょう。ケナー・プロダクツの監査済みの数字が知りたければ、どのみち保険会社のために調べることになるでしょうから、お好きにどうぞ」。なお、スタイナー兄弟の代理人を務めているのは、シンシナティでいちばんの法律事務所、タフト・スタティニアス・ホリスターだと分かった。信頼できる相手だ。

ブラウンは少しぼやいていたが、私が正しいと分かっていた。私が重大なビジネスを取りつけてたのに対し、デビッド・Gはといえば、ろくに成果を上げていない。ブラウンはこの取引を認めた。

私は電話を二本かけた。一本はオハイオ・ナショナル・ライフ・インシュアランス・カンパニーの知人に、もう一本はウエスタン・アンド・サザン・ライフ・インシュアランスの人間に。どちらもシンシナティの会社だ。どちらの相手も、同じことを言った。「どうして彼らは、最初からうちに相談に来なかったんだ？　同じ街にいるのに」

「どうしておたくを訪ねなかったのかは、分からない。だけど彼らはわが社を雇ったんだ、おたくともいい取引ができると思う」と私はそれぞれの相手に話した。

ウエスタン・アンド・サザンの担当者は、「この取引を独占したい」と言った。

「それはだめだ、ほかにも話を持ちかけている相手がいるんでね。そのもう一社も乗り気になったら、どうすればいいか考えよう」と私は伝えた。

一週間とたたずに、両者から取引を希望するという返事があった。どちらの会社も二五〇万ドルを引き受けた。三〇日とたたずに取引は完了し、一〇万ドルのコミッションが入ってきた。私はブラウンのもとに行き、こう話した。

「いいですか、毎回こんなことになるのは困るんです。スタイナー兄弟のことは、もう全部分かっています。彼らは非常に信頼できる人たちで、顧客であるすべての小売業者から、とても尊敬されています。どの銀行からも敬われている、シンシナティの正直な市民です。ミスター・ブラウン、そもそも売り込むだけでも大変なんです。私は身を粉にして働くつもりですが、うまく契約を取りつけた後で、あなたがたに改めて売り込まなければならないなんて、そんなのはごめんです。倫理や正直さや価値に関する疑問があったり、近づくべきではない相手と取引をしているという可能性がわずかにでもあったりすれば、この私が真っ先に取引を中止します」

　ブラウンは口からパイプを外すと、単刀直入に切りだした。

「きみの希望は？」

「三〇パーセント」と私は答えた。

「よかろう。では、会社の取り分が七〇パーセント、第一五部署の取り分が三〇パーセントだ。そのうちの五五パーセントがきみの取り分になる。残りは同じ部署の社員で分けさせよう」

　どこまでも販売員でしかない同じ部署の三人は（こういう例にぶち当たったとしても、私のような取引のやり方は思いつかなかっただろう）、それぞれ四五〇〇ドルという嬉しいボーナスを受け取った。私は一万六五〇〇ドルを手に入れて（年収の二倍以上だ）、初めての家を購入した。町の裕福な地区、マンハセットに。エレインと私と息子たちは、ブルックビルのあの貸家を出て、二度と戻らなかった。


　二カ月後、私はウォーレン・キャビオールから電話をもらった。エクイタブル・ライフの同僚、ジョン・ターナーを通じて知り合った相手だ。キャビオールは、コロニアル・コーポレーション・オブ・アメリカというガーメント・ディストリクト〔マンハッタンにあるファッション産業地区〕にある企業の広報業務を担当している。この企業はシャツとパジャマを製造していた。

「コロニアルのＣＦＯはルー・エプスタインという男だ。会ってみるといい」とキャビオールは言った。

私は訪ねていって、エプスタインとランチを取った。食事を終えると、エプスタインは大きな葉巻に火をつけた。コロニアルの経営は実に順調なようだった。この会社は、服飾産業でよくあるやり方を取っていた。サンプルとしてひとつの型紙を作り、出かけていって洋服の注文を取り、それから製造するのだ。手頃な統一小売価格をつけていたので、シアーズやあらゆる大型ディスカウントストアに商品を販売していた。各店舗はそれぞれ自社ブランド名でその服を販売するのだ。ルー・エプスタインは、テネシー州に新たな製造工場を建てるため、一〇〇〇万ドルの資金を調達する必要があると言った。

私はプレスプリッチに戻ると、デビッド・Gのオフィスに入り、話した。

「デビッド、新たな仕事を取りつけました。コロニアル・コーポレーション・オブ・アメリカとの取引です」

「どんな会社だ?」

「パジャマを作っています」

「厳しいビジネスだな」

「ええ、厳しいビジネスです。彼らは大金を必要としていて、私たちは見識のある投資家と取引しています。だから、しっかり審査しなければなりません。コロニアルには監査済みの計算書を提出してもらいます。あらゆる書類を提出してもらうことになるでしょう。少しでも問題がないか調べるまで、五セントたりとも取引するわけにはいきません」

「こちらの取り分については、なんと言ってある?」

「二パーセントと伝えるつもりです」

「ゴールドマン・サックス式の手数料にすればどうだ?」

「というと?」

「五‐四‐三‐二‐一方式だ。調達資金の最初の一〇〇万ドルについては五パーセント、次の一〇〇万ドルについては四パーセント、次は三パーセント、次は二パーセント、五〇〇万ドルを超えた残りの分は一パーセントというわけだ」

「デビッド、そのやり方のどこが気に入らないか分かりますか?　そんなの、ややこしすぎる。二パーセントと決めておくほうがいい。これは私の取引だ。私のやりたいようにやらせてもらいます」

デビッド・Gは不承不承うなずいてみせた。それでも、デビッドも部署のほかのみんなも、服飾業に対して神経質にならざるを得なかった。なにしろ、信用取引で成り立っている産業だ。衣服製造会社は、次のシーズンの品揃えに必要な資金を調達するため、四半期ごとに借金することになる。だから、私はコロニアル・コーポレーションについて詳細な調査を行った。その結果、はっきり分かったことは、コロニアルは価格と品質において他を圧倒しており、大金を生みだしていた。というわけで、私たちはこの取引を行った。

取引すると決まれば、私は相手の企業への連絡を欠かさないようにしている。例えば、シンシナティのスタイナー兄弟にもしょっちゅう電話して、調子はどうかと尋ねていた。それである日、私はルー・エプスタインに電話をかけた。「ルー、調子はどうだい?」と聞くと、順調にやっているよと返事があった。

「何かあったのかい？」と私は尋ねた。

「いや、いままさにきみたちとしている取引のほかは、何も」

「いままさに私たちとしている取引って？」

「ああ、うちの取引先にアリゾナのウィグワム・ストアがあって、資金を必要としていたから、きみの会社に電話して社員に話したんだ」

初耳だった。「そうだったのか」。私はルーとの電話を切ると、デビッド・Gのオフィスに乗り込んだ。

「ルー・エプスタインが、ウィグワム・ストアという会社を紹介してくれたそうですね」

デビッドは真っ青になった。

「そいつは私の取引だ。忘れるな」。私はデビッド・Gの目を見て言った。「取引は成立ですね？」

「成立だ」と彼は答えた。

「いまのうちに言っておきます。私が企業顧客を引っぱってきたときは、必ず私に話を通してください」

デビッド・Gが何をするつもりなのか、私にはピンときた。その報酬を懐に入れて、自分だけのものだと言い張るつもりだ。だが、彼は間違っている上に、私と争うつもりでいた。「バレット・ブラウンに会いにいこう」と彼は言ったのだ。

「望むところです。代表に会いにいきましょう」

私たちはブラウンのオフィスに入った。彼はパイプを吸っていた。

「ミスター・ブラウン、これはわが社の倫理の問題です。正直さと価値感の問題です。私に言わせれば、それらはすべて思いやりのようなものです。家庭で生まれるものです。ルーとの繋がりをもたらしたのは私です。そして、その繋がりを維持してきました。これは私の報酬です。ミスター・ブラウン、社内で横取りされることを心配しなければならないのなら、そんな会社にいる必要はありません。会社を出ていけば、気にすることはひとつで済むでしょう。それは、顧客を獲得して、喜ばせることです。知ってのとおり……」。私はデビッド・Gを見た。「私はそれが得意です」

「うむ、まったくだ」とブラウンは言った。「デビッド、どうしてこうなった？」

「それは、ある日、私がルーと話していると、ルーが……」

私は割って入った。「デビッド、そうじゃないだろう。ルーはまず私に連絡を取ろうとしたが、席を外していると分かって、あなたに電話したんだ。デビッド、これは私の取引だ。第一五部署が手数料の三〇パーセントをもらう。そういう取り決めじゃなければ、私は詐欺行為の下で働いていることになる」

「よろしい。私もきみと同意見だ。デビッド、いいな？」とブラウンは言った。

デビッド・Gはまたも不承不承うなずいた。私はこの男を本格的に敵に回したのだと分かっていたし、彼の表情がそのことを裏づけていた。彼がフルタイムでしていることを私はパートタイムでやっていて、私の苦労はほどなく報われることになった。大成功という形で。

ジャック・カーレンは、無駄そうなことをやってみる意味については、よく分かっていなかったかもしれないが、私が決して忘れないひとつの教訓を教えてくれたことがあった。アナリストのひとりが、買い推奨としてハービソン・ウォーカー・リフラクトリーズという企業（製鋼炉に敷き詰めるような、超高温にも耐えうる耐火レンガを作っていた）を挙げたとき、私がカーレンにそのことを話すと、彼はエルファン・トラスツのI・C・マハンナという男にその株を売り込もうとアポを取った。

ゼネラル・エレクトリック（GE）は従業員の年金基金を自社で管理していた。エルファンは、GEの役員のために運営しているミューチュアル・ファンドだ。〝ショーティー〟・マハンナ（背が低いのでショーティーと呼ばれていた）は伝説的なファンド・マネージャーで、一九五七年にゼロックスの株をひと株一九セントで買っていた。それからわずか二年で株価は急騰した。ゼロックスは急成長し、マハンナは株価が高騰するのに合わせて、ゼロックス株を売りつづけた。持ち株がひとつだけでは、総資産の五パーセントを上回ることはできないというのが、エルファンのルールだったからだ。

マハンナとのミーティングは非常にレベルが高く、私は不安だった。アップタウンへ向かうタクシーのなかで、カーレンが私に言った。「いいか。オフィスに入ったら、まず最初にマイナス要素について、すべてショーティーに話すんだ。ハービソン・ウォーカー・リフラクトリーズを買うべきではない、あらゆる理由を。どこが問題で、どこが問題になり得るか、改善する必要があるのに改善できない点について」

「何を言ってるんですか？　私は彼にあの株を買うよう勧めるつもりです」

カーレンは私の目を見た。「とにかく忘れるな。最初にマイナス要素をすべて並べるんだ」

「どうしてそんなことを？」

「いいからそうしろ、理由は帰ってから話してやる」

いいさ、この人は上司なんだから、失礼なことをするつもりはないし、と私は思った。

GEに到着すると、マハンナのオフィスに通された。私は途端に怖じ気づいた。デスクの上に載っているのは、電話機一台だけだ。私たちを迎えるため立ちあがったマハンナは、本当に背が低かった！　腰をおろすと、私は話を切りだした。

「ミスター・マハンナ、私はあなたに株を売るために来ましたが、買うべきではないすべての理由をお話しさせてください」

「どういうことかね？」

「つまり、完璧なものなどないということです」

私はハービソン‐ウォーカーの欠点について、ずらずらと並べ立てた。この会社の製品ラインはごく限られていて、限定的な市場で強力なライバルと直面している、と私は話した。景気後退の大きな煽りを食らうことが考えられる。それに現在の経営陣にもいくつか問題がある。

マハンナは思案しているようだった。

「さて、今度はいいと思う点についてお話しします」

景気が上向いてきているから、鋼鉄の需要はぐんぐん伸びていきそうである。ハービソン‐ウォーカーはこの業界のキャデラックだ。誰もがその品質の高さを認め、製品のコストも最も低く抑えている。ピッツバーグに本社があり、鉄鋼産業に深く強い繋がりを持っている。

「では、きみはこの会社について、気に入らない点より、気に入っている点のほうが多いのか？」

とマハンナは最後に言った。

「はい、ずっと多いです。非常に有望な株だと思います」

「なるほど。考えさせてもらおう」。そしてカーレンと私は辞去した。

ダウンタウンを走るタクシーのなかで、私は言った。

「ジャック、なぜ私にああさせたんですか？」

「理由を教えてやろう。今日の午後、マハンナはウォール街の友人に片っ端から電話をかけ、あのきれいに片づいたデスクにチェックリストを用意して、こう聞くだろう。〝ハービソン・ウォーカー・リフラクトリーズをどう思う？〟。そして、ハービソン・ウォーカーに関するマイナス要素を聞かされたら、リストにチェックを入れるはずだ。〝うん、これはケンが言っていた、これもケンが言っていた、これもケンが言っていた〟という具合に。マハンナのきみに対する信頼は、天井知らずに高まるだろう」

なるほど、たしかにそのとおりになった。ショーティー・マハンナは私を通してハービソン・ウォーカーの株を買い、のちにはさらに大量に買ってくれた。

私は教訓を学んだ。

シェアソン・ハミルに勤める私の義父は、スタンダード・オイル・ニュージャージーと良好なビジネス関係を結んでいて、社員と非常に親しかった。

「いい取引だよ。彼らは立派な人たちだ。きみも何か仕事ができないか、トライしてみるべきだ」

私の部署の部長であるビンディ・バンカーがスタンダード・オイルの担当だったが、なんの取引もしていなかった。

「スタンダード・オイルとビジネスを取りつけられると思います」と私はバンカーに話した。

「いいだろう。ランチをセッティングしよう」とバンカーは言った。

いやはや、バンカーはたしかにランチをセッティングしたのだが……。

スタンダード・オイル・ニュージャージーの三人の男性、ウェッブ・ウィリアムズ、バド・コーン、そして彼らの上司のテッド・リリーがランチの招待を受け、バンカーは四二丁目のモービル・ビルディングに入っている〈ピナクル・クラブ〉を予約した。私は、バンカーには黙っていたが、自分にこう問いかけていた。

「スタンダード・オイルの人間を最大のライバル企業の本社での食事に連れていくのは、果たして得策だろうか？」

私たちは〈ピナクル・クラブ〉に行き、個室に座った。バンカーがみんなの分も注文し、まるで領主のようにふるまっていた。「ステーキはいかが？　まずはシュリンプ・カクテルからにしようか？じゃんじゃん飲んで！」という具合に。私たちは豪華な食事を取り、和やかに会話した。ところが、唐突にバンカーがゲストに向かって、こんなことを言いだした。「いいか、私はきみたちにランチをご馳走した。じゃあ、なぜきみたちはわれわれとビジネスをしないのか、彼に話してやってくれ」。バンカーは私を指さした。私はもじもじした。「この若者はきみたちと取引したがっている。おたくとビジネスをするにはどうしろというのか、私にはさっぱり分からない」

無線封止。ピンが落ちる音も聞こえるほどの静寂。私は気まずくて真っ赤になっていた。スタンダード・オイル - ニュージャージーとは、完全に終わったと思った。

にもかかわらず、彼らは礼儀正しく丁寧だった。「ビンディ、きみはわれわれのために何もしていない。私たちの仕事に力を貸してくれないじゃないか」とは言わなかった。言わなかったが、明白だった。

オフィスに戻るタクシーのなかで、私は言った。

「ビンディ、お願いがあります。私にこの顧客を任せてもらえませんか。あなたがあんなふうに責め立てた後だから、ビジネスにこぎつけられるかは分かりませんが。でも、一年間の猶予をください。その間に何もできなければ、担当をお返ししますから。あなたも私のすることの分け前を手にできる。いまの状態だと、取り分はゼロ中の一〇〇パーセントだ。私が成功すれば、少なくとも何パーセントかは手に入るわけです」

バンカーは私の論法を理解した。「よし、分かった。ベストを尽くしてみてくれ」

翌週、私はスタンダード・オイルの中心人物、ウェッブ・ウィリアムズに会うため、ロックフェラー・センターの本社を訪ねた。ウィリアムズは本物の紳士で、私はあのランチの件でまだきまり悪さを感じていた。

「ウェッブ、まず最初に言っておきたいのですが、あれは私のビジネスのやり方ではありません。私はあなたがたに力を貸すことができると思いますが、あなたのおっしゃる〝力を貸す〟の定義を教えていただけますか」と私は言った。

「われわれの仕事の仕方をきみに教えよう」

そして、ウィリアムズは説明してくれた。スタンダード・オイル‐ニュージャージーには、非常に大規模な年金基金があった。あまりにも規模が大きすぎて、スカッダー・スティーブンス、コンチネンタル・イリノイ、チェース・マンハッタン、ＪＰモルガンといった複数のアセット・マネージャー（簡略化すれば〝銀行〟のことだ。ここに挙げたいくつかは、商業銀行でもあるが）に分散させていた。それらの資産運用者たちは、スタンダード・オイル‐ニュージャージーの年金基金のため、ゴールドマン・サックスやモルガン・スタンレーなどの投資会社を通して株式を売買し、投資銀行の手数料を自分たちで支払わず、年金基金のなかから支払っていた。

当時、コンチネンタル・イリノイのような銀行は、Ｒ・Ｗ・プレスプリッチみたいな投資銀行に対して、「さて、プレスプリッチ、ビジネスに加わりたいか？　手数料が欲しいか？　それなら、うちに結構な金額、例えば一〇万ドルぐらいは預金してもらわないと」と言うこともあった。

実に賢いやり方だ。銀行は投資会社の一〇万ドルを融資に回し、利息を受け取る。唯一、銀行が投資会社に支払う金、すなわち手数料は、年金基金のポケットから支払われるのだ。このやり方は、かつては合法だった。いまは違う。

スタンダード・オイル‐ニュージャージーはこのシステムが気に入らず、銀行にこう言っていた。

「ちょっと待ってくれ。きみたちが手数料を支払うのに使っているのはわが社の資産だ。誰に手数料を支払うかは、きみたちじゃなくわれわれが決めさせてもらう」

ウェッブ・ウィリアムズと同僚たちは、半年ごとにアセット・マネージャーと会っているということだった。最新のビジネス・トレンドと投資分野について精通していれば、このミーティングでずっと優位に立てるはずだ。

というわけで、私はウィリアムズを啓発しはじめた。NYUビジネススクールに連れていき、セオドア・イェンテマやマーカス・ナドラーといった著名なエコノミストによる講義を受けさせ、その後夕食をとった。私は月に一回のペースでスタンダード・オイル・ニュージャージーを訪問するようになり、そのときにはいつもアナリストをひとり同伴させた。株式市場の特定の分野を担当している者を。私たちはウィリアムズや彼の部署の人たちと、経済のことや、その時期に買いを推奨している特定の分野について話し合った。彼らが何かの疑問について電話してくれれば、アナリストに詳細なレポートを作成させた。ウィリアムズと同僚たちは、常に受け入れる姿勢を忘れず、常に興味を持っていた。わが社は彼らから何も委託されていなかったが、時間の問題だと私は思っていた。

それから数カ月が過ぎた。一九六四年の初めのことだ。ある日、ビンディ・バンカーが取引デスクの向こうから身を乗りだして言った。

「分かっただろう？　あの連中のために費やした時間も金も無駄だったことが！　彼らはもらうばかりだ。きみのために、何ひとつしてくれやしないぞ！」

「ビンディ、私にどうしろと？」

「連中と契約を取りつけろ。〝私との取引はどうなってるんだ？〟と言ってやれ」

「嫌です、それは私の流儀ではありません。そんなことは一度もしたことがないし、これからもするつもりはない」

「だったら、どうするつもりだ？」

「このまま彼らに尽くします。私たちがどれだけ役に立てるのか、もしも私が自分を過大評価していたのであれば、いつの日か彼らに言われるでしょう、〝実はきみたちを試していたんだ。きみは価値をもたらしていない〟と」

一九六四年五月のある日、私はウェッブ・ウィリアムズから電話をもらった。

「バド・コーンと私と話をしに来てほしい。バドはわが社とすべての銀行との関係を管理している」

私はタクシーでロックフェラー・センターに向かい、ウィリアムズとコーンに会った。

「まずは、ケン、きみに謝りたい」とバド・コーンはすてきなテキサス訛りで言った（彼らはみんなテキサス出身だった。なんといっても、石油産業なのだ！）。コーンは彼らの銀行がどの投資会社と取引しているかを話した後、こう言った。

「私はきみたちの会社とまだ何も取引していないことに気づかずにいたんだが、今日その埋め合わせをするつもりだ」

私がお礼を言うと、彼は言った。

「礼を言う必要はないよ。きみには、これまでしてくれたとおりのことを続けてほしいだけだ。それ以上でも、それ以下でもなく」

一時間後、私はオフィスに戻った。長いデスクの巨大なブロックの一方が、株式取引デスクになっている。ハリー・シーバーがヘッド・トレーダーだ。シーバーは私を「ラングワデュース」と呼んでいた。なぜかって？　私にはさっぱりだ。単に言葉の響きが好きだっただけなのかもしれない。「ラングワデュース！」と、彼はデスクの向こうから呼びかけてきた。「ついさっき、コンチネンタル・イリノイから電話があった。スタンダード・オイル・ニュージャージーのための注文が三銘柄。大口注文だ」。彼らは、ある銘柄を一〇万株、別の銘柄を五万株、もうひとつの銘柄を九万株、購入していた。

私は口をあんぐりあけて、ただ立ち尽くしていた。一日で七万五〇〇〇ドル以上の手数料だ。

「シカゴの男にこう言われたよ、〝心配するな、きみたちへの埋め合わせは、これで終わりじゃない。いままさに検討中だが、改めて連絡するよ。もうきみたちはわが社のリストに載っているし、これぐらいじゃお返しとしてはまだまだだ〟」とシーバーは話した。

私は受話器を取り、コーンとウィリアムズに電話した。

「びっくり仰天しましたよ。これまでの人生で、あんなに大きな取引は見たことがありません」

すると、コーンは言った。

「ケン、きみにいま言っておこう。われわれはウォール街の大勢の人間と取引している。きみの会社は、われわれが取引しているどこよりもプロフェッショナルだ」

私はブラウンに会いにいった。シニア・パートナーたちのオフィスを、私は「スリーピー・ホロウ」と呼んでいた。毎日、彼らは昼休みになると出かけていって酒を飲み、戻ってくると椅子に座って居眠りをしているのだ。

「ミスター・ブラウン。スタンダード・オイル・ニュージャージーから、たったいま嬉しい驚きの知らせを受けました」

「ほう。というと？」

「七万五〇〇〇ドル以上の手数料を獲得しました」

「今日か？」

「今朝です。ハリーが遂行したばかりです」

ブラウンは感心した様子でパイプを吹かした。

「ミスター・ブラウン。私にはやりたいことがある。あなたにそれを認めていただきたいのです。私はこのビジネスを取りつけるのに協力してくれた調査部のアナリストたちに、手数料から一定の割合の金額を分配したいと思っています。階下にいるあの人たちは最高です。あそこにどれほどの才能が集まっているのか、あなたはご存じないのです」

ブラウンは鼻に皺を寄せた。「彼らなら問題ない」

「彼らには素晴らしい価値があります。彼らへの扱いこそが問題なのかもしれません。でもいま言えることは、私は彼らを連れ歩き、あちこちでビジネスをしたい」

ブラウンは首を横に振った。

「きみの取り分から彼らにボーナスを出したいというなら好きにすればいい」

私は首を振り返した。

「いいえ、そういうことじゃありません。今回のスタンダード・ニュージャージーをはじめ、私がこの先どんな企業と契約しても、お互いが得られる手数料を合わせてアナリストのボーナスを捻出しましょう。私が三〇パーセントを出すので、そちらは七〇パーセントだけ出してもらえれば結構です。

スタンダード・ニュージャージーの件ではどのアナリストの貢献度が高かったかお知らせしますので、それぞれのアナリストにどれだけ分配したいか決めてください。完全にフェアなやり方です」

ブラウンはパイプを口から外した。

「そのやり方はいかがなものか」

「分かりました、では違うやり方にしましょう。第一五部署が受け取る三〇パーセントの取り分から捻出し、アナリストたちに直接支払います。それなら、そちらは何も支払わずに済む」

「なぜそんなことをしたいんだ?」とブラウンは尋ねた。

「私が受話器を取って調査部に電話をかけたとき、彼らに電話の向こうで飛びあがってほしいからですよ。彼らには、これまでしてきたとおりの素晴らしい仕事をしてほしいし、そのことに奮い立ってほしいんです」

「なるほど、考えさせてくれ」。ブラウンはブツブツ言った。

翌日、私はブラウンのオフィスに呼び戻された。

「きみがどうしようというのか分からないし、手放しで賛成はできない。だが、提案を受け入れよう」とブラウンは言った。

私はさらにアイデアを推し進めた。

「結構です。それと、私がやりたいと思っているのは、どれだけの働きをしたかによって、四半期ごとに各アナリストにポイントを加算することです。ジャージーでも、どの顧客が相手でも、稼いだ手数料の二〇パーセントから総ポイント数に基づいてボーナスを支給します。助けになってくれるアナリストひとりひとりに、利益の分け前を与えたいのです」

「そいつは複雑なやり方だ」

「いいえ、ミスター・ブラウン、複雑じゃありません。フェアなやり方です」

　私はオフィスを出ていきかけて、ふり返った。

「ところで、新たな仕事が増えたので、手が足りません。何人か若者を雇いたいのですが。彼らを鍛えて、販売員に育て上げたい」

　それを聞くと、ブラウンはまた口からパイプを外して言った。

「だめだ、だめだ、だめだ。もう人件費は増やせない」

「どうすればいいか考えてみます」と私は言った。

　私は同じ部署の三人に相談しにいった。私の取ってくる契約が大金を生みだしているおかげで、もしも私が彼らに窓から飛び降りろと命じれば、実際に窓から飛び降りただろう。彼らはこんなビジネスは経験したことがなかったが、自分たちも分け前に預かれることを分かっていた。

　そして、それが永遠には続かないことも。遠くない未来に私が彼らのもとを訪れてこう言うだろうと、それぞれが承知していた。「なあ、きみたち、こんなのフェアじゃない。これは私が獲得した報酬だ。チャーリー・ベネディクト、これはきみが獲得した報酬。バド・カナディ、これはきみが獲得した報酬。ビンディ、これはきみが獲得した報酬。私のほうがずっと大金を獲得している。それなのに、きみたちは私と同じだけ受け取っている。いったいどういうことだ？」と。彼らは、そういうときが来ることを分かっていた。

私は彼らに、若者を雇うという計画を明かし、その若者たちに充分な給与を支払いたいと話した。年収二万ドルからスタートしたかった。一九六五年には大金だ。私たちが彼らを教育し、出張にも同行させる。ついでながら、彼らの給料と経費は第一五部署の収入からすべて賄うことになる、と私は説明した。

ビンディ・バンカーの名誉のために言っておくと、彼は即座に賛成した。それまでも、そして引きつづき、彼は会社に新しく若者を採用することを快く受け入れていた。それがどんなに重要なことか、その理由を理解していたのだ。実際のところ、二年足らず前には、私自身がR・W・プレスプリッチに新規採用された若者だったのだから。ここで、私がビンディ・バンカーに感謝すべき恩義について、お話ししておこう。

ビンディは責任感が強い男ではないかもしれないが、頭が切れて、都会で生きていくために必要な抜け目なさを持っていた。彼は私に、ビジネスや人生における重要な教訓を与えてくれただけではない。投資の仕事を始めたばかりの大切な時期に、私に自信というものも植えつけてくれた。

この悪しき過去の時代、ウォール街は閉鎖的なワスプの世界だった。縁故主義だ。血統や家族関係がまだ大きな意味を持っていた。私自身をじっくり見つめてみれば、二七、八歳という成熟した年齢になっていても、バックネル大学に進学したばかりの頃に意識していた自分の出自について、いまだにいくらか意識していた。ロングアイランド出身の配管工の息子で、荒削りなイタリア系アメリカ人の若造である私が、お偉方と接してどんなビジネスができるというのか、ましてや大型取引なんてできるものか？

ビンディ・バンカーは、そのような気後れをまったく感じていなかった。当時の私にはなかった社会的信頼を、彼はすべて備えていた。バンカーは申し分のないワスプの経歴の持ち主で、海兵隊の将校だった。代表の義理の息子で、美食家でプレーボーイだった。どんな服を着てどうふるまえばいいのかを知っていた。しかるべき相手にかける、しかるべき言葉を知っていた。しかるべきあらゆるクラブの会員だった。ナショナル・ゴルフ・リンクス、パイピング・ロック・クラブ、ラケット・アンド・テニス、ダウンタウン・アソシエーション。夜にはエル・モロッコやル・クラブ、21クラブに入りびたり、何を注文し誰にチップをあげればいいのか心得ていた。ボーイ長たちはバンカーのことが大好きだった。

コネと交友関係を利用することにも、同様に長けていた。そして私の面倒を見てくれた。私を励まし、存在することも知らなかった世界に触れさせてくれた。ニューヨーク投資協会とニューヨーク・ボンドクラブに加わらせてくれた。

私とビジネス・パートナーになれそうだと、バンカーは最初から分かっていたのではないだろうか。彼には欠けている投資知識が私にはあることを鋭く察していて、私を利用したり、身の程を思い知らせたりしようとはせず、寛大な態度を取っていた。社内でも社外でも、私がしっかり認められるようにしてくれた。本当に、誰もがあそこまで親切になれるものではない。

バンカーから最初に与えられた大きな教訓は、彼が手本となって示してくれたことだ。私はウォール街の超大物、伝説的な人々、フォーチュン誌で読んだことのある人々と会うようになっていた。私にとって彼らは神様みたいなものだったが、バンカーは彼らを前にしても畏縮していないのがすぐに分かった。人の表向きのイメージは、私生活の顔とはほとんど関係がないのだということを、バンカーはすぐさま教えてくれたのだ。その教訓がなければ、私はこの大物たちに対して卑屈になっていただろうが、その教訓を財産として手に入れたおかげで、私はどんな取引相手とも対等だと感じられた。私の人生にバンカーが存在しなければ、これほど自分を信じられなかっただろうし、遠慮なく物を言える人間にもなっていなかっただろう。

バンカーとは違って、チャーリー・ベネディクトとバド・カナディは第一五部署に新しく若者を雇い入れるという計画に反対だった。おそらく彼らは、それでどうなるのか感づいていたのだろう。だが、最終的には彼らも同意し、私はまたブラウンのもとを訪れた。

「では、私たちの希望をお伝えします。若者たちを雇ったら、私たちの手数料の取り分から、彼らの給料を支払いたいと思います。そのやり方なら、彼らのすることすべてが第一五部署の命運を左右することになります」

「福利厚生費は誰が支払うんだ？　社会保障や医療給付は？」

私はしばし考え込んだ後、「すべて私たちが支払います」と答えた。

ブラウンはうなずいた。取引成立だ。

そんなわけで、私たちは話を進め、面接を始めた。すると、なんということか、何人かの素晴らしい若者をたしかに見つけたのだ。最初に雇ったふたりは、ベトナムから帰還したばかりの海兵隊の戦闘機パイロット、トム・ケーン（T・F・ケーン）と、キダーとピーボディの優先株トレーダーだったトムの従兄弟のＴ・Ｗだ。私と同じく、彼らも裕福にはほど遠い家庭の出身だった。どちらの父親もウォール街で働いていたが、トレーダーとしてだった。トムはフォーダム大学、Ｔ・Ｗはセント・ジョンズ大学を卒業していた。

ひとりが別の誰かに、さらに別の誰かにと繋がっていった。私たちはこうした若者たちを見つける形式を確立していき、彼らはまた別の若者たちを連れてきた。この若者たちはみな、似たもの同士だった。若く、頭がよく、実に野心的。生まれながらに高い身分の者はひとりとしていなかった。ブルース・スロイヤーという青年を雇うと、彼は陸軍士官学校《ウェストポイント》で一緒だったモンタナ出身のボブ・ポッツという男を連れてきた。Ｔ・Ｆ・ケーンはジーン・カークウッドを連れてきた。フランク・ダンを採用すると、彼は弟のビルを連れてきた。さらに彼らは、フランク・マルトゥッチとボブ・ケリーを連れてきた。野心家で勤勉で立派な若者ばかりだ。私たちは彼らを第一五部署のデスクの周りに配置し、私たちが営業電話をかけているときは、話の内容を聞いて勉強できるよう、常に受話器を耳に当てておくよう指示した。

ある日、Ｔ・Ｗ・ケーンが私のもとにやって来た。セント・ジョンズ大学の同窓生である友人がいて、きっとウォール街で優秀な販売員になれると思うのですが、と彼は話した。「そうか、連れてきてくれ」と私は言った。

私が遅いランチを取るためバンカーズ・クラブに出かけようとしていると、Ｔ・Ｗがエド・ブラニフを連れてきて私に紹介した。ふたりをランチに連れていき、私はブラニフに心底驚かされた。私と同じく彼もいささか荒削りな人間で、父親はニューヨーク市警察の警部補だという話だったが、頭が切れて積極的で、かなり良識があることが分かった。そのときブラニフがしていた仕事は、グレーバー・エレクトリックという大企業への電気製品の販売で、順調にやっていた。

「わが社で働くとなれば、給料が減ることになるぞ」と私が言うと、彼は笑った。

エディ・ブラニフは驚くべき販売員になった。彼はやがてプレスプリッチを辞め、ドレクセル・バーナム、オッペンハイマー、プルデンシャル・ベーチェに勤め、企業向け販売部長になった。私にとってブラニフは、ウォール街の民主化を示す最高の例だ。

この若者たちは私たちの出張に同行した。その後、彼らは自主的に外回りをするようになった。最初の頃の私と同じように、誰も担当していない顧客を狙って、カナダ、アイオワ州デモイン、イリノイ州スプリングフィールドに出かけていった。彼らは仕事を取ってきたし、もちろん私も営業に出て、多くの契約を取ってきた。それから二年間にわたって、ビジネスは天井知らずだった。

すべてはピナクル・クラブでの気まずいランチから始まったのだ。

第4章

波風を立てる

MAKING WAVES

プレスプリッチで働きはじめて間もない頃、私はひょんなことからある同僚に、パイプを吸う人間は頭の回転が鈍いと思っていることを話した。その言葉が、なぜかW・バレット・ブラウンの耳に届いた。

「なあ、きみは私を頭の回転が鈍いと思ってるんだろう」

私は頭をフル回転させた。「それは違います。私が言ったのは、パイプを吸う知り合いの大半は、頭の回転が鈍いということです。あなたの頭の回転が鈍いということにはなりません」

「フン」とブラウンは言った。怒っているのだと分かったが、私は少し考えてみて、自分が別にどうでもいいと思っていることに気づいた。

一九六五年になる頃には、証券を販売するのに費やす時間はどんどん減り、企業金融や会社の吸収合併、買収といったいちばん好きなことに費やす時間はどんどん増えていた。ある日、調査アナリストのひとりであるラリー・ビクターが私のところに来て言った。

「非常におもしろそうな会社を知っているんだが」

エバンス・プロダクツはオレゴン州ポートランドにある会社で、さまざまな事業を手がけるなか、建築資材の販売や鉄道車両設備の製造も行っていた。冷蔵庫などの製品を輸送する有蓋車向けのエバンスDFと呼ばれるダメージコントロール・システムを開発した会社だ。車両の幅いっぱいにずらりと並べた板を固定して、列車が急停止しても積み荷が動いたり衝突したりするのを防ぐというものだ。ラリー・ビクターは、私をその会社のCEO（最高経営責任者）であるモンフォード・オルロフに紹介してくれた。

オルロフは会社が苦境に陥ったときにエバンス一族から会社を引き継ぎ、利益を上げられるよう舵を取った。会社の鉄道車両ビジネスを拡大したいと思い、中古の鉄道車両を購入して修理し、鉄道会社にリースしている、イリノイ州ブルーアイランドにあるU・S・レールウエー・リーシングという会社を買収した。だが、オルロフはさらに多くの鉄道車両を購入したがっていて、大金を必要としていた。

ある日、ラリーと私はポートランドを訪れて、オルロフとCFOのルーク・ワイギャルと話をすることができた。

「われわれはその鉄道車両の購入資金を調達できると思います。必要な金額は？」と私は尋ねた。

「一五〇〇万ドルほどだ」とワイギャルは答えた。

私はしばし考えた。「御社は鉄道車両を貸し出しているのだから、どうやって資金を調達するにしても、それは借主の信用の大きさにかかっています。借主の信用が大きければ大きいほど、債権の信用力は高まります。御社には大手鉄道会社といった借主がいるので、資金を調達できる可能性は非常に大きいかと」

私はニューヨークに戻り、事務手続きを始めた。オファリングシート、エバンスが購入を希望している鉄道車両のリスト、リースの条件。ある日、プレスプリッチのシニア・パートナーのひとり、チャーリー・バーグマンが私を呼びつけ、言った。

「まずいことをしてくれたな。ブライス・アンド・カンパニーを烈火の如く怒らせるとは」

ブライス・アンド・カンパニーも投資銀行のひとつだが、プレスプリッチとは違って、大手の有力会社だった。ブライスの人間が大口の引き受けを行うとき、例えばジョージア・パシフィック社の五〇〇〇万ドルの債権取引をするような場合、彼らは投資銀行の融資団を組織して一緒に取り扱わせるというやり方をとっていた。プレスプリッチは小さな会社だったので、そういう取引に関わらせてもらえるよう、基本的にこちらから頼み込まなければならなかった。

「エバンス・プロダクツがブライス・アンド・カンパニーの顧客だと知っていただろう？」とバーグマンは尋ねた。

「それがなんです？」

「いまきみがやっているのは、やってはならないことだ」

「なんの話でしょう？　私がやっていること？　私はエバンス・プロダクツを訪問しました。ドアをノックしました。そして、この仕事を取ってきたんです」

「どんな取引においても、ブライスにはわが社以外にも任せられる引受業者がいくらでもいることを、きみは分かっているのか？　彼らのビジネスを横取りしたら、もう取引に関わらせてもらえなくなるんだぞ」

「チャーリー、あなたがブライスと行ってきた債権引き受けを合わせたよりも、私のほうが大金を稼ぐことになります。ブライスが初めて与えてくれた分け前までずっと遡ったとしてもね。あなたがなぜ狼狽しているのか、私には理解できません」

「ブライスに出向いて、和解しなければ」とバーグマンは言い張った。

「和解する必要なんか、少しもありませんよ。私は正々堂々と勝ち取ったんだ。出向いていってぺこぺこしたければ、どうぞご自由に。だが私は行くつもりはありません。そんなことをするよりも、この取引を進めます」

私は取引を成立させた。そしてまた巨額の手数料を稼いだ。私はある考えを心の奥にしまい込んだ。これほど自分たちのやり方に固執する会社は、本当に私が身を置くべき場所なのだろうか？

私はいまや、プレスプリッチの財政に実質的な影響力を持ちはじめていた。融資だけではない。私はその頃も株式や債券を販売していたし、私たちが雇い入れて鍛えてきた若者たち――ほとんどが二六、七、八歳だ（そして私はまだ二九歳だった！）――も、素晴らしい働きを見せていた。私たちのおかげで、この会社の証券業務は立派に成長していた。一九六五年の春になる頃には、私は手数料だけでも年に一〇万ドルを稼ぐようになっていた。こんにちの価値に換算すると、七五万ドルといったところだ。

それに、私はどんどん大きな責任を担うようになってきていた。いまではバッファロー、ロチェスター、シラキュース、オールバニー、ハートフォード、フィラデルフィア、シカゴ、ダラス、ロサンゼルス、サンフランシスコにも支社があり、私は彼らの仕事ぶりをじっくり監督し、訪問し、時間を費やしていた。何人かの古いスタッフを会社から送り出し、大勢の新しいスタッフを迎え入れた。

一九六五年四月に三男のスティーブンが生まれると、二年前にマンハセットのライダー・ロード三三七番地に買ったばかりのわが家が、急にちょっと手狭に感じられるようになった。たしかに、いくらかは心理的な部分もあっただろう。仕事がいたって順調だったため、ふいにもっと贅沢な暮らしぶりを想像しやすくなったのだ。

マンハセットのフラワーヒル地区にあるエルダーフィールズ・ロードは、ロングアイランドのノース・ショアでいちばんの高級住宅街だった。私はそこに住むことをずっと夢見ていたのだが、ついにその夢に手が届くことに気づいた。

プレスプリッチで地方債部門を担当しているシニア・パートナーのジャック・クラップは、エルダーフィールズ・ロードに住んでいた。当然クラップは中年で、私はまだ三〇歳にもなっていなかった。だが、私はそんなことは気にしていなかった。考えに取り憑かれたようになっていたのだ。ある朝クラップは、向かいの通りに住む男性が亡くなり、残された奥さんはたったひとりで、傾斜した広い芝地に立つジョージ王朝様式の美しい大きな家に住んでいることを話してくれた。彼女が家を売りに出すつもりなのかはクラップも知らなかった。そこでエレインは家主に手紙を書いた。彼女の名前はルース・リーバウといい、亡くなった夫は安売り雑貨チェーン店のＳ・Ｈ・クレス＆カンパニーのＣＦＯを務めていた。

「家の売却をお考えになったことがあるかは分かりませんが、そのおつもりがあれば、ぜひ買わせていただきたいと思っております」とエレインは書いた。すると、ミセス・リーバウからエレインに電話があり、自宅に招いてくれた。

エレインと私は車で訪ねていった。ミセス・リーバウは魅力的な年配女性で、この家はひとりで住むには広すぎるから、おそらく手放すことになる、不動産はチェース銀行が管理していると話した。彼女は不動産を扱っているチェース銀行の担当者の名前も教えてくれた。

私は町の不動産仲介人のもとを訪れ、聞いた。

「あの家の価値は？」

「そうですね、七万五〇〇〇ドルから八万ドルほどかと」

私はチェース銀行のトラスト・マネージャーに電話して、あの家を買いたいと思っていて、仲介手数料抜きで七万七〇〇〇ドルで入札する準備があることを伝えた。このオファーが受け入れられた場合、故ミスター・リーバウの不動産は正味七万七〇〇〇ドルになる、と私は話した。

電話の相手の返事を待ちながら、大きくひとつ深呼吸をした。一九六五年当時、七万七〇〇〇ドルという金額は、家一軒としては大金で、私にとっても大金だった。相手は、内容を検討してから折り返し連絡すると言った。

その夏のある日、エレインと私はケニーとブルースを連れて、フラッシングで開かれている万国博覧会を訪れていた。何か伝言がないか確認するため、公衆電話からオフィスに電話をかけると、秘書にこう言われた。

「チェース銀行から電話があり、家の売買契約が成立したとのことです」

私はエレインのもとへ戻り、エルダーフィールズ・ロード八三番地のあの家は私たちのものだと話した。

エレインは興奮していた。私も興奮していた。しかし、実のところ、当時の私の純資産と比較すると、あの家を七万七〇〇〇ドルで買うのは私にとって大きなリスクだった。誤った方向に向かってもおかしくないことは、多数あった。支払い切れない可能性もあった。いまの私なら、こんな賭けには出ないだろう。裕福であっても、非常に裕福であっても、桁外れに裕福であっても、最後には文字どおり無一文になった人間の名前を、あまりにも多く挙げることができる。

だが、私は若く、ありあまるほどの……まあ、よく言えば〝勇気〟があった。それに、運にも恵まれていた。

その年の八月、私はブラウンのオフィスに呼ばれた。

「これはオファーでもなんでもないのだが、近いうちにきみにパートナーシップの話があるかもしれない、それだけ言っておきたい」

「ありがとうございます、ミスター・ブラウン。でもよく分からないのですが、パートナーシップへの参加のオファーではないのですね？」

「そういうことだ。きみにどの程度の興味があるか、打診をしておきたいだけで」

「興味はあると思います。だけど、具体的にはどういうことでしょう？」

「きみはもう手数料を受け取れなくなる。その代わり、各年度の終わりに、会社があげた利益の総額から、一定の割合の金額が支給される」

「うーん。支給されるまでの間は、どうやって暮らせばいいのです？」

「年に二万ドルの前受金があるが、それについては税金を支払う必要はない。前受金だからな。税金を支払うのは、パートナーシップの報酬が申請されてからになる」

「うーん」と私は繰り返した。

「どうかね、興味はあるか？」

「たぶん」

「よろしい。また連絡しよう」

二カ月後の一〇月、ブラウンから電話があった。

「オフィスに来るように」

私はブラウンのオフィスに入った。

「きみの処遇が決まった。われわれはきみにパートナーシップをオファーする。きみは販売部門を運営する。可能であれば、これまでどおりきみにも取引を続けてもらいたいが、取ってきた契約はすべて企業金融部門を経由する必要がある」

「それはできません」と私は言った。

「なぜだ？」

「彼らはビジネスの生みだし方を知らないからです。彼らに私の取引を処理してもらう必要はありません。金の無駄ですよ」

「それは違う。手続きを間違いなく行うことに注意を払わなければ」

「いいでしょう。でも、言っておきます。私が契約をまとめるときは、成立までこぎつけます。企業金融部門がどうしようと、知ったことじゃない」

ブラウンは顔をしかめてパイプをプッと吹いたが、ノーとは言わなかった。

「私の位置づけは？」

つまり、プレスプリッチにはほかに二三人のパートナーがいるが、私はどのランクになるのか？ということだ。

「きみのランクは二四番目だ。だが、毎年それぞれの仕事ぶりによって評価の見直しを行っているから、働き次第ではランクが上がるだろう」

「その待遇はお断りします」と私は言った。

ブラウンはいささかショックを受けたようだ。「何が不満だ？」

「お断りします。歩合のままで結構です」

いまではははっきりと事情が飲み込めていた。私の稼ぎぶりに、彼らは戦々恐々としているのだ。パートナーの誰ひとりとして、そんな金は稼いでいない。彼らは私の給料を減らして、行動を管理したがっている。これは私のためではなく、彼らのためのオファーだ。

「いいですか、ミスター・ブラウン。シニア・パートナーたちの席があるトレーディング・ルームの一区画が、なんと呼ばれているか知ってますか？　スリーピー・ホロウですよ」

「なぜそう呼ばれるのかね？」

「パートナーたちは、ランチになると出かけていって酒を飲み、午後になって戻ってくると、向かいの通りのバーでまた酒を飲む時間になるまで眠っているからです。あのグループのなかでじわじわランクを上げていくつもりはありません。最初から一二位じゃないのなら、このお話はなかったことにしてください」

ブラウンはパイプをはずした。「その順位はどうやって割り出した？」

「私の数字を見てもらえば、文句なしに半分より上位になるはずです。最下位からスタートするつもりはありません。時間はそんなに残されていない」

「希望を通せるかどうか」とブラウンは言った。

「結構です。私はグループから距離を置いたまま取引を続けます。あなたがたは私から大金を得る。私はどこにも行きません。仕事はすこぶる順調だ。私は満足です」

「われわれはきみのポテンシャルの高さを本当に感じているよ」

「感謝します」と私は言った。私は愛想よくしようと精一杯努めていた。週給八二ドル五〇セントでエクイタブル・ライフに勤めはじめてから、八年ちょっとが過ぎていた。持参した昼食をグランド・セントラル駅の待合室で食べていたのが、いまでは優に六桁を稼いでいる。ポテンシャルか！

しかし、ある意味ではブラウンは正しかった。私には、これから重要な日々がやって来ると分かっていた。

翌日、ブラウンから電話があった。

「いいだろう、やってみよう。だが、不満を抱く人間が大勢出るぞ」

「ミスター・ブラウン、私は誰にも不満を抱いてほしくありません。だけど、彼らが丸一年かけてする以上のことを、私は最初のひと月でやることになると知りながら、一一人を苦労しながら抜いていかなければならないなんて、そんな無茶苦茶な話はない。パートナーとして彼らを確保しておきたいなら、それはあなたの仕事です」

「一二番目のパーセンテージがどれだけか、知りたくないか?」

私は首を振った。「それはどうでもいいです」と私は答えたが、本心だった。「そんなことよりも、五年間で自分がどこまで行けるか、そのほうが興味があります。集団の真ん中からスタートできて嬉しいです」

きみの報酬は、会社の年間利益の三・五パーセントからスタートすることになる、とW・バレット・ブラウンは言い、こちらとしてはそれで問題ありません、と私は伝えた。そういうわけで、私はそのオファーを受けた。一九六六年一月一日、私はR・W・プレスプリッチのパートナーに就任した。三カ月半前に三〇歳になったばかりだった。噂は広まった。

それから間もなく、人もあろうに、エクイタブル・ライフの元上司、ビル・マッカーディから電話があった。マッカーディを覚えているだろうか、私のことを丸い穴に四角い杭を打っていると言った、嫌なやつだ。私の面倒を見ろと上司に言われていらだっていた、あの男だ。そいつがいま、私とランチを取りたいと言う。

私たちはランチに出かけた。マッカーディは満面の笑みを浮かべて、私と向き合って座った。

「きみは成功すると前から分かっていたよ。この業界でひとかどの人間になるはずだと」

私は精一杯の作り笑顔を見せた。「やあ、それはどうも」

マッカーディはテーブルに身を乗りだすと、周りを見まわして誰にも聞かれていないことを確かめ、声を落とした。

「これだけ言っておきたいんだが、もしも特に有望な投資案件や、私が興味を持ちそうな取引があれば、ぜひ連絡してほしい」

「もちろん。喜んで連絡しますよ」と私は答えた。

三年後、アメリカ金融史において初期に行われたレバレッジド・バイアウトのひとつとして、プレスプリッチはF・&M・シェーファー・ブリューイング・カンパニーを買収し、ひと株一〇六ドルで一〇〇万株の株式公募を行った。デビッド・Gがシェーファー一族の代理人である弁護士と友だちで、この契約を取ってきたのだ。エクイタブル・ライフは資金調達に関わっており、マッカーディの管轄だった。彼は私に電話してきて、個人的に投資できそうなチャンスについて、覚えていてくれと頼んだ。

「ビル、プレスプリッチとエクイタブル・ライフの関係において、あなたが責任ある立場にいる以上、個人的な投資に関わるのは気が進みません」と私は伝えた。

それ以来、ビル・マッカーディからの連絡はない。


GEのショーティー・マハンナが、私の勧めに従いハービソン‐ウォーカー・リフラクトリーズの株を買って（その結果に彼は大満足していた）ほどなく、私は彼をウォルドルフ・アストリアの〈ブル・アンド・ベア〉でのランチに誘った。マハンナは正直な善人で、相談相手としても友人としても、彼との仲を深めたかった。彼はその両方になってくれた。ちなみに私は彼を〝ミスター・マハンナ〟としか呼んだことがない。

その日、ランチを取っているとき、ルディ・スムトニーの話題が持ちあがった。スムトニーはプレスプリッチのシニア・パートナーで、鉄道車両投資業務部長を務めるウォール街の古参だ。

「なあ、私はルディが好きだ。信用していないだけで」

今後の参考のため、私はその意見を心の片隅に留めておいた。

スムトニーは、シニア・マネージング・パートナーを務めていたソロモン・ブラザーズを追いだされた後、一九五〇年代後半にプレスプリッチにやって来た。長い鼻に冷たい目、禿頭の、小柄で屈強な男だ。屈強そうに見えるだけではない。第二次世界大戦中、彼は海兵隊の将校だった。一九六八年に、プレスプリッチが株式会社になると、パートナーたちはスムトニーを社長に選出した。

ルディ・スムトニーは無慈悲なことで有名で、大勢の人々が彼を恐れていた。スムトニーが社長に就任して間もないある日のこと、彼は私のところに来て言った。

「いいか、私は言葉では表せないほどきみを高く評価している。きみは多くを成し遂げている。間違いなく多くを」

スムトニーはそう言うと立ち去りかけたが、途中でふり返った。

「だが、もし何も生み出さなくなったら、私はたちまちきみを好きではなくなるだろう」

別の誰かであれば、こう言ったかもしれない、「大変だ、私はどうすればいい？　クビにしてやると言われたんだ！」

けれど、私は違った。特にタフだったり勇敢だったりしたからじゃない。私はただ現実的だったのだ。どうするべきか、具体的に分かっていた。私には、食事をさせて、教育を受けさせて、家を用意してやるべき子どもが三人いる。分かっているのは、食べていくためには、毎日出かけていって、がむしゃらにやるしかないということだけだ。私はルディ・スムトニーのために業績をあげているのではなかった。家族のためだ。

そして、私はトップレベルの業績をあげていた。一九六八年には、プレスプリッチのパートナーの五番手につけていて、会社は絶好調だった。あちこちに支局ができていた。四年前、バンカーと私は、デビスカップで優勝経験のある元テニスプレーヤーのハミルトン・リチャードソンを雇い、ダラス支局の運営を任せていた。リチャードソンはバトンルージュの出身で、ラッセル・ロング上院議員の補佐を務めたこともあった。毎年、ルイジアナ州代議員団はワシントンでマルディグラの舞踏会を開催しているのだが、一九六八年の早い時期に、ハミルトン・リチャードソンはエレインと私をそのパーティーに招いてくれた。

私たちは非常におもしろいテーブルに着座した。私たちの向かいには、やはりルイジアナ出身でゴールドマン・サックスのナンバーワンであるガス・レビーが座っていた。私の隣は、リチャードソンのダラスでの友人で、ジャック・ハイトという名の男だった。話し込んでいるうちに、ジャックは、共同設立した会社が株式を公開する準備をしていて、引受業者と話しているところだと教えてくれた。その会社はエレクトロニック・データ・システムズ（ＥＤＳ）といって、テキサスでコンピューター設備の管理という新しい分野で大規模なビジネスを行っていた。いくつかの大手銀行や、フリトレー、テキサスのブルー・シールドとブルー・クロスも顧客だった。

「うーん、うちの会社もなんとか売り込みのプレゼンをさせてもらえないかな?」と私は聞いてみた。

「月曜に電話してくれ、結果を教えるよ」とジャックは答え、私たちはまた酒を飲んだり騒いだりして、最高の時間を過ごした。

月曜になると、朝イチで電話した。

「ジャック、どうだった?」

「ダラスで水曜の午前一一時半に、共同経営者のロス・ペローとのアポを取ってある。一一時半きっかりに来るんだぞ、一二時ちょうどで面会は終わりだ。ふたつ言っておこう。時間どおりに来て時間どおりに帰り、神の名を汚すような言葉は使わないこと。ペローは罰当たりな言葉が大嫌いだからな」

私はいつもの話し方を加減するよう、肝に銘じた。

私はプレスプリッチの企業金融部門で最近雇ったばかりの二名、デューク・グレンとロジャー・グリーンを伴い、ダラスへ飛んだ。ペローの秘書の待合室に入ると、滅多なことでは怖がらない私もなんだか気圧された。その部屋の壁には大きな時計がかけられていた。そして、秒針が一二を指して、きっかり一一時半になるのと同時に、バタン！　とドアが開き、私たちはなかに通された。

私に理由を聞かれても困るのだが、ペローは部屋の対角線上にデスクを置いていて、しかもひどく小柄なものだから、かろうじてデスクから顔が見えているような状態だった。ショーティー・マハンナよりも小柄かもしれない。デスクの前に座っているペローを見ていると、第二次世界大戦中の懐かしいあの落書き、壁の上から男が目元だけを覗かせている「キルロイ参上」を連想した。

「やあ！　ロス・ペローだ！」とペローはテキサス訛りの大声で言った。

「ミスター・ペロー、ケン・ランゴーンとロジャー・グリーンとデューク・グレンです。お目にかかれて嬉しいです」

「さあ、座って少しおしゃべりしよう」

それから二九分三〇秒、ペローはひとりでしゃべりつづけた。接触してきた一流の取引業者すべてについて、延々と続く長談義に口を挟むことはできなかった。名乗りを上げた引受業者は全部で一三社あり、ゴールドマン・サックス、メリルリンチ、ソロモン・ブラザーズ、アレン&カンパニー、G・H・ウォーカーなど、どこもプレスプリッチよりずっと大手だった。

「ゴールドマン・サックスにはこう言われたよ」とペローは言い、ゴールドマン・サックスに言われたことを、私たちにそのまま話して聞かせた。

キダーやピーボディに言われたのはこういうことだ。メリルリンチに言われたのはこうだ。

二九分間、その調子でずっと続いた。

永遠にも感じられる時間が過ぎた後、ペローは私に顔を向けた。

「では、きみの話を聞かせてもらおうか？」

私は腕時計に目をやった。

「ミスター・ペロー、私の面会時間はきっかり三〇分で、一秒たりとも超過できないと、ジャック・ハイトから言われています。いまなら、お別れを言うだけの時間はありそうです。では、またの機会に」

「どういうことだ？　どういう？」

「面会時間は三〇分だけだと、ジャックに言われています」

「そんなことは忘れたまえ。私の話をどう思う？」とペローは聞いた。

私は三〇分というルールをすでに破っていた。ならば、もうひとつのルールを破ってもいいだろう。

「ミスター・ペロー、私は生まれてこの方、これほどばかな話は聞いたことがありません」

ペローは椅子を蹴って立ちあがった。

「おい！　それはどういう意味だ？」

「それらの引受業者は、ありとあらゆることをあなたにお話ししています。私があなたにお話しするのは、われわれはおたくの株式に最大限の高値をつけ、売出しを成功させるということです。それだけのシンプルな話です。煩雑な書類手続きが間にあるだけで。あなたはこういう価格で売りたい、私はその価格で買い手を見つける。それだけです」

ペローは私を見つめて、言った。

「もう少しきみと話がしたい」

「いいでしょう」

私たちは三時の飛行機でニューヨークに戻る予定だった。代わりに、私たちはペローと夜中の一時まで一緒にいた。一三時間、ひたすら話しつづけたのだ。ペローと奥さんは、私とエレインが結婚したのと同じ年、同じ日、同じ時間に結婚したことが分かった。彼の父親は綿花の仲買人で、私の父親は配管工だった。午前一時、ペローは私たち三人を車に乗せてダラスを回り、部屋に空きのあるモーテルと、私たちがひげ剃り道具と下着を買えるドラッグストアを探してくれた。ようやくモーテルが見つかった。「考えることが山ほどある」とペローは言って、私たちを車から降ろした。

朝になると、最初の便でニューヨークに戻った。その日の午後、つまり木曜日の午後に、ペローから電話をもらった。

「まだ決めかねている。きみをもっとよく知りたいし、全体の進め方についてもっと詳しく知りたい」

「どうすればお力になれるでしょう?」

「そうだな、機会があったらまたこっちに来てくれ」

「それはだめです、ミスター・ペロー、運任せにするつもりはありません。いつ伺えばいいですか?」

「じゃあ、来週はどうだ？」

「月曜の朝に伺います」

「なあ、ケン」

「はい、なんでしょう？」

「来るときに頼みがあるんだが。きみがこれまでに手がけた、すべての売出しの目論見書を持ってきてくれ」

「承知しました」と私は答えたものの、実際は目論見書などなかった。まったく経験がなかったのだ。私は至るところで取引をまとめていた。企業の資金調達や企業買収といったものだ。しかし、ＩＰＯ（新規株式公開）は一度もなかった。私はペローが目論見書のことは忘れてくれるのを願っていた。

私はダラスを訪れ、ペローとさらに話し合った。順調に運んだ。ペローは会社の人間に私を紹介し、そのなかにはナンバーツーのミッチ・ハートもいた。私はハートをとても好きになり、長い歳月を経て、私たちは非常に親しい友人になった。彼はペローの一年後に海軍兵学校を卒業し、海兵隊に入隊した。人を見る目には自信があるんだ、とハートは言い、私に笑いかけてみせた。

その後、ペローが私を空港まで車で送ってくれた。

「ところで、ケン。目論見書は持ってきたかね？」

「いいえ、ありません」

「忘れたのか？」

「いいえ、違います。忘れたわけではありません」

「どういうことだ?」

「ひとつもないんです。あなたがそうです」

「私がそうとは、どういう意味だ?」

「IPOを手がけるのは、これが初めてなんです」

ペローは私を長いこと見つめていた。

「ロス」。その頃には、私たちはファーストネームで呼び合っていた。「この取引は無事に完了するはずです、あなたは素晴らしい会社をお持ちですから、投資家たちは株を買いたがるでしょう。まぬけでもできる取引です。これに関しては、あなたより私のほうがずっと大きなリスクを抱えている。取引が失敗すれば、たったひとつの成功のチャンスが潰えてしまうのです。だけど、あなたのために上首尾に終えられれば、プレスプリッチの評判は高まります。私たちにはあらゆる面でやる気があるし、この取引のすみずみまで私自身が取り扱うことを約束します」

私がニューヨークに帰った後、ハートがペローに「あの男で決まりだ」と話していたことを、のちに知った。

これが三月のことで、ペローと私はそれから三カ月にわたって話し合いを続けた。ある日ペローは、自分の会社にどれぐらいの価値があると私が思っているのか、知りたがった。

「正直に言いましょう。あなたの会社は比類のないものです。こんな会社は、ほかに見たことがありません。EDSには、一億六〇〇〇万ドルの評価額を余裕でつけられます」

「一億六〇〇〇万ドルだって! 今年度の利益は一五〇万ドルの予定で、一億六〇〇〇万は一〇〇倍以上だぞ」

「そうですね」

「本当に一〇〇倍の利益でやれるのか？」とペローは問いかけた。

　つまり、現在の一株あたりの利益が〇・一五ドルだとしたら、ＥＤＳは一株あたり一五ドルで売りだすことになる。これはもう成層圏の数字だ。ほかの会社はどこも、三、四〇倍の利益と評価していた。

「やれると思います」と私は答えたが、本心だった。ＥＤＳはユニークな企業で、こんな会社はほかに見たことがなく、その先もぐんぐん成長するだろうと思っていた。私はその未来に賭けるつもりだった。一〇〇倍の利益というのは、過大評価も甚だしいだろう。だが、過大評価なのは会社が成長するまでの話で、その後は正当な評価ということになるはずだった。

「分かった。考えさせてくれ」とペローは言った。

　私たちは引き続き話し合いを重ねていたが、一九六八年、五月の終わりか六月の初めのある日、おかしなことが起きた。ペローから電話があり、こう言われたのだ。

「提携するのはどうだ？」

「どういうことでしょう？」

　ペローは、海軍兵学校に共に通った友人で、現在はＧ・Ｈ・ウォーカーのパートナーである男について話しはじめた。ちなみに、Ｇ・Ｈ・ウォーカーの創業者は、ジョージ・ハーバート・ウォーカー・ブッシュの祖父だ。

「G・H・ウォーカーに勤める友人、ジェリー・ロッジから連絡があって、きみが一〇〇倍でやるというなら、彼も一〇〇倍でやると言ってきたんだ」

「ロス、ひとつ質問させてください。私がハンドルを握り、あなたがブレーキを操作する車を、時速二四〇キロで走らせているとしたら、どれだけくつろいでいられますか?」

「何を言っているのかね?」

「私にあるのはハンドルだけで、あなたにあるのはブレーキだけで、私は時速二四〇キロで走っています」

「そういうことか」

「いいですか、あなたがこの取引にG・H・ウォーカーを加わらせたいとそこまで強く思っているのなら、私はやけになって手首を切るなんてことはしませんよ。彼らと仕事すればいい。私とは、また別の機会に仕事をしましょう。お互いのことはもう分かっているし、いい関係が築けていると思うので。問題ありませんよ」

「そういうつもりはない。そんなことはしない。きみが先に提示していなければ、彼らはこんな数字を提示しなかっただろう」

「まあ、たぶんそうでしょうね」

もう何度目か分からないが、「また連絡するよ」と彼は言った。

二時間ほどして、ペローから電話がかかってきた。

「なあ、ミッチ・ハートと私が言いたかったのは、きみと仕事をするのが不安でたまらない唯一の理由は、きみがあまり熱意を見せてくれないことなんだ」

「えっ？」

「そうなんだ。熱意を感じない」

「ロス、今夜のご予定は？　ダラスに向かいます」

ペローは乾いた笑い声を立てた。

「ケン、われわれテキサスの人間は、テキサス出身者なら誰もがユーモアのセンスを持ち合わせていると思っているが、テキサス以外の出身の人間が冗談を言っても、おもしろいジョークを知らないんだなと思うものなんだよ」

「私は特におもしろいことを言ったとは思いませんけど、お望みでしたら、数時間でそちらに行きますよ」

「ランゴーン、いまいる場所にいてくれて結構だ。一緒に仕事をしよう」

そして、私たちは一緒に仕事をした。私は気が触れたのだと世界じゅうから思われていた。だが、私たちはこの取引を実現した。


さっきの話が六月のことだ。そこから三カ月かかってすべての書類手続きを終え、実際の契約を締結させるときが来たが、その手続きはニュージャージー州で行う必要があった。幹事会社であるプレスプリッチの手続きとして、ＥＤＳの株式を購入し、その後売却するには、ニューヨークだと有価証券移転税がかかってしまうからだ。その問題を回避するために習慣的に行われていた方法は、移転税がかからないニュージャージーに行き、そこですべての書類にサインするというものだった。

株式引受の前夜、ロス・ペローと奥さんのマーゴット、そして私とエレイン（その頃には夫婦ともどもいい友人になっていた）は、21クラブでディナーを取っていた。一九六八年九月一一日の水曜日だ。ディナーの後、翌朝も子どもたちの学校があるので、エレインは帰宅しなければならなかった。ロス・ペローとマーゴットと私は車に乗り、ホランドトンネルを通り抜けて、ジャージーシティに入って最初の駐車スペースで書類にサインし、回れ右をしてまっすぐニューヨークに戻ることになっていた。リムジンの運転手を証人とするのが慣例だった。

私たちはホランドトンネルを通り抜けていた。ロス・ペローとマーゴットは後部座席に座り、私はふたりと向き合った補助席に座っている。ペローは私の目を見た。

「さて、きみが約束したとおりの条件で取引できないと認めるのは、このタイミングだと言われているが……」

「なんのことですか？」

「きみが打ち負かしたホワイト・ウェルドやゴールドマン・サックス、メリルリンチ、キダー、ピーボディの連中みんなから、一〇〇倍の利益になどできるはずがないし、きみは一〇〇倍にするつもりがないのだと言われているんだ」

「ロス、そのとおりです」と私は言った。

ペローは唖然とした。「どういうことだ？」

「彼らの言うとおりです。私たちは利益を一〇〇倍にはしません」

ペローは私に人差し指を突き立てた。「やっぱりそうか！」と言って、奥さんのほうを向く。「マーゴット、分かったか？　この連中はみんなそっくりだ。どいつもこいつも同じだ。ここまで来て、われわれの皮を剥ぎ取るんだ」

マーゴットは私の真向かいに座っていて、車がトンネルを通り抜ける間に、私たちの顔が明かりに照らされた瞬間、私は彼女にウインクしてみせた。ロス・ペローは見ていなかったが、彼女は見ていた。その顔にかすかな笑みが浮かぶのが見えた。

その間も、ペローはまだ怒りくるっていた。

「おまえらみんな同じだ！　約束を守ることの意味なんて、少しも分かっちゃいない！」

そんな調子でわめきつづけた。

私は片手をあげた。

「待ってください。落ち着いて。あなたにとって、一〇〇倍にすることがそんなに大事なら、一〇〇倍にしましょう」

それを聞くと、ペローは少し冷静になった。

「大事に決まってるだろう。おまえらウォール街の連中には、大事なことを学んでもらわんとな。口にした約束は必ず守れ。何かをすると言ったら、絶対に約束どおりにするんだ！」

「ロス、勘弁してください。それはもう喜んで一〇〇倍にしますよ」

すると、マーゴットが――彼女に幸あれ、素晴らしい女性だ――目を輝かせて私のほうを向いた。

「あなたはどうするつもりだったの？」

「そうですね、私は一一五倍にするつもりでした。でもロスが一〇〇倍に抑えろと言うなら、私はそれでもかまいません」

一拍おいて、ペローは大笑いしはじめた。だが、あそこまで彼が神を汚すような言葉を使いそうになったのは、見たことがない。

というわけで、私たちはEDSの株式を、一〇〇倍どころか一一五倍の一株一六ドル五〇セントで公開した。私は仕事で学んだ重要なルールのひとつに従っていた。それは、「約束は小さく、結果は大きく」というものだ。どうやってそのことを学んだのか、お話ししよう。

フィラデルフィアにブレイン・スコットという債権ブローカーがいた。例えば、債権を売ろうとしていて、金利、債権の満期、表面利率《クーポン・レート》に基づいて、その市場価格が額面一ドルにつき九〇セントだったとしよう。ブレイン・スコットは購入に興味を持っている会社に電話して、こんなふうに言う。

「あなたがたのために、八二セントで買えると思います」

会社にとってはうまい話だ。「よし、買ってくれ」と彼らは言う。

スコットは次に、債権には九〇セントの価値があると思っている所有者に電話する。

「あの債権を九三セントで売れると思います」

相手は大いに喜び、「よし、九三セントで売ってくれ」と言う。

ブレイン・スコットは、今度は買い手に電話して言う。

「どうやら少し強気に出すぎたようです。もっと出す必要があるかもしれません」

「どれぐらいだ？」

「そうですね、八六セントでやってみましょう」

「分かった、八六セントで買ってくれ」

その後スコットは、また売り手に連絡して告げる。

「どうやら少し甘かったようです。少しだけ価格を下げたほうがよさそうです」

「どれぐらいだ？」と売り手は尋ねる。

「九一・五セントでやってみましょう」とブレイン・スコットは答える。

さらに何度かやり取りした後、その取引は最初のあるべき場所に落ち着く。九〇セントだ。買い手も売り手も怒っている。スコットは、彼らを針に引っかけて取り入ろうと、大げさな約束をしていた。取引は成立しても、顧客は二度と彼を信用しなかった。

私は常にその逆のことをやろうとしている。

ＥＤＳの株価は、発行初日に一株二五ドルをつけて、一九六九年の半ばには、七五ドルで売られていた。一八カ月以内に、一株一六二ドル五〇セントになった。株式公開から間もなく、フォーチュン誌（バックネル大学一年生の頃から、私の愛読誌だ）が大々的にペローの特集を組んだ。「最速で最も金持ちになったテキサス出身者」は、そのＩＰＯを「アメリカ経済史における個人的な大成功」と呼んでいる。その記事のなかで、ペローは私との関係について、もったいないほどの言葉をくれていた。ウォール街で有数の腕利きとして、私の名声は揺るぎないものになった。

一九六九年一月のある日、ペローが私に電話してきて、会わせたい人間をニューヨークに連れていくと言った。私たちは、ダウンタウンのチェース銀行のビル最上階にある〈ウォール・ストリート・クラブ〉で、ランチを取る約束をした。約束の時間に着いて店に入ると、ペローがこれまた背が低く軍人然とした髪型の男性と立っているのが見えた。「なんてこった。あれはフランク・ボーマンじゃないか」と私は心のなかでつぶやいた。

そのわずか三週間前、NASA〔アメリカ航空宇宙局〕の宇宙飛行士の第二グループに入っていたボーマンは、月を周回する初めての有人飛行でアポロ八号の機長を務めていた。正真正銘のアメリカのヒーロー――見た目もまさにヒーロー――で、それ以来ずっとニュースは彼の話題で持ちきりだった。誇らしい思いで握手を交わし、三人でおしゃべりを始めると、私はたちまち彼を好きになった。

ボーマンはゆくゆくは公職に立候補することを考えていて、ペローは彼の力になりたがっていた。ボーマンに二〇万ドルの資金援助を行い、プレスプリッチに口座を開かせ、その金で私がボーマンのために投資する、というのがペローの考えだった。預金高が増えていけば、ボーマンは少しずつペローに返済できるだろう。

「公職に立候補するとき、誰にもなんの借りも作らずに済むよう、フランク自身に金持ちになってほしいと思ってな」とロスは言った。

「喜んで引き受けましょう」と私は返事した。そんなわけで、私はボーマンのために口座を開き、お互いのことを知り、親しい友人になった。短期間のうちに、彼は本物の家族の一員みたいになった。

それから二年後の一九七一年、息子のブルースが九歳の頃に、おもしろいことがあった。エレインはブルースの担任から電話を受けた。

「ミセス・ランゴーン、息子さんのブルースのことですが」

エレインはとっさに、ブルースが何かまずいことをしたのだと考えた。

「何があったんでしょう?」とエレインは尋ねた。

「それが、ブルースはみんなに、フランク・ボーマンと友だちだと話しているんです」

「ブルースが彼を友だちと呼べるかは分かりませんが、フランクはわが家に来て一緒に過ごしたことがあるので、よく知っているのは確かです」

言うまでもなく、ブルースの担任はいたく感心した。エレインからその話を聞いて、私はボーマンに電話をかけた。

「フランク、私の息子のクラスに来て、話をしてくれる気はないかな?」

「喜んでやらせてもらうよ」とボーマンは答えた。学校では、ボーマンの話を聞く大きな集会が開かれ、ブルースは彼をステージ上に案内する係を務めた。ブルースのために「宇宙飛行士のガイド」と記された小さなバッジが用意されていた。息子にとって、記念すべき一日となった。

それはさておき、私はボーマンのためにしばらく投資をしてから、ペローに電話で話した。

「ロス、フランクを金持ちにするなら、金融リスクなしにこれらの取引に関わらせる方法を考えるのがいちばんだと思うんだが」

私の考えは、ボーマンを発起人株が得られる企業の役員にするというものだ。間違いなくボーマンは、あらゆる方法でビジネスの価値を高められるだろう。特にその名前の持つ力で。私たちが最初に彼を役員にしたのは、オートメイテッド・エンバイロンメンタル・システムという、工場の煙突や排水管から排出される煙や水を監視する遠隔測定装置を製造する会社だった。このビジネスはうまくいかなかったが、この会社を売却した代金を、私が株式公開に携わった繊維会社に投入すると、ボーマンはこちらの役員に移り、会社は成功した。ペローと私と初めて会ってからほどなく、ボーマンは政治的な野心を捨てて、イースタン航空の特別顧問に就任し、一九七五年には同社のＣＥＯになった。ビジネスの世界に深く関わっていくうちに、ボーマンは数々の役員の地位に就き、そこには、私とボーマン自身、両方の人生を変えることになった企業も含まれていた。

ＥＤＳのＩＰＯから間もなく、ロス・ペローはコリンズ・ラジオという会社の買収に興味を持った。コリンズは、ＣＩＡ〔中央情報局〕と軍のために航空電子機器の製造と情報技術システムの構築を行っており、創立者である電子光学の天才アーサー・コリンズは、ロス・ペローをひどく嫌っていて、会社を売りたがらなかった。そこでペローはコリンズの株式の五一パーセントを買い集めて、敵対的買収を行うことにした。ただし、現金を支払うのではなく、ペローはＥＤＳの株式とコリンズの株式を交換することを望んだ。敵対的買収としては、非常に珍しいアプローチだ。

取引はまだだったが、ペローがニューヨークにいる間に、ブロコウ、シェーネン＆クランシーというホットな投資顧問会社のトップのひとり、ディック・クランシーに会いにいった。ペローと私はクランシーを説得して、ＥＤＳへの投資に興味を持たせようとした。私たちには大成功する可能性があると思っていた。クランシーは興味を持ったようではあったが、一〇〇パーセントの興味ではなかった。私は当惑した。

オフィスを出ようとしたとき、クランシーが私を脇に引っぱっていき、こう言った。

「このコリンズの取引は気に入らないな。だが、これだけは言っておく。コリンズの取引を中止するようなことがあれば、きみが買えるだけのEDSの株を注文しよう」

一九六九年春のある金曜日の早朝。私がロサンゼルスで仕事をしていると、プレスプリッチの投資銀行部長で法務部長でもあるデビッド・Gから電話があり、EDSがコリンズ・ラジオを買収しようとしている件についてSEC（証券取引委員会）が調査していて、調査員が月曜日の朝に私と直接会いたがっていると言われた。証券取引委員会の調査員のことは知っていた。彼らは何か不正が行われているのではないかと疑うと、調査を行い、違反行為があれば是正を勧告し、処罰することもある。

そんな電話をもらえばたいていの人間は縮みあがるものだろうが、このときも私の傲慢さが発動した。私は怯えていたか？　愚かさのあまり、怯えもしなかった、と思ってもらっていい。あるいは、すっかりいい気になっていたのだ。EDSの株式公開とフォーチュン誌でペローの話が大きく取りあげられた後、私に取引を任せたいと、あちこちの企業から次々と電話がかかってきていた。私の人生で、自分というやつを信じられるようになってきた時期だった。

EDSの株式でコリンズを買収するという私たちの計画は、手の込んだものだった。IPO以来、EDSの株価は急騰していたとはいえ、どんな株もそうであるように、人気の株であっても、上昇することもあれば下落することもある。そのため、この取引の進行中は、株価の変動を防ぐため、私たちは安定化メカニズムというものを利用していた。

企業の株式引受をしているときは、IPOであれ、第二次分売（既に上場している企業が、追加で株式を発行すること）であれ、市場に株式を売りだす前に、一定の期間が設けられている。販売説明会を行い、売り込みをしても、ＳＥＣの許可はまだおりていない。第二次分売の場合、その期間に株価が変動する。そのため、売出しに関連し、ＳＥＣは引受業者が市場に介入して株の安定操作をすること（文字どおり株価を一定の価格に固定すること）を認めていた。

私たちはコリンズ・ラジオの買収にあたって、本来は株式の売出しのためのシステムである、この安定化メカニズムを利用していたが、コリンズの取引は市場に株式を発行するというものではない。しかし、私たちとＥＤＳの弁護士は、私たちのしていることは許容された行為だと断言していた。

ＳＥＣは違った捉え方をしているようだった。

デビッド・Ｇは私に電話した後、私の弁護士とともにＳＥＣの売買・市場部との面談を行った。デビッドと弁護士たちは、この規約がどうの、あの規定がどうの、この段落、この区分、と引用していった。安定化の規則についてうやむやにしようとしていたのだ。するととうとう、ＳＥＣの人間が言った。

「もううんざりだ。規約や規定のことなら、われわれはよく知っている。きみたちがいったい何をしているのか、そこが知りたいんだ！　われわれはきみたちに不満を抱いている。この件の引き金を引いた人物、責任を担っている者を連れてきてもらいたい」

引き金を引いた人物とは、もちろん私のことだ。

私はペローに電話して、ＳＥＣの召喚について話した。

「非常に気がかりだな、私もワシントンに行こう」と彼は言った。

「分かりました……来てください。日曜の夜に会いましょう」

その間にペローは、ワシントンの法律事務所、レーバ、ホーズ、サイミントン、マーティン＆オッペンハイマーの弁護士に連絡し、この件について話したいと伝えた。すると、弁護士たちはこう言った。

「そういった取引に関してはわれわれはさっぱり分かりません。この分野に通じている人間を探したほうがいいかと。マニー・コーエンが適任でしょう」

マニー・コーエンは、つい最近までSECの委員長を務めていた。こうした問題についてくまなく知り尽くしている者がいるとすれば、それはマニー・コーエンだろう。そこでペローは五〇〇〇ドルという報酬でコーエンを雇った。私たちは日曜の午後にワシントンに到着し、マディソン・ホテルのペローのスイートルームで、コーエンをまじえたミーティングをすることに決まった。

コーエンは五時頃やって来て、私たちは腰を落ち着けた。ペロー、ミッチ・ハート、私、私の弁護士、ペローの弁護士、マニー・コーエン。私たちがこの取引について説明すると、コーエンは「失礼、電話を一本かけないと」と言った。そして彼は電話を取り、奥さんに電話した。「ディナーはどこがいい？」と尋ねていた。「こっちは窮地に陥っているのに、この男が心配してるのは、ディナーに女房をどこへ連れていくかってことなんだ！」と私は心のなかで思っていた。

コーエンは電話を切った。

「分かりました、どうすればいいか教えましょう」

「どうすればいいんだ？」と、ペローが不安そうに尋ねる。

「明日、証券取引委員会に行き、真実を話すんです。以上です。私はもう行かないと」。そう言うと、コーエンは立ちあがった。

「ちきしょう。真実を話せと言うだけで五〇〇〇ドル稼げるのなら、私は選ぶ仕事を間違えた！」と私は思った。

翌朝いちばんにSECを訪れると、ひどく緊張した様子でロビーの待合所にミッチ・ハートと弁護士たちと座っているロス・ペローに迎えられ、私は面接のため上階にあがった。ウィンスロップ、スティムソン、パットナム＆ロバーツのふたりの弁護士と、デビッド・Gも一緒だ。私たちは会議室に入った。

会議室のなかにはT字型の大きなテーブルがあり、Tの水平軸にSECの人間が五人座り、垂直線の先に私とデビッド・Gと弁護士たちが着座した。SECの調査員を率いているのは、ラリー・ウィリアムズだ。午前九時きっかりに、調査員たちは私に質問を浴びせはじめた。

まずは小言から始まった。彼らは、規定や規約について聞かされて、イライラさせられるのを嫌がっていた。規則については充分に把握している、と彼らは言った。

「待った！　皆さん、私は話を簡単に済ませるつもりです。私たちがしていること、したこと、しようとしていることについて、ひとつ残らずお話しします。それと、知っておいてほしいことがあります。私の左右にいる者たちですが」――デビッド・Gと弁護士たちのことだ――「私は何かしはじめる前に彼らに質問しましたが、〝そうしても問題ない〟と言われました。だから、もしも私が法を破ったのであれば、このことは知っておいていただきたい。大丈夫だと彼らに言われたのです。そのために弁護士料金を払っているんだ！　話はそこからです」

ＳＥＣの連中は厳しい尋問を続けた。質問されるたびに、弁護士たちは縮み上がった。私の答えは、どれも彼らが可能だと話したことを繰り返しているに過ぎなかったから。

この面談は午前一〇時半には終わる予定だった。一一時半になっても話はまだ終わっていなかった。ＳＥＣのひとりが、「ここで昼休憩にしよう」と言った。

すると販売員の性《さが》で、私は思わずこう口にしていた。

「ランチをご馳走させてもらえますか？」

「いや、いや、いや！　それはまずい！」と五人が声を揃えて言った。

私はひるんだ。やっちまった。これでは彼らをサンドイッチで丸め込もうとしているみたいだ。

「一時にはここに戻ってくるように」と彼らは言った。

「分かりました」と答えて、つけ加えた。「そうだ、ためになるかは分かりませんが、階下にミスター・ペローがいます。昼食後、彼も同席させても構いませんか？」

「もちろん結構」という返事だった。

一時に戻ると、ＳＥＣの人々は、彼らのボスであるスタンリー・スポーキンにオフィスで面会してもらうと言った。スポーキンは、当時はＳＥＣの売買・市場部のアソシエート・ディレクターを務めていた人物で、そののち法律施行局長に就任することになる。手強いやつだと有名だった。情け容赦がない。つまり、誰もがスタンリー・スポーキンという男をとんでもなく恐れていた。怒鳴るわ、わめくわ、一切妥協しなかった。

私たちは彼のオフィスに入った。スポーキンはオフィスの奥、壁の対角線上に設置されたデスクの前に座って、私たちをにらみつけている。これほど厄介な男には出会ったことがない。

ペローと私は、スポーキンのデスクの前に置かれた二脚の椅子に腰かけた。デスクの上の壁にマニー・コーエンの大きな写真が飾られているのが目に入った。「私の知る最高の監督者、スタンリー・スポーキンへ、きみの友人、マニーより」と記されている。

「うわっ、マジか。こいつはどでかいホームランだ」と私は思った。

当然、私たちはマニー・コーエンと会ったことをスポーキンに話さなかった。そして評判どおり、スポーキンは立ちあがって怒鳴りはじめた。

「見逃がしはせんぞ！　ふざけるのもいい加減にしろ！　世の中を欺いてるつもりか！　SECを欺いてるつもりか！　きみたちを片づけたら……」

怒鳴る！　わめく！　口角泡を飛ばす！　私の隣で椅子に座っている（足が床に届いていない）ロス・ペローは、怯えてそわそわと脚を前後に揺らしている。

と、スポーキンは話すのをやめて、私のほうを向いた。

「よかろう、きみの言い分は？」

「ミスター・スポーキン、いまのお話は、調査、起訴、裁判、有罪判決についてだと思いますが。残されているのは、処罰だけです」

「どういう意味だ？」

「あなたがおっしゃったことを言っているだけです」

「そうですね、事実はまったく違うと思います」と私は答え、安定化の規則を利用した理由について、できる限りの説明をした。

「では、どう思う?」

スポーキンとの面接は三〇分の予定だったが、結局私たちはあのオフィスで六時間を過ごした。コリンズ・ラジオの取引は敵対的買収だったので、あの会社について、私たちの知らないことが山ほどあったのだ。スポーキンはそれらについて詳細に説明したが、その内容はいいものではなかった。コリンズは運営上の大きな問題を抱えている、とスポーキンは話した。きみたちは、コリンズの売上げが落ちているという事実を利用しているのか?　内部情報を握っていると承知の上なのか?　どんな内部情報でしょう?　と私たちが尋ねると、スポーキンは話してくれた。その内容は、まったくの初耳だった。

七時になると、ついにスポーキンは言った。

「取引を続けて構わない。ただし、安定化メカニズムは使わずに」

検討してみます、と私たちは答えた。

ペローとミッチ・ハート、そして私は、マディソン・ホテルに戻った。ディナーの席で、ペローが私に言った。

「どう思う?」

「ロス、コリンズ・ラジオが抱えている問題の大きさを考えると、この買収はやめるべきかと。あなたは手一杯になってしまう。失敗に追い込まれるでしょう」

だが、コリンズだけの問題ではなかった。現実には、安定化メカニズムを利用しなければ取引できなかったのだ。ＥＤＳのボラティリティのせいで、コリンズの株を所有している者は、ＥＤＳの株を手に入れるのにどうすればいいか、見当も付かなかっただろう。

「この買収をやめたらどうなる？」とペローは尋ねた。

「というと？」

「私の責務は？」

「弁護士費用を払うことです」

「きみの報酬は？」

「私の報酬は、成功報酬なので」

「どういうことだ？」

「取引をしなかったから、私は報酬をいただきません。単純な話です」

翌朝、ペローとミッチと私は朝食をとり、買収を断念することに決めた。弁護士からＳＥＣに連絡させ、私たちがこの取引を終わらせることを伝えた。ＳＥＣは、私たちがなぜ断念したのか知りたがった。私たちには素晴らしいビジネスと素晴らしい未来があり、暗雲を垂れ込めさせるリスクは冒したくないのだということを、弁護士は彼らに説明した。

ランチの後、私はディック・クランシーに電話した。

「ディック、ご存じかもしれませんが、われわれはコリンズ・ラジオの買収をやめました」

「聞いたよ。喜ばしいことだ」と彼は言い、こう続けた。「よろしい。では、注文しよう。市場で買えるだけのＥＤＳの株を買ってくれ、もういいと言うまで買いつづけてもらいたい」

「限度額は？」

「無制限だ。とにかく株を買いつづけてくれ。あらゆる口座に投資したい」

電話を切ると、私はつぶやいた。「なんてこった」

トレーディング・デスクの真向かいに座るルディ・スムトニーが聞いた。

「何があった？」

「大変だ、大変だ。信じられない注文を受けました」

スムトニーは興奮しているようだ。

「どんな注文を受けたんだ？　どんな注文なんだ？」

「ＥＤＳの株を買えるだけ買えと、無制限に」と私は答えた。

「どういう意味だ？」

「ディック・クランシーが、ＥＤＳの株にいくら払ってもいいから買いつづけろと言っています。限度額を設ける必要がない」

するとスムトニーは、いたって真剣に言った。

「私が先にいくらか買えるよう、買いを入れるのを少し待ってもらえないか？」

私は彼を見つめた。

「ルディ、そんなことはできません。注文を入れないと」

自分の耳を疑った。わが社の社長で最高業務責任者が、顧客の注文に先駆けようとしている。この業界で最悪の罪だ。先回り売買《フロント・ランニング》と呼ばれる違法行為だ。

私はブラウンのもとを訪れた。

「ミスター・ブラウン、いますぐお話ししたいことがあります」

「なんだね？」

ブラウンと、もうひとりの最上級パートナー、クリント・ラトキンス（一九三〇年からプレスプリッチに勤めている、クリントン・ラトキンス）は、トレーディング・ルームのすぐそばにあるオフィスで、隣り合った席に座っていた。ブラウンとラトキンスは、プレスプリッチの真の有力者だった。ラトキンスの全盛期はとっくに過ぎていたものの、多額の資本を有していた。私はふたりに身ぶりで伝えた。

「ちょっと会議室でお話しできますか？」

三人で会議室に入ると、私はドアを閉めた。

「みなさん、私は会社を辞めます」と私は言った。

「なんだって？」

「退職します」

「なぜだ？」とブラウンが尋ねた。

「たったいま起きたことにショックを受けていて、こういったことが許容されるのであれば、そんな場所にはいたくないからです」

スムトニーが何を言ったか、私はふたりに話した。

ふたりは顔を見合わせた。

「明朝まで時間をくれ」とブラウンは言った。

その夜、ブラウンのアパートメントでミーティングが行われた。ブラウン、ラトキンス、何人かの弁護士で。翌朝、私は彼らから電話をもらい、スムトニーには直ちに会社を辞めるよう勧告すると言われた。

実際、ブラウンたちは直ちに辞めるよう勧告したが、スムトニーはすぐには辞めなかった。儀礼上、スムトニーがプレスプリッチを離れることについて、ブラウンたちは表向きの理由を立てることに同意し、別の会社に移るチャンスを与えたのである。スムトニーの息子が勤めていた株式仲買および投資銀行のF・I・デュポンでかなり上級の役職に就けるよう取り計らった。

退職する前に、スムトニーと私とほかのパートナーたちは、ウォルドルフ・アストリアで開催された貯蓄銀行総会に出席した。滞在中にスムトニーは、ブラウンとラトキンスから受けた仕打ちについて、私に愚痴を言った。

「ルディ、やめてください。私がそうさせたんです」

「なんのことだ？」

「あなたはEDSの株を先に買えるよう、注文を待てと言ったでしょう、あの瞬間、私はあなたと一緒に仕事なんてできないと分かったんです、金輪際。あなたが責めるべき相手は私です。ブラウンとラトキンスは、あなたか私のどちらかを選ばなければならなかった。あなたが会社を辞めなければ、私が辞めるつもりだった」

スムトニーは黙って私を見つめているだけだった。突然、彼はもう、それほどタフには見えなくなっていた。ただ年老いて見えた。

「ルディ、悪く思わないでください。だけど、見過ごすわけにはいかなかった。見過ごすのは、私の性分じゃない」

翌週、スムトニーは退職した。一九六九年六月のことだ。その年の九月、R・W・プレスプリッチのパートナーたちは、私を社長に選出した。

第5章
傲慢と救い
HUBRIS AND REDEMPTION

たちまちウォール街は注目した。

前日までウォール街の小さな会社に勤務する無名の販売員だった私が、その日から「ロス・ペローを担当する銀行マン」で、「ペローを大富豪にした男」だった！　私はペローの銀行マンでＲ・Ｗ・プレスプリッチの社長というだけではなく、ほどなくして三五歳以下の有望な新人で構成される組織、ニューヨーク投資組合の委員長にも選出された。ノース・ショア病院の理事会にも招聘された。私はロングアイランドの丘の上に立つ大きな家に住んでいた。三四歳という若さで、すっかりいい気になっていた。

それまで株式公開に携わった経験などないに等しかったＲ・Ｗ・プレスプリッチという小さな会社は、ＥＤＳの引き受けを行った結果、いきなり次から次へと取引するようになっていた。その大半が私の契約だ。一九七〇年二月、私はスターリング・ホーメックスという会社を上場させた。スターリングはトロント出身のふたりの兄弟が創設した会社で、組み立て工法の家のユニットを工場で作り、鉄道貨車で輸送して、現地で組み立てるという見事なアイデアを思いついていた。彼らはオハイオ州アクロンの住宅当局と大型契約を結んでいた。

私はスターリングの株式を一株一六ドル五〇セントで公開したが、一カ月以内に株価は一株五二ドル近くまで高騰した。株価収益率は三〇〇倍だ。EDSの株価収益率は一〇〇〇倍だったが、三〇〇倍も侮れない数字だった。どちらも浮動株はごくわずかしかなく、つまり一般投資家の手に渡る株式は数がほとんどなかった。その一方で、どちらの企業の株式にも、機関投資家の強い需要が寄せられていた。

すると、四月に、すべてがうまくいかなくなった。

ニクソンはベトナム戦争に対する激しい抗議に直面していた。やがてオハイオ州兵がケント・ステートの学生四人を射殺し、市場は大きく変動した。突然、この世界は終わりを迎えようとしていた。突然、私よりも賢明で、私よりも客観的なウォール街の人々は、R・W・プレスプリッチが取引しているあらゆる株式について、空売りすることを決めた。スターリング・ホーメックス。オハイオ・マットレス。そして輝かしい功績、エレクトロニック・データ・システムズ。

プレスプリッチは、懐かしのあの友人、ルディ・スムトニーのおかげで、長きにわたって資本が不足していた。一九五〇年代後半にソロモン・ブラザーズから移ってくると、スムトニーは言った。「なあ、みんな、いいとこ取りの方法を教えてやろう」。彼のアイデアは、パートナーたちは、会社に現金を預けるのではなく、株式や債権の形で会社に貸し付けを行うことができるというものだった。プレスプリッチは銀行に行けばそれらの株式や債券で現金を借りることができるわけだが、二倍の手数料を支払わなければならないという点がネックだった。株式を貸しつけたパートナーと、現金を貸しつけた銀行に。元本に対して二〇パーセント以上のコストがかかる。

そしていま、他社は機関投資家たちに、プレスプリッチを安定させている株式を売れと促しているのだ。

彼らがＥＤＳを追い込もうとしているという事実に、私は特にいらだっていた。あれは私のブランドだ！　あれが私を有名にしてくれたのだ！　傲慢さが顔を覗かせ、愚かにも私は持ちこたえられると思っていた。私たちが保有している株のあれもこれも、空売りされた分を買い入れて、支えられると。私が気づいていなかったのは、無限に資金がなければ、そんな勝負はできないということだ。そして私には無限の資金はなかった。私たちが買いを入れるよりも、彼らが売りを入れるペースのほうが速かった。私たちは打ちのめされた。たった一日で、ＥＤＳの株価は一株一六二ドル五〇セントから八〇ドルにまで下落した。破産こそしなかったものの、資本は消え失せた。

私にとって、仕事をしてきたなかで最大の挫折で、腹に蹴りを入れられたようなダメージを食らった。以前は、毎日出社するのが楽しくて仕方なかった。それがいまでは、社員たちが何を考えているのか承知しながら、ずらりと並んだふさぎ込んだ顔を目にして、トレーディング・ルームを通り抜けている。われわれは傷ついている、致命傷を受けたのかもしれない、とみんなが思っていた。プレスプリッチで過ごしたあの頃ほど、八時間が長く感じられたことはない。毎日、私は四時までオフィスで過ごすと、早い時間の電車でロングアイランドに帰り、古い服に着替えて、庭に出て雑草をむしり、泣いていた。こんな調子が二、三カ月続いた。

ある金曜日の夜、私とエレインは外出するため身支度を調えていた。妻は小さな鏡台の前に座っていたが、ふいにこちらをふり向き、言った。

「ねえ、わたしたちがこの家を売ることになるだろうって、マンハセットで噂になってるわ」

私ははたと動きを止めた。

「絶対にそんなことにはならないよ」

「これだけは知っておいてほしいんだけど、家を売ることになるのだったら、その前にわたしは仕事に復帰します」とエレインは言った。

「きみは二度と仕事に復帰しなくていいんだ。決してそんなことはさせないから」

そのとき、私は自分自身にこう言った。「オーケー、この野郎、いまが腕の見せ所だぞ」

プレスプリッチのパートナーたちは、仕事を取ってくるからという理由で、私を社長に就任させたわけだが、ブラウンはそのことが気に食わなかった。バレット・ブラウンは一九三〇年代初めからプレスプリッチに勤めており、いつもパイプを吸いながら、眠そうな様子で株式や債券を取り扱っていた。私は若く生意気で、ずばずば物を言い、一度ならず彼の顔を潰していた。ブラウンと私は水と油で、彼は私を厄介払いするチャンスをうかがっていた。

いま、そのチャンスが訪れたのだ。

それに、私を恨んでいるのは、バレット・ブラウンだけではなかった。古参の社員の全員がそうだった。彼らはやり手の若造を社長に就任させた。それがもはや、「六〇年の歴史を持つわれわれの会社が、あいつのせいでこのザマだ」とねちねち文句を言っている。ある日、ブラウンからオフィスに呼ばれた。彼はパイプを口から外して言った。

「なあ、きみは辞職するべきだ」

「ミスター・ブラウン、私は辞めません。私は馬を溝に落としましたが、この馬を溝から引きあげてみせます」

「ふん。だが、やはりきみは辞めるべきだと思う」

「私をクビにしたければ、クビにすればいい。私は辞める気はありません」

そう言って、私は立ち去った。

会社は正真正銘の緊急事態に陥っており、急いで血を止めなければならなかった。会議を重ねて、どうするべきか検討し、最初に決断したことのひとつは、一〇〇〇人いる社員を大幅に削減するしかないということだった。私たちが実際的な目安としたのは、少なくとも自分がもらっている給料と同じ額だけ稼げていない者には、会社を辞めてもらうということだった。若い見習いも同じだ。

そんなわけで、債権を扱う者も、株式を扱う者もみんなが、やるべきことをした。だが、株式の部を取り仕切っている男が私のもとに来て言った。

「ケン、うちの部で働いている、ある若者がいるんだ。彼に伝えたんだよ、雇う余裕がないから、きみには辞めてもらうしかない、と。きみの仕事ぶりにはなんの関係もないんだが、とね。それどころか、この業界できみには素晴らしい将来が待っているだろう、と私は話した。すると、彼は辞めるつもりはないと言うんだ」

「彼を私のところに寄越してくれ」と私は言った。

その若者がやって来た。彼の名前はアラン・シュワルツと言った。シュワルツは私にこう言った。

「あなた方が何をしているのか、なぜそうしているのかは分かっていますが、ぼくは辞めたくありません。この会社で、とても多くのことを学んでいるんです」

「すまない、アラン。とにかく、もうきみに給料を払えないんだよ」

「最低賃金なら払えますか?」と彼は尋ねた。

一九七〇年の最低賃金は、時給一ドル四五セントだった。

「それだと暮らしていけないだろう」

「それはこちらの問題であって、あなたが気にすることではありません」と彼は言った。

こちらの問題であって、あなたが気にすることではない。これは、プレスプリッチは週給一五〇ドルで私を雇うべきだ、とジャック・カーレンを説得したときに、私が言ったのとまったく同じ言葉だった。私はこの青年を気に入った。

「分かったよ、アラン。辞めなくていい」

彼がどうしたか知りたいだろうか? グレートネックに〈モード・クレイグス〉というレストランがあった。アラン・シュワルツ(当時は独身だった)は、プレスプリッチで働きつづけられるよう、その店で夜にウエーターと皿洗いの仕事をした。彼は私がこの業界で知り合った誰よりも有能で才気溢れる人物のひとりとなった。シュワルツはやがてベアー・スターンズのCEOになり、現在はグッゲンハイム・パートナーズの会長を務めている。

R・W・プレスプリッチの危機に話を戻そう。

パイン・ストリート八〇番地のビルの三フロアを専有している会社の賃料は、それ自体がかなりの支出だったが、パートナーたちがざっと計算したところ、人員を削減すればすべての部署をワンフロアに収めることができそうだと分かった。そこでバレット・ブラウンは、賃料について便宜を図ってもらえないか頼むため、このビルのオーナーでマンハセットの商業不動産王であるルー・ルーディンのもとに私を行かせた。

「気をつけろよ。ユダヤ人たちは手強いからな」とブラウンは私に忠告した。

私はパーク街三四五番地にあるルーディンの本社を訪れ、彼のオフィスに通された。ルーディンの第一声は、「わが友人のバリー・ブラウンは元気にしてるかね?」というものだった。「ブラウンにどう思われているか、あなたが知ってさえいれば」と私は心のなかで思っていた。

少し世間話をした後で、私は本題に入った。

「ミスター・ルーディン、私たちは困っているんです。プレスプリッチは苦しい状況に置かれています。きっと乗り越えてみせますが、会社の規模を縮小しなければなりません。そうすると、必要なのは三フロアの内のワンフロアだけになります」

「だったら、こうしてもらおう。残したいフロアを選んで、あとのふたつのフロアは片づけて、来月頭からはワンフロア分だけの賃料を払うんだ」

「あとのふたつのフロアはどうするんですか?」

「それは私の問題だ。プレスプリッチは非常にいいテナントだったからな。空きフロアについては、なんとかするさ」

手強いユダヤ人については、それで終わりだった。

さて、時間を二〇数年、早送りしてみよう。私は独立していた。ホーム・デポを共同設立し、とてもうまくいっていた。ある日、五二丁目を西に向かって歩いていると、東に向かって歩いていた老人と文字どおりぶつかった。その相手は、ほかならぬルー・ルーディンで、視力が衰えつつあるのだとすぐに分かった。彼は自分が向かっている方向ではなく、歩道を見つめて歩いていた。

「ミスター・ルーディン！」と声をかけると、彼は目を細くして私を見た。「ケン・ランゴーンです。あなたは覚えてないかもしれませんが、私のほうはあなたを忘れたことはありません」。そう言って、一部始終を思いださせ、私がいまは何をしているのかを話した。

「きみはゴルフをするかね？」とルーディンは尋ねた。

「ええ」

「金曜日に〈ディープデイル〉で一緒にゴルフをしないか」

〈ディープデイル〉は、ロングアイランドのノース・ショアにあるわが家からそう遠くない、美しいカントリークラブだ。

「ほかにふたりが一緒だ」とルーディンは言った。ひとりは、繊維メーカーを引退後、慈善事業に熱心に取り組んでいる、ジャック・ハウスマン。もうひとりは、ワーナー・ランバートの会長、メル・グッデスだ。

「金曜日の予定が空いているか、調べてみます」と私は答えた。

予定はなかった。だからルーディンに電話して、こう伝えた。

「ゴルフの後、妻と私は、あなたと奥様、ほかのみなさんと奥様方も、わが家での夕食にお招きしたいと思っています」

金曜日がやって来た。私たちはゴルフをして、楽しい時間を過ごした。興味深い会話もあった。ラウンド中に、それぞれが服用している薬についての話になった。グッデスはコレステロール値の問題を抱えているが、彼の会社で臨床試験を行っている薬を服用しはじめていて、非常に良好な結果が出ているると話した。その薬はのちにリピトールという名前で販売され、そのおかげでワーナー・ランバート社はかなり業績をあげた。

ラウンドを終えると、帰宅してシャワーや着替えを済ませた。七時になると、ルーディンと奥方のレイチェルが訪ねてきた。ここでさらに言っておくと、エルダーフィールズ・ロードの家に二五年近く暮らした後、一九八九年にエレインと私は、サンズ・ポイントの海辺にある広大な土地に美しい新居を建てていた。私たちはとことんこだわり抜いて、夢の家を建てたのだ。

ルー・ルーディンは、サンズ・ポイントのわが家の玄関広間に足を踏み入れた。実に優雅な広間だ。ルーディンは目を細くしてあたりを見まわすと、奥方のほうを向いて言った。

「私がこの男の賃貸契約で便宜を図ったなんて、信じられるか？」

というわけで、プレスプリッチはリース料をいくらか節約し、人員削減によってさらにいくらか支出を減らした。だが、一九七〇年を乗り切るためにプレスプリッチにとって本当に必要だったのは、制度改革であり、私たちがもたらした最大の変化は、株式業務から債券業務へと立ち戻ることだった。

　これは全体としての決定だった。株は完全に交渉手数料化へと向かっていた。もしも普通株を売りつづけていたら、利ザヤはどんどん小さく、あてにならないものになっていっただろう。だが、パートナーたちはみな債権に強く、特に鉄道債に強かったので、債権に再び焦点を定めればうまくやっていけそうな気がしていた。

　私たちは実行し、傾いた船を立て直した。とはいえ、それにはしばらく時間がかかった。恐ろしい航海だった。


　一九六九年の秋、私がまだ好調だった頃、リチャード・クレイマーというサンディエゴの企業家と知り合った。クレイマーはＩＶＡＣコーポレーションという会社を立ちあげていた。ＩＶＡＣ社は、電子体温計を発明し、輸液ポンプを開発した。どちらの機器もこんにちでは広く普及しているが、当時は生まれたばかりだった。何十年もの間、病院はガラスの体温計を使っていたが、大きな問題がふたつあった。患者が噛んでしまうかもしれないため、精神科病院でガラスの体温計が使われることは滅多になかった。また、割れたら結腸に穴をあけるかもしれないため、直腸で使用するのは危険だった。だから、プラスチック製で先端が金属の電子体温計は、次代を担うものだった。

　輸液ポンプにも同じことが言えた。それまでは、患者に点滴静脈注射をするときは、袋やガラスのボトルから投与していた。医師が一分間に五滴、六滴、あるいは八滴の投薬を指示すると、看護師はそこに座って、点滴筒に落ちる滴の数を実際に数えたものだった。数え間違えたり、他のことに気を取られたりして大きなミスを犯しがちで、大きなミスは患者にとって危険であり、命に関わることさえあった。輸液ポンプは誰でも簡単に扱えて間違いがなく、私はうまく機能するものに投資するのが好きだったから、この会社に関わりたいと思った。

リチャード・クレイマーはいかにもカリフォルニアの人間で、ブロンズ色の肌をして、調子のいいことをすらすら言った。だが、そういった要素のすべてを考慮しても、彼が支援している技術は確かなものだと思えた。私はさまざまな投資家に働きかけて、クレイマーの会社の一〇パーセントを買わせ、五〇〇万ドルの資金を調達した。

ところが一九七一年の春、プレスプリッチがまだ窮地を脱していない時期に、ＩＶＡＣ社のことが心配になってきた。私はリチャード・クレイマーに、「コストを削る必要がある。こっちはこっちでやっているんだ。そっちもそっちでやってもらわないと」と言いつづけた。しかしクレイマーはコストを削減せず、金を無駄に垂れ流していた。ＩＶＡＣ社の支出は手に負えなくなっていった。重役たちと恋仲にある秘書たちも含め、雇う必要のなさそうな人間まで、クレイマーはあらゆる人々を雇っていた。ある日、私は別件で南カリフォルニアを訪れていてＩＶＡＣ社に立ち寄ったところ、「見せたい物がある」とクレイマーに言われた。

クレイマーは私を車に乗せてサンディエゴのダウンタウンを回ったが、当時はその大部分が駐車場だった。彼はひとつの駐車場を指し示すと、「あそこにうちの世界本社ができるんだ」と言った。

私は面食らい、思った。「なんだって？　売上げは二〇〇〇万ドルもないっていうのに！　なんのビジネスのための、なんの世界本社だ？　ああ、なんてことだ、この男は誇大妄想を抱いているぞ」

それから間もなく、USトラストの株式アナリストで、IVAC社の機関投資家のひとりであるジーン・メルニチェンコから電話があった。

「ケン、われわれはサンディエゴのあの小さな会社に五〇万ドルを投資している。しかし、あの会社は破滅に向かってまっしぐら、という情報しか入ってこないんだが」

「分かってます」

「われわれは金を失いたくない。今後もうちと取引を続けたければ、IVAC社を救済できるよう、手を打ちたまえ」

「私にどうしろと？」

「委任状争奪戦を始めるんだ」

「IVACは非公開企業ですよ！」

「知ったことか。とにかく着手してくれ」

興味深い状況だった。クレイマーは実に調子のいい男だったので、わざわざ証券取引委員会に株式を登録することなく、何千人という出資者にIVAC社の株を売ってみせていた。彼は文字どおり無記名株券の束と電子体温計の試作品を持って車で回り、株式市場《ストック・マーケット》とスーパーマーケットの区別もつかないような人々を説得して買わせていた。SECの言葉を使えば、この株主たちは不適格――つまり、購入のリスクを判定できずにいた。そこで私たちは出資者のリストを手に入れ、委任状を請い求めた。投資した金をクレイマーがどんなふうに使っているかを聞くと、大半の人々は喜んで委任状をわたしてくれた。

　私たちはこの戦いに勝ったが、それで獲得できたものときたら。一九七二年五月に私たちが経営権を握ったとき、その価値は一五〇万ドルで、銀行預金が三万ドル、二日後に迫った給与の支払総額は六万ドルだった。「くそっ。さっさと無駄を削らないと」と私は思った。人員削減の一人目は簡単だった。リチャード・クレイマーがクビになった。だが、まだまだ積極的に諸経費を削っていく必要がある。私たちはＩＶＡＣ社に勤めている社員全員、およそ七〇人に履歴書を提出させた。

　最初に私の目に留まったのはゼネラルマネージャーだ。前職、サンディエゴ・モーターズ。役職、中古車販売員。なんだこれは？

　この男にはとても美しい妻がいることが分かった。中古車販売をしていた頃のある日、車売り場の客足が鈍かったので、彼はツナサンドを食べようと家に帰った。するとそこで、妻がリチャード・クレイマーと寝ているのを見つけた。クレイマーは起きあがり、体にシーツを巻いて言った。

「悪かった。もう二度としないよ」

「オーケー。絶対に二度とするな」

　これがカリフォルニアだ！

　一カ月後……男はまたクレイマーが妻と一緒にいるのを見つけた。信じられないことに、クレイマーは男を説得した。

「なあ。きみは車の販売がそんなに好きじゃないだろう？」

「ああ、好きじゃない」

「だったら、ぼくのところで働かないか？」とクレイマーは尋ねた。

「どういう意味だ？」と、男はただ頭を振った。

「人材を探していたんだ。きみがわが社に来て、ゼネラルマネージャーになるというのは？」

「おれが？」

「そうとも」

私はクレイマーをクビにしたばかりだったが、電話せずにはいられなかった。

「リチャード、こんなマヌケに仕事をやるなんて、いったい何を考えていた？」

クレイマーは笑いだした。

「まいったな。あの男の居場所を常に知っておくには、それしか方法がなかったんだ」

私たちは人員と支出をぎりぎりまで削減していったが、大きな問題がいくつかあった。私たちが会社の経営権を握った後、SECはIVAC社の株式の売買がこれまでずっと正式に申請されておらず、IVAC社が不適格の株主たちに所有されていることに気づき、無効にしようと目論んでいた。つまり、発行した株をすべて解約するのだ。そうなると、私たちはすべての株主に金を返さなければならなくなる。クレイマーはIVAC社を吸い尽くしていた。返済できる金は残っていなかった。私たちはSECの温情にすがった。

「発行した株を解約されたら、会社を倒産させるしかなくなります。金がすべてなくなってしまったが、そのことに私たちは何も関与していないんです」と訴えると、SECは継続を認めた。

人材スカウト業者を通じて見つけた、ニューヨークから来た新任のCEOは、私たちが気づくまでの半年間、会社の金を好き勝手に騙し取っていた。その男がいなくなると、しばらくの間は私がIVAC社の臨時会長兼CEOを務めた。二年近くにわたって、毎週木曜の午後にはサンディエゴ行きの飛行機に乗って、オフィスに直接顔を出し、翌日の便で帰ってきた。子どもたちは成長していた。私が観に行きたいと思うようなサッカーや野球やフットボールやラクロスの試合に出ていて、実際によく観に行った。それでも、家を離れている時間は長かった。

それに、認めよう。私は誰かに無理強いされていたわけじゃない。自分のしている仕事が好きだった。だが、私が不在がちなことは、若い家族のためにはならなかった。

リチャード・クレイマーがかなり初期に雇った社員のひとりに、スティーブ・サトウという工業デザイナーがいた。実に有能な男で、電子体温計のデザインをしていた。しかし、彼はクレイマーのビジネスのやり方にたちまち愛想を尽かし、社内で同じように感じている人々を見つけた。サトウは私の委任状争奪戦に協力し、クレイマーはサトウが自分の座を奪おうとしていると株主に主張した。クレイマーはこの戦いに敗れ、私は社長を務めて数カ月後、サトウにこのバトンを渡した。

サトウは素晴らしい仕事をした。彼のリーダーシップの下、会社はどん底から収益を増やしていった。そんななかで、私はヘルスケア分野への興味をますます募らせていった。

医療分野のビジネスと、投資銀行／金融事業を両立させる方法はないものかと、私は考えつづけていた。しかし、そのことについて考えれば考えるほど、プレスプリッチにいる限りは不可能だということがはっきりしてきた。プレスプリッチがその限られた資本で生き残るには、債権業者としての道しかなかった。歴史ある立派なビジネスではあるが、私をわくわくさせるビジネスではなかった。私は株式の人間で、場違いだった。

債権は発行人の資産として最初に求められる。株式は最後だ。債権を手に入れれば、一般的に投資家は固定金利の収益を得ることができる。普通株の場合、投資家はそのビジネスの一部を手に入れることができる。コンセプトはシンプルだ。より大きなリスクに、より大きな見返り。私が身を置きたいのは、そういう取引の世界だ。長年かけて、どうすればリスクを抑えた取引ができるのかを学んだ。リスクは常に存在するが、取引を正しく行えば、リターンは天井知らずだ。私はこうしたことに鼻が利き、その鼻はいつも正しい方向へ導いてくれた。

ひとり立ちするときが来たと思った。

一九七四年の初め、私はR・W・プレスプリッチを辞めて、ヘルスケア分野に焦点を合わせたベンチャーキャピタルを立ちあげることを、ミスター・ブラウンやほかのパートナーたちに話した。みんなは私の幸運を祈ってくれたが、私がいなくなるのを喜んでいる者も少なからずいると分かっていた。

唯一の問題は、私には資本金がないということだ。

その時点で、資産は一〇〇万ドル近くあったが、すべて紙の上でのことで、パートナーたちの口座で管理されていた。つまり、ルディ・スムトニーが考えた構造の下、利子の付く債権の形で会社に貸しつけていた。そしてプレスプリッチは、私にそれらの債権を絶対に引きださせようとしないだろう。

そこで、私は自分の得意なことをした。株を売るのだ。ただし今回、私が売ろうとしている株とは、私自身の専門的な意見だった。ここにいたるまでに、私は数々のいい関係を築きあげてきた。ＥＤＳ

とロス・ペローのための投資銀行業務を担っていただけではなく、ペローからはプレスプリッチを通してたびたび投資してもらっており、そういういい関係を築けていたので、私は彼に年俸六万ドルで財務顧問として雇ってもらえないかと申し出ることができた。重要な問題について、私は彼の力になれるはずだった。ＥＤＳは買収を行うべきか？　配当金の支払いを始めるべきか？　彼らの会社を投資家にどう売りだすべきか？

ミッチ・ハートが私を褒めちぎってくれたおかげで、ペローは契約を結んだ。私はノースカロライナのポリエステル紡績糸メーカー、ユニファイの会長であるアレン・ミーベーンにも同じオファーをした。ユニファイは私が心から信じ、理事を務めている会社だ。ミーベーンは年俸三万五〇〇〇ドルで話にのった。フィラデルフィアで木製パネル材とホーム・インプルーブメントの会社、パネルラマを営んでいるゲイリー・アールバウムという若者のもとも訪ねた。私は二年ほど前にパネルラマの上場を手伝っていた。アールバウムとは一万五〇〇〇ドルで契約した。つまり、一年間に一一万ドル、現在の貨幣価値に換算すると五〇万ドルほどが入ってくることになる。その内の三万五〇〇〇ドルを自分の給料に割り当てるつもりだった。

選び抜いた二五の機関投資家（プレスプリッチにいた頃、一緒に仕事をしてきた銀行や保険会社）に働きかけ、私が相手の目的に適いそうだと思う投資対象についてアドバイスし、潜在利益を最大限に引きだすことを、年間二万五〇〇〇ドルの手数料の確約で持ちかけた。みんながイエスと返事をした。

私はパートナーも見つけた。

彼のことは仮にテッド・ジョーンズと呼ぶことにしよう。私たちの関係はうまくいかなかったからだ。ジョーンズの父親は製薬業界の有力者だった。ジョーンズはエルダーフィールズ・ロードの通りを挟んでわが家のすぐ向かいに住んでいた。彼は私たちの設立資本金として非常に貴重な二五万ドルを調達してくれた。私は開業にあたって、一緒にビジネスを成功させてきた人々に株を売ることで、さらに三五万ドルを工面した。アレン・ミーベーンと、彼のビジネス・パートナーであるチャーリー・エドワーズ。オハイオ・マットレス（一九七〇年に私が上場させ、のちにシーリー・コーポレーションとなる会社）の会長であるアーニー・ウリガー。プレスプリッチで私が初期に担当した顧客、オハイオ州コロンバスにあるエデュケーター＆エグゼクティブ・ライフ・インシュアランス・カンパニーの社長、ハーブ・スノーデン。

私と同様、パートナーも三万五〇〇〇ドルの給与を受け取ることになっていた。諸経費はできる限り抑えるつもりだった。私たちは目立つ住所がほしいと思っていたが、幸いにも経済が有利に働いた。パーク街三七五番地に立つシーグラム・ビルディングの一九階のオフィスを、一平方フィートあたり一五ドルで転借できたのである。数年前に投資銀行のＦ・Ｉ・デュポンを買収したものの、事業を撤退しようとしていたロス・ペローから、必要な中古のオフィス家具をすべて買わせてもらった。壁にはペンキを塗ったが、カーペットは元からあったものをそのまま使った。

プレスプリッチから簿記係のドロシア・ウォルバーグと、二名の秘書を引き抜いた。有名なヘルスケア業界のアナリスト、ポール・スタンデルと、しばらく後に投資銀行行員のクリス・ケプナーを雇った。引退したワーナー・ランバートの元副会長、ドクター・オースティン・スミスも引き入れた。

ドクター・スミスを引き入れたのは、私たちの真剣さの表れだった。

私たちの新会社は、一九七四年六月一日から営業を開始した。投資を専門とすることにちなんで、インベムドと名づけた。

だが、もうひとつ非常に重要な支出があった。

ウォール街にある大手証券会社とは違って、私たちの会社は小さく、専門性の高い組織、いわゆる専門会社と呼ばれるものだった。この新興の会社には、ニューヨーク証券取引所の会員権というお墨付きが必要だと私は感じた。

私たちにとって幸運なことに、一九七〇年代の猛烈な下げ相場のただ中にあって、取引所の会員権の価格は二〇万ドル近かったのが約六万五〇〇〇ドルまで下がっていた。

しかし、ニューヨーク証券取引所の会員権の購入を可能にしてくれた（私たちはプレスプリッチから立会代表者のジェリー・ベルも雇い入れた）相場の混乱は、新会社にとって厳しいものでもあった。手短に言うと、荒れた投資環境のせいで株を売るのがひどく難しかったのだ。私のパートナーにとっても厳しい状況で、彼はある種の精神的な防空壕に引きこもってしまった。何時間もオフィスのドアを閉めっぱなしにして、ウォーターサーバーの水を飲むときしか出てこなかった。ディスペンサーから小さな紙コップを取って水を飲むと、大きな水のタンクの上に使用済みの紙コップをひっくり返してのせるのだ。本人としては節約のつもりなのだろうが、ドロシア・ウォルバーグはそんなことをするのは不衛生だとぶち切れていた。ジョーンズがオフィスに戻り、ドアを閉めた途端、ドロシアはその紙コップを放り捨てた。一時間後、ジョーンズはまたウォーターサーバーのところに行き、「私のコップはどこに行った？」と言うのだった。

　私はこの男に我慢ならなくなってきていた。こっちは必死に頑張っているというのに、ジョーンズはまったく仕事を取ってこないとあっては、なおのことだ。

　プレスプリッチにいた頃、私にはテキサス州ヒューストンのアメリカン・ゼネラル・ライフ・インシュアランス・カンパニーという会社に、レナード・コー・スクラッグスという顧客がいた。七月と八月と九月の初めの時期、ヒューストンは厄介なことこの上なかった。猛烈な暑さと湿気で、ニューヨークの販売員の大半がその時期はヒューストンに行こうとしなかった。だが、コー・スクラッグスは、その暑い時期に訪ねてきた相手には、自動的に手数料として五〇〇〇ドルを支払っていた。

　コーはもう亡くなっていたが、アメリカン・ゼネラルの後任は同じ方針を保ちつづけていると分かった。「おやまあ、こいつは楽勝じゃないか」と私は思った。そんなわけで、このクソ暑い時期に、毎週日曜の夜になると私は飛行機でヒューストンに飛んだ。航空券が安くなるから、いつも午後九時以降の便にしていた。八ドルでスーパー8モーテルに泊まり、安いレンタカーを借りて、空港からアメリカン・ゼネラルまで運転していき、仕事をして、空港に引き返し、家に帰った。そのうち、週に二回ヒューストンを訪れるようになっていた。これで手っ取り早く週に一万ドルが手に入ったが、私のパートナーはそのことをばかにしていた。

「テッド、いまは必死に外回りをしなきゃならないんだよ。きみは何をしてるんだ？」

　ロングアイランド鉄道の回数券代を節約しようと、私とパートナーは毎朝マンハセットから車に同乗して街に向かっていた。通行料がかからなかったので、五九番街橋を通ってマンハッタンに入った。

ある朝、この橋を渡っているとき、私はジョーンズに向かって言った。

「なあ。私ひとりには荷が重いよ。きみには減給を受け入れてもらわないと。なんの仕事も取ってきてないいんだからな」

「だったら、そっちはどうなんだ？」

「待てよ、テッド。私は外回りに出て、一一万ドルを稼いできているが、給料は三万五〇〇〇ドルだ。私の計算だと、残りの費用すべてについて七万五〇〇〇ドルのプラスになっているはずだ。きみは少しも稼がず三万五〇〇〇ドルの収入を得ているじゃないか」

「だが、私はこの相場が気に入らないし、相場が気に入らなければ株を売ることもできないよ」

「いいか。きみには一日三食食べたがるふたりの子どもがいる。相場が気に入らないなんて贅沢は言ってられないんだ」


ところが、一九七四年の一一月になる頃には、年間手数料を確約していた機関投資家の大半が、支払い義務を果たせそうにないと分かった。それほどに悲惨な相場だったのだ。事実上、私たちは収入からではなく、貴重な資本金から請求書の支払いをしていた。

感謝祭前の水曜日の早朝、私は機関投資家の顧客のひとり、スペロス・〝ドク〟・ドレルスと電話で話していた。彼はピッツバーグ・ナショナル・バンクの信託部で投資部門を取り仕切っていた。私は新薬を発売したばかりの製薬会社、アップジョンを称賛していたのを覚えている。ドク・ドレルス（私は〝グリーク〟と呼んでいた）は、とにかく扱いにくい男だった。とびきり頭が切れて、ひどく傲慢だった。株式仲買人は格好だけが立派で頭は空っぽのばかばかりで、きみも例外ではない、と熱心に言いきかせるのが大好きだった。ドレルスはオフィスにひとつしか椅子を置いていなかった。自分のだ。私は彼のオフィスを訪ねていくたびに、校長室にいる生徒みたいに立っていなければならなかった。

その日、彼はいつもに比べると同情的だった。商談の後、彼は新しい会社の調子はどうかと尋ねてきた。

「あまりうまくいってないんだ。投資家の大半は、売買契約の支払い義務を果たしてくれていない。きみは約束を果たしてくれている数少ないひとりだよ」

「もう切るよ」と、彼は唐突に言った。

それから少したった午前一一時頃、ヘッド・トレーダーのジミー・ラウが私のオフィスにやって来た。

「大変だ。たったいま、ピッツバーグ・ナショナル・バンクの投資部から、四〇〇株以上の注文が入った。これに一〇〇株、あれに九〇株、それ以外に二三〇株だ」

当時は取引ごとに一枚ずつ注文約定伝票を記入する必要があり、ラウはピッツバーグ・ナショナル・バンクのための伝票を何枚も書くことになったので、私も手伝わなければならなかった。私たちはその日の午後五時半までかかって伝票を書きつづけた。手数料の合計は四万五〇〇〇ドルほどになった。つまり実質的に、ドレルスは私にほぼ二年分の手数料をたった一日で支払っていたのである。

これは強力なカンフル剤だった。しかし、一九七五年の初めまで、私たちは相変わらずもがきつづけていた。

私は恐れてはいなかったが不安は感じていて、この不安のせいで強迫的なまでに仕事を取ろうと躍起になっていた。そしてある日、大失敗をやらかした。私は上昇を確信し、買い手がいると確信している株に、大口の注文を入れた――が、買うと信じて疑わなかった相手が、その株を買わないことが判明した。私たちはその責任を一手に担うことになった。どでかい責任だ。もしもその株価が下落したら、わが社はとんでもなくまずいことになる。なんてことだ、私はパニックになった。デスクに座って両手で頭を抱え、いったいどうしたものかと考えていた。

ちょうどそこへジョーンズがやって来た。「どうかしたのか?」と彼は尋ねた。

「この会社を吹き飛ばしてしまったかもしれない」

「なんの話だ?」

「それが、恐ろしい失敗をしたんだ。買い手がいると思っていたのに、買い手はいなかったんだよ。この忌々しい株が下落したら、会社が潰れてもおかしくない」

「別の買い手を見つけられそうか?」

「分からない」

ジョーンズは無言で首を振り、立ち去った。が、一分後に戻ってきて、言った。

「なあ。ずっと考えていたんだ。私はこの生涯で一度もそんな失敗を犯したことはないよ」

「なあ。きみの言うとおりだ。きみは生涯で何ひとつとして成し遂げちゃいないんだからな。失敗を犯せるはずがないだろう」

怒りのおかげで、パニックから脱するエネルギーが湧いてきた。私はすぐに立ち直り、その株の買い手を、しかもさらに高値で買ってくれる相手を見つけた。

私のパートナーは、その後ほどなくして会社を去った。

ジョーンズは一九七五年五月に辞職するとき、自分の出した資本金を持っていった。その頃には、私は彼が持ち去った分を補填できるだけの仕事を取ってきていたが、それでもやはり不安だった。ちょうどその頃、パートナーが辞めたことを知ったアレン・ミーベーンから、ノースカロライナでのゴルフの誘いを受けた。四番ホールのティーグラウンドを降りようとしているとき、アレンがこっちを向いて尋ねた。

「ケニー、調子はどうかね?」

「どうにか乗り切れると思います。でも言っておきますが、ぎりぎりなんとか、ということになりそうです」

ミーベーンは私の目を見て、「私も援護しよう」と言った。

「アレン、本当にご親切にどうも、でもそんなことをしてもらわなくてもいいんですよ」

「ノーという返事は受けつけないぞ」とミーベーンは返した。彼とチャーリー・エドワーズは、インベムドの一ユニットである普通株を六〇〇〇株と優先株七五〇株を、一二万五〇〇〇ドルで購入してくれた。それは心強いクッションとなり、私の小さな会社は難局を切り抜けることができた。

この話のいちばんいいところは、二五年後の二〇〇一年に訪れる。ミーベーンは重病を患ってユニファイを退職し、私に電話してきた。彼はまだインベムドの普通株六〇〇〇株を所有しており、その当時、これは会社の約一三パーセントを占めていた。ミーベーンは言った。

「これから言う取引をきみに提案したい。これから二〇年かけて、インベムドの私の株をきみに売却し、その収益を私の基金に寄付したいんだ」

私はもちろん同意した。それから毎年、私はインベムドの株を三〇〇株ずつ買い戻している。ミーベーン基金はその収益金をすべて、ユニファイの工場があるモックスビルの公立学校に通う子どもたちへの支援を含め、ノースカロライナの価値ある目的のために充てていた。アレン・ミーベーンはもう亡くなったが、現在までのところ、この買い戻しによって一七〇〇万ドルがこれらの慈善事業に費やされている。全面的な勝利だ。

一九七五年の後半、ゲイリー・アールバウムがスティーブンとマイケルという兄弟と共に経営しているホーム・インプルーブメント会社のパネルラマは、苦境に陥っていた。経済はいまだ下向きで、彼らの店は小さすぎた。いくつもの問題が重なっていたのだ。ある日、私はフィラデルフィアを訪れて、会社をどうすべきかアールバウムと話し合った。「なあ、ひとつやるべきことは、〝仕事はあるか？〟と自らに問いかけることだ」と私は言った。手始めに、国内を見まわして、成功している同業者を探すことだ、と私は彼らに話した。

この業界のことなら私も少しは知っていた。私がプレスプリッチにいた頃に資金調達を手伝った、鉄道車両と建築資材の会社、エバンス・プロダクツを覚えているだろうか。エバンス・プロダクツは、中部大西洋岸のバージニア州と近辺にある、ムーアズ・スーパー・ストアというホームセンターのチェーンを買収していた。私は興味を抱いた。そして、ホームセンターというビジネスを知れば知るほど好きになった。その人口構成が気に入ったし、人々が家庭でいろいろ作業するという考えも気に入った。ペンキを塗ったり、サンドペーパーをかけたり、配管修理をしたり。私もそういうことをしていた。タイルや壁紙を貼っていた。自宅や義父母の家にペンキを塗っていた。社会に出たばかりの頃は、そういうことを人に頼む金などないものだ。

当時、この業界で最も人気があったのは、ペイレス・キャッシュウエーズという中西部の企業と、ロウズという南東部の別の企業だった。ホームセンター業界は群雄割拠の時代だった。縄張りを荒そうとする者はなかった。中部大西洋岸はムーアズとヘッチンガーが分け合っていた。北東部はリッケルとパーガメント。ボストンにはサマービル・ランバーがあった。どうしても必要な物があるとき、私はリッケルとパーガメントに行っていた。どちらもイマイチだった。

「この業界で誰が最高だと思う？」と私はアールバウムに聞いた。

「カリフォルニアに、ある男がいる」と彼は答えた。

「へえ？　誰だい？」

「バーニー・マーカスという男で、ハンディ・ダンという店を経営している。いいやつだよ」

ハンディ・ダンについては耳にしたことがあったが、経営状態はひどく悪いと聞いていた。

「なあゲイリー、バーニー・マーカスは本当にいいやつかもしれないが、ひとつだけ問題がある。私の記憶が正しければ、彼とパートナーは破産しているはずだ。マーカスがそんなに優秀だとしたら、どうして破産する？」

「マーカスは破産してないよ」

「私の聞いている話とは違うな」

「彼は破産してない」とアールバウムは繰り返した。

フィラデルフィアからニューヨークに戻ると、私はまっすぐオフィスに行き、ムーディーズの分厚い産業年鑑でハンディ・ダンを調べた。午後七時半にひとりきりでその場に立ち尽くし、私は首を振ってつぶやいた。

「まいったな、ゲイリーの言うとおりだ」

ハンディ・ダンの八一パーセントが、デイリン社という小売りの複合企業に所有されていることが分かった。デイリン社は薬局と健康商品を専門としていて、まずい経営とまずい経済の板挟みとなり、返済能力を超えた債務を負っていた。公開会社であるデイリン社は破産手続きを行っていた。だが、ハンディ・ダンは上場企業であり、おまけに繁盛していたので、デイリン社と同じ欠点があるとは思われなかった。デイリン社の帳簿に載っている投資対象のひとつというだけのことだった。しかも、非常に収益が多かった。ムーディーズの年鑑によると、一般的にむらがあるとされる分野において、ハンディ・ダンは年間四〇〇万ドルちょっとの収益を上げていた。

ムーディーズの年鑑には、ハンディ・ダンの株が一株三ドルで売られていて、一株あたり一ドル八二セントの利益を上げているとも書かれていた。その記述に、私は目をぱちくりさせた。目の錯覚かと思ったのだ。類似の株でも、一株一二ドルから一五ドルか、それ以上の価格で売られていた。私の目の錯覚でなければ、ハンディ・ダンはとてつもなく過小評価されている。

私はその場で直ちにアールバウムに電話した。

「ゲイリー、頼みがあるんだ。このマーカスという男と話がしたい。年鑑を確認したら、ハンディ・ダンの株は三ドルで売られ、一株につき約一・五ドルの利益を上げていると書かれている。何かからくりがあるに違いない。私からの電話を受けてもらえるよう、取り計らってくれないか？」

「いいとも」。マーカスはアールバウムから聞いた話を気に入ったようだ。アールバウムはすぐに折り返し電話をしてきた。「マーカスはオフィスにいる。電話してみるといい」

そんなわけで、私はバーニー・マーカスに電話した。私は興奮していて、それを抑えようともしなかった。「ミスター・マーカス！　アールバウムの銀行家、ケン・ランゴーンです！　私がこれまで見てきたなかで、きみの会社は最高のひとつだ！」

マーカスは友好的ではあったが、控えめだった。「そうですか。それはどうも。で、ご用件は？」

「ミスター・マーカス、私はおたくの会社の数字を確認して、少しばかり困惑しているんだ。この一株あたり一ドル八二セントというのは、税引き前の利益かな？」

「いや、税引き後の利益だよ」

「なるほど、それはまったく素晴らしい。じゃあ、なぜおたくの株が三ドルで売られているのか、説明してもらえるだろうか？」

するとマーカスはため息をついた。「分かってる。その理由の一部は、デイリン社とハンディ・ダンの違いを理解してもらえないせいなんだ。ハンディ・ダンの経営は極めて順調なのに」

「やっぱりそうか！　ミスター・マーカス、きみのことをもっとよく知りたい。会いに行っても構わないかな?」
「もちろん、構わないよ。来たいと思ったら、いつでもどうぞ」
「明日のランチはどうかな?」

私は最初の便でニューヨークを発ち、現地時間の午前一〇時頃にロサンゼルスに到着した。ダウンタウンのすぐ外れに位置する、コマース市のあるダイナーで待ち合わせていた。私は空港からタクシーに乗り、一一時ちょっと過ぎにこのパッとしないダイナーに着いた。ブースに陣取り、新聞を読んで三〇分過ごした。一一時四五分頃、ふたりの男が入ってきた。私はバーニー・マーカスの顔を知らなかった。ふたりは私のところへまっすぐやって来た。私はビジネススーツを着ていた。立ちあがろうとしたが、立ちあがれない。いったいどうなってるんだ? 忌々しいビニール製の長椅子に誰かがチューインガムのかたまりを残していて、尻がシートに引っついてしまったのだ!

きまり悪かったかって? もちろんだ。しかし、こうも思った、「こいつはツイてるぞ」と。

ふたりの男は、バーニー・マーカスと弁護士のアーウィン・ディラーだった。マーカスは背が高く、白髪交じりの髪に眼鏡をかけていて――いい顔をしていて、私はすぐに彼を気に入った――ディラーはいかにも弁護士という見てくれだった。税務監査並みの几帳面さだ。マーカスが代理人を連れてきたのは、デイリン社のトップであるサンフォード・シゴロフ(この名前を覚えておくこと)との関係にストレスを抱えていて、私と会ったときに内部情報を漏らしてしまうなど、不適当な対応をしないようにするためだったことが、のちに分かった。弁護士を同席させたのは、私を評価するためでもあった。私の尻に引っついたチューインガムは、最高のスタートだった！

私は笑い飛ばし、ふたりは腰を下ろし、私たちは話を始めた。

最初はほとんど私ばかりがしゃべっていた。ハンディ・ダンについて、聞きたいことが山ほどあったのだ。「特別利益はあるのか？　特別損失は？　一時所得は？」

マーカスは隠さず答えてくれた。私がアールバウムを助けようとしているのを知っていて、マーカスはアールバウムに好感を持っていた。私がハンディ・ダンの株を買うべきか検討していて、詳しく知りたがっていることも理解していた。彼の答えは、どれも間違いのない答えだった。ハンディ・ダンに一点の曇りもないのは明らかだ。

私はわくわくしはじめていた。そう、椅子の上で跳ねるほど。この会社はどえらい掘り出し物だ！そして信じられないことに、バーニー・マーカスはこの会社の株式をまったく所有していなかった。彼には選択権がなかった。完全に雇われただけの専門家だった。マーカスは給料のためだけに会社を経営しており、実にうまく経営していた。

「ミスター・マーカス、きみが自分の金をどう遣うのかは知らないが。私はきみの会社の株を買えるだけ買うつもりだし、汚い言葉で申し訳ないが、クソほど買い占めたら、一株三ドルなんかで売れることはないだろう。オフィスに戻って、家を抵当に入れて、ハンディ・ダンの株を買うことを、きみに強く勧めるよ、大量の株を。頼む、株が残っているのはそう長くないぞ」

私たち三人は握手を交わし、みんながニコニコしていた。まあ、弁護士もほほ笑んでいるのも同然だった。私が立ち去ってから、ディラーがマーカスに、「バーニー、これは私の直観に過ぎないが……あの男は信用できそうだ」と話していたことを、後で知った。
私はベタベタするズボンでタクシーに乗り込み、空港へ引き返した。

ニューヨークに戻ると、入手できるハンディ・ダンの株をありったけ買い集めはじめた。株式発行総数はおよそ二二〇〇万株で、その内の四七万五〇〇〇株が公開されていた。デイリン社が八一パーセントを所有し、一九パーセントが市場に出ていたわけで、そこには大きな意味があると判明した。それから数カ月にわたって、私がこの株を買い集めるにつれ、当然ながら株価は上昇し、三ドルが九ドルに、さらには一二ドルになった。非常に優良な株だった。実のところ、金曜日に私がよい週末を過ごしたいと思っていたとして、ハンディ・ダンの株が一一ドルで売られていたとしたら、私はオフィスのトレーディング・デスクに行き、「一株一二ドルで二〇〇〇株の買いを入れてくれ」と言えば、株価は一二ドルに上昇し、私は一株も買う必要はなかった。分かっている。私は少しばかり頭がイカれているのだ。だが、世の中みんなが正気であるなら、私は自分の気が触れていても構わない。

私は公開株のほとんどを買い占めることができたが、五万株だけは例外で、その株はブルックリンのベイリッジにあるカトリック教会所属のレデンプトール修道会、またの名をレデンプトール会が所有していると分かった。私はこの株をレデンプトール会に売った人物、ジミー・キーンという株式仲買人を知っていた。彼は結構な手数料を稼いだはずだ。

私はレデンプトール会の財務担当者、レイ・マッカーシー神父に電話した。「神父様、ハンディ・ダンの株を売るつもりはありませんか?」と私は尋ねた。彼らは株価が九ドルちょっとの頃に買っていて、いまでは一五ドル近くにまでなっている。売れば正味一二五万ドルの儲けになるはずだ。

すると、司祭は私に言った。「ランゴーン、ランゴーン……それはイタリア系の名前かね？」

「はい、神父様」。私はひとりほほ笑んだ。正しいという感覚があった。

「きみはカトリックか？」

「はい、神父様、そうです」

「ならば、地獄の罰の下、私がどうするべきか教えてほしい。きみにこの株を売るべきなのか、それとも取っておくべきなのか？」

「神父様、私は神をもてあそぶつもりはありません。株は取っておいてください」

彼は言われたとおりにした。それに、そのことを後悔もしなかった。

第6章
チキンサラダとレモネード
CHICKEN SALAD AND LEMONADE

お気づきだろう。当初はヘルスケア分野にすっかり夢中になっていたために、この小さな新設企業をインベムドと名づけたのに、一九七六年の私は、ホーム・インプルーブメント事業にのめり込んでいた。そして、ここに行き着いたことに満足していた。

矛盾してるって? そりゃそうだ! 人生は挫折の連続で、自分の嗅覚に従って、私も挫折を繰り返してきたが、おかげでしょっちゅう正しい方向へも導かれていた。本当を言うと、どうしてもやめられないのだ。私は取引中毒だ。電話が鳴れば、かの有名な消防署の犬みたいに、全速力で走りだしている。誰から電話がかかってくるか、分かったものじゃないだろう? 実に興味深いビジネスの提案をしてくる相手からの電話だということが、しばしばある。どんなビジネスかは、どうでもいい。

ハンディ・ダンの仕事は、一九七六年には極めて興味深い事業だった。そしてバーニー・マーカスとは、とても気が合うことがすぐに分かった。不思議な話だが、彼はラトガーズ大学で訓練を積んだ薬剤師として、ヘルスケア分野からビジネスのキャリアをスタートさせていた。これがデイリン社に入社したきっかけだった。やがて、マーカスが商品と値入れとサービスを把握していると知っている、彼のふたりの友人、アムノン・バーネスとマックス・キャンディオッティが、新設されたこの小さなホーム・インプルーブメント事業を引き継いでほしいと頼んだ。見てのとおり、親会社の失敗を物ともせずに、マーカスはこの事業を大成功へと導いた。

ハンディ・ダンのポジションを取ってから、エレインと私は、マーカスと奥さんのビリと、友だち付き合いを始めていた。毎年一月に、私はボブ・ホープ・ゴルフトーナメントに出場するためにパームスプリングスの家を借りており、マーカスと私は一緒にゴルフをした。コースを歩いている間も、ついつい仕事の話ばかりしていた。私はハンディ・ダンに魅了されつづけていた。カリフォルニアやアリゾナ（そこではエンジェルス・ドゥ・イット・ユアセルフ・センターという店名だった）、デンバーやカンザスシティ、ヒューストンの店舗をたびたび訪れるようになっていた。

私は新店舗の開店に立ち会うのが大好きだった。常に興奮と希望で満ちているように感じるからだ。一九七六年の秋のある木曜日（グランドオープンはたいてい木曜日で、週末に向けて弾みをつけるため、大量の新聞広告とテレビ広告が打たれ、派手な宣伝が行われた）、私はヒューストンに新しくオープンするハンディ・ダンの洗礼式に、マーカスと共に立ち会った。マーカスと店内を歩いてまわっていると、ペンキ売り場である物を目にして、私は度肝を抜かれた。

それは大きなディスプレーだった。ふたつのペンキ缶が描かれていて、ひとつはハンディ・ダンの自社ブランド品、もうひとつは競合会社のシャーウィン・ウィリアムズかグリッデンの物だった。そのディスプレーには、顔料をどれだけ含むか、その薄まり具合について、それぞれの割合が示されていた。顔料が多ければ多いほど品質がいい。そして、自社ブランド品のほうが競合製品より顔料を多く含むばかりか、値段も安いということが、ここにありありと証明されていた。いやはや、お見事な物だった。

それは大きなディスプレーだったが、新店舗は非常に広く、三二五〇平方メートルの広さだった。どの売り場に行っても同じようなディスプレーや看板があり、このハンディ・ダンがいかにして顧客に教え、サービスするのかが表れていた。ほどなく、私は文字どおり小躍りしていた。こんなに素晴らしい物は見たことがないと思った。「まいったな。オープンする店舗がすべてこんな具合なら、私たちはひと財産築くことになるぞ！」と私はマーカスに言った。

まさにそのとき、マーカスは私の腕を掴んだ。「調子に乗ってはいけない」と彼は低い声で言った。

「調子に乗ってはいけないとは、どういうことだ？」

「われわれは無防備だ」

「何に対して？」

「それは言えない」

「私に言えないとは？」

「言えないんだ。まずいことになりかねない。たとえこの店が素晴らしいとしても、あらゆる指標が大きな成功を約束しているとしても、われわれのビジネスがおおむね非常に順調に運んでいるとしても、本当にまずい事態になりかねないんだ」

そのとき私が知らなかったのは、マーカスにはサンディエゴにソル・プライスという友人がいたことだ。ソル・プライスは、軍関係者を購買者層とするフェドマートという小売り会社を経営していた。フェドマートのコンセプトは軍事基地の売店に似ていた。軍人とその家族であれば、電化製品からテレビセット、食料品まで、あらゆる物を桁外れの低価格で購入できるのだ。プライスは、すっきり整理された広い店舗で、大量に仕入れた商品を非常に低い利益率で販売するという、この素晴らしいコンセプトを思いついた。その後、ヒューゴ・マンというドイツの企業にフェドマートを高額で売却し、プライス・クラブという新たなチェーンを展開したが、こちらもフェドマートによく似ていた。現在のコストコがそうであるように、利益を補うため会費を取るという新しいアイデアが加わっただけだ。

一九七〇年代半ばのある日、プライスはマーカスを呼び寄せて、プライス・クラブの経営の仕組みを見せた。通路を歩きながら、プライスは言った。「この店を見てみろ、バーニー。いつの日か、誰かがホーム・インプルーブメントの店でこういうことをして、業界の様相を激変させるはずだ。その誰かがきみじゃなければ、きみたちはまずいことになるだろう」

マーカスはその言葉を決して忘れなかった。

私とサンディ・シゴロフは、ひと目で互いを嫌悪した。

このデイリン社のCEOとは、私がハンディ・ダンの株を買えるだけ買い占めた直後に会った。もっともなことだが、突然ビジネスをすることになった相手について、シゴロフは知りたがった。そこでマーカスがミーティングを設定し、私は太平洋沿岸へ飛んだ。

シゴロフは元原子物理学者で、頭脳明晰な男だった。雄弁で洗練されていて、スリムで着こなしがしゃれていた。スカンク並みの品性の持ち主だったと言おうか……いや、それではスカンクに対して不公平だろう。彼は卑劣だと評判だった。後でマーカスから聞いたが、シゴロフは古い『フラッシュ・ゴードン』のシリーズに登場する悪役、無慈悲なミン皇帝を好んで自称していた。シゴロフが社員をクビにするときは、ただ辞めさせるということはなかった。二度と自分に刃向かおうとしないよう、精神的にも経済的にもいたぶって楽しんでいた。

バーニー・マーカスはいまでもサンディ・シゴロフの下で働いており、それればかりか、親友で側近のCFOのアーサー・ブランクと共に、デイリン社のために大金を稼いでいた。そうでなければ、デイリン社は悲惨な状況になっていただろう。だが、世界をゆがめて見るシゴロフは、マーカスの成功によって自分はおとしめられていると感じていた。そういうわけで、シゴロフはことあるごとにマーカスをいじめては苦しめていた。一度、取締役会で、ふたりはハンディ・ダンの経営方法について揉めて、殴り合いになりかけたことがあった。話を丸く収めるためにふたりで別室に移ると、シゴロフは自分がボスであり、マーカスの行く末を支配しているのだと主張した。それでおしまいだった。シゴロフはマーカスに、いま言ったのとまったく同じ言葉を復唱させようとした。マーカスはシゴロフがボスだと認めた――以上。後のことについては、シゴロフなんてくそ食らえだ、とマーカスは言った。

シゴロフは典型的ないじめっ子だが、私のボスではなかった。彼が私をいじめようとする日は来るだろうか。そうなったらおもしろくなるぞ、と私は思った。

デイリン社がハンディ・ダンの株の八一パーセントを所有し、残りの一九パーセントが市場に出ていた（そのほとんどを私が手に入れていた。私は一六パーセントを所有していた）ことを覚えているだろう。一九七〇年代の株式公開企業の間では、よくある企業戦略だった。親会社と切り離して売買すれば、市場は子会社をかなり高く評価し、それによって親会社の株価も引きあげられると信じられていたのだ。デイリン社は、子会社であるハンディ・ダンでその戦略を実行していた（税法によって、子会社の財務諸表を親会社のものと統合するには、八〇パーセント以上の株を所有しておく必要があった）。

私がハンディ・ダンの株を熱心に買い集めたことで、株価が上がり、それに続いて会社に対する世間の評価も上がったが、上がったものが下がらないなどということがあるだろうか？　ちょうど同じ時期に、三つの非常に顕著な似たようなケースで、まさにそういうことが起きていた。ブランズウィック・コーポレーションは、シャーウッド・メディカルの株の一九パーセントを市場に売りだしていたが、突然すべての株式を買い戻した。トランスユニオンも、上水・下水処理を扱う子会社、エコダインについて、同じことをした。ナショナル・ディスティラーズ・アンド・ケミカル・コーポレーションは、アルマデン・ワインズの株式をすべて買い戻した。どのケースも、公募債が市場平均を下回っていた。

だが、話はそれで終わりじゃない。

私の知人で、シーリーの取締役員を共に務めるフリッツ・ブレースという名の弁護士が、買い戻しを行ったこの三社すべての代理人だった。そして、ブレースは興味深い話を聞かせてくれた。ブランズウィック、トランスユニオン、ナショナル・ディスティラーズが気にしているのは、平均値を下回っていることだけではなかった。これらの大企業は、少数株主に対する受託者責任についても気を揉んでいたのだ。もしもこの一九パーセントの株主の大多数が、企業の動きを気に入らなかったとしたら、この株主たちは会社に軌道修正を求める権利を有する場合がある。つまり、少数株主が企業を支配するのも可能だということだ。

逆行しているように思えるが、完全に理にかなっている。

ふと、素晴らしいことを思いつき、私はサンディ・シゴロフに電話した。「サンディ、きみに会って話がしたい」

シゴロフは私と会うことにあまり乗り気ではなさそうだったが、私は飛行機でロサンゼルスに飛んだ。

私はできるだけ横柄な気取った態度を取り、ふんぞり返ってシゴロフのオフィスに入った。あの野郎が大嫌いだったからだ。腰をおろすと、シゴロフの目を見て言った。「サンディ、これからわれわれがどうやってハンディ・ダンの経営を進めていくか、話し合う必要があるんじゃないかと思ってね」

シゴロフはショックを受けたようだ。「われわれとは、どういうことだ？」と彼は言った。

「いいかい、サンディ。私は無理を言うつもりはないが、公開されているハンディ・ダンの株式は一九パーセントで、その内の大半を私が所有している。きみが私に対して負っている信認義務によって、実質的に私にはきみと同じだけこの会社を支配する力があるということは、法的に考えて揺るぎない事実だ」

私は彼に、ブランズウィック、トランスユニオン、ナショナル・ディスティラーズを引き合いに出して説明した。

シゴロフはいまにも切れそうな様子だった。当然、こちらはしてやったりだ。

「私は少数株主だ。だが、もしも私の利益を損なうような真似をしたら、きみはまずいことになるだろう。会社に影響を及ぼすなんらかの行動を起こしたければ、大きな法的問題を避ける唯一のやり方は、前もって私のところに来て、〝なあ、こうしたいんだが〟と相談し、一九パーセントの議決権に正比例した割合で可決すると約束することだけだ。

きみに言っておこう。私は極めて道理というものをわきまえた人間であり、きみが正しいことをしている限りは、ノーと言うことはまずないだろう。ただ、この会社をどうするかについて、きみと私で定期的に話し合っておくべきではないかと思っているだけなんだ」

シゴロフはケチな暴君で、〝われわれ〟や〝私たちの〟という言葉にいらだちを募らせていた。私はそれまでにも何度もこういうタイプの連中に遭遇してきた。彼らは自分が絶対だと思い込んでいるが、それはいつも間違っている。ひとりで成功できる者などいない。シゴロフは耳から煙を噴きだしそうになっていた。「こんなばかな取り決めは聞いたことがない！」と彼はわめいた。

私は愛想よくほほ笑んだ。「オーケー。このことを試すときが来ないことを願うばかりだよ」

それから約一カ月後のある日、シゴロフから電話があった。彼の取り巻きのひとりで、デイリン社の執行副社長であるジェフ・チャニンがニューヨークを訪れることになっているのだが、そのチャニンが私に会いたがっていると言うのだ。友好的な交流会だとは思えなかった。私は合併買収の第一人者であるスキャデン・アープスのジョー・フロムに電話し、こう話した。ちなみにフロムと彼の会社は、常にけんか腰の〝闘士〟として知られている。「ジョー、弁護士が必要になるかは分からないんだが。もし必要になったとしたら、誰よりも厄介で手強い野郎を、いざというときに備えて待機させてもらいたい」

「うってつけの男がいる。ボブ・ピリーだ」とジョーは言った。

約束の日、ジェフ・チャニンは私のオフィスに入ってきて、上着を脱ぐとすぐに脅しにかかった。チャニンは弁護士であり、刺客でもあると分かった。彼はシゴロフがハンディ・ダンを再び非公開化するつもりでいると言って、私と投資家たちは売ることになると話した。〝もし〟も〝および〟も〝でも〟もなし。私たちが同意しなければ、チャニンとシゴロフはクラムダウンと呼ばれる少数株主を追い払う法的手段を用いて、私たちを強制的に追いだすと言った。

クラムダウンがどういうものか、私は正確に知っていた。ひとつの会社について、少数株主の所有が一〇パーセントより少なければ、過半数株主は独自の査定を行う権利があり、少数株主にその価格で売らせることができた。だが、クラムダウンを行うには、執行する側が該当する株の九〇パーセント以上を所有している必要がある。シゴロフは、はったりをかけていたのだ。

「ジェフ、ばかな話はやめてくれ。私はきみたちにそんなことをさせないだけの株式を管理している。脅しをかけるつもりで来たのなら、相手を間違えたな。では失礼」

私はオフィスから出ていき、ボブ・ピーリーに電話をかけた。

ピーリーは数分でやって来た。ピーリーは合併買収を専門とする弁護士のなかで誰よりも賢く、誰よりも闘争的な人物で、彼自身が逸話の宝庫でもある。ナイフの喧嘩に銃を持ちだすとはこのことだった。突然、サンディ・シゴロフの送り込んだ刺客は、自分がそんな状況に置かれていることに気づいたが、それでもベストを尽くそうとした。この時点で、ハンディ・ダンの株価は一株約八ドルだった。「きみはその株を売ることができない。流動性がないのだから」と、チャニンは寛大そうなふりをして、私に言った。つまり、デイリン社とレデンプトール会と私で一〇〇パーセントを保有しているから、ハンディ・ダンの株式は市場に出ておらず、誰も販売を促進することも調査することもないので、買い手がひとりもいないということだ。「きみは売ることができない」とチャニンは繰り返した。「だが、われわれが一株一〇ドルで買い取ろう」

「一二ドルだったら売ろう」と私は言った。

「冗談じゃない！」とチャニンはわめいた。

チャニンとピーリーが議論する間、私は脚を伸ばしに行った。オフィスに戻ってくると、チャニンが言った。「よし、一株一二ドル払おう」

「ジェフ、そのオファーはもう引っ込めた。私が一二ドルと言ったら、きみはノーと答えたんだから」

「なんだって？　いまはイエスと言ってるだろうが」

「終わった話だ。一株一四ドルで売ろう」と私は言った。

「ふざけるな。一四ドルなんて払わんぞ」

「オーケー。じゃあ、さようなら」

　私はこちらの人間とシゴロフの人間をもう少し戦わせておくことにして、トイレに行った。二、三分後に、チャニンが男子トイレに入ってきた。「いいだろう、一四ドルで買おう」

「ジェフ、きみは分かってないようだな。私は一四ドルと言い、きみはノーと言った。一株一七ドルで売ろう」

　すると、おもしろいことが起きた。男子トイレに入るには、ドアが二枚あって、外側のドアは内開きで、内側のドアは反対側に開くようになっていた。刺客であるこの弁護士は、怒りくるいながら、内側のドアを叩いて開こうとしたが、思っていた方向に動かず、顔をぶつけて鼻血をだした。顔じゅう血まみれだ。私は思った、「このアホは私にボコボコに殴られたと言うつもりだぞ」と。ようやく、チャニンは荒々しい足取りで出ていき、わが社を後にした。

　一週間ほどして、シゴロフから電話があった。「おふざけは終わりだ。一株一七ドルで買おう」

「サンディ、やめてくれ。チャンスはあったのに、そっちが台無しにしたんだ。あの株を売るつもりはない。話は終わりだ」

　五〇〇〇キロ先で受話器が叩きつけられる音が聞こえた。

　こんなドラマのただ中にも、私は機関投資家の顧客のもとを訪ねつづけていた。顧客のなかには、インベムドが苦境に陥っていたとき大いに力になってくれた、ピッツバーグ・ナショナル・バンクのドク・ドレルスもいた。とげとげしさを装ってはいても、本当のドレルスは寛大な男だったが、横柄でつむじ曲がりだということには少しも変わりなかった。私も含め、株式仲買人を叩きのめすのは、いまでも彼にとって流血の競技で、相変わらずオフィスには椅子がひとつしかなかった。自分用だ。ところが、一九七七年の春のある日、私が訪ねていくと、ドレルスの椅子の隣にもうひとつ椅子があり、何者かが座っていた。

その人物は二三、四歳だろうか、大柄で間抜けそうな若造で、大きく膨らんだマッシュルームヘアにしている。生意気なうぬぼれ屋に見えたが、一分後には、まさにそのとおりだと分かった。その日ドレルスに売り込もうとしている株、ゼネラルモーターズ（ＧＭ）について、ほんのふた言三言勧めただけで、ドレルスはいつもの流儀で、私を痛めつけはじめた。「なぜＧＭなんだ？　なぜフォードじゃないんだ？」。すると、彼の下で働くこの若者も、同じようにくだらないことをわあわあ言いはじめた。「クライスラーではなぜいけないんだ？」。まるでテニスの試合だった。彼らはラケットを持っていて、私はボールだ！　ふたりは私を叩いてさんざん行ったり来たりさせ、その間ニヤニヤ笑っていた。

私はしばらくそれに耐えていたが、やがて言った。「なあグリーク、もう少しこのまま我慢していてもいいよ、その後どうするか教えてやろう。私はそっちに行って、きみをさんざん平手打ちして、次にそこの冴えない若造を平手打ちしてから、ここを出ていくよ」

ふたりは笑いだした。その日、マッシュルームヘアの青二才と私の間で、ユニークな友情が始まった。この若者の名はスタンリー・ドラッケンミラー、のちに金融の天才となる。

スティーブ・サトウと彼のチームはIVAC社を大きな成功に導いたが、経営となるとサトウの得意分野ではないことが、次第に明らかになっていった。彼の下では非常に優秀な人間が大勢働いていたが、どういうわけかサトウは彼らを追いやってばかりいた。私は彼が被害妄想気味なまでに疑り深くなっているのだと、すぐに感じるようになった。サトウは、部下たちが自分をおとしめようとしていると思い込んでいたのだ。これがIVAC社にいい影響を与えるはずもなく、一九七六年に私は新たなページをめくって会社を売却する決断をした。サトウはある時点までは代表として立派に務めてくれたが、すべてを兼ね備えていたわけではなく、なんとかするしかなかった。資本主義とは、そんなふうに容赦ないものにもなり得る。

私たちはIVAC社をイーライリリーに売却することになった。この取引について、イーライリリーはとてもよくやってくれ、それはこちらも同じだった。私はひどく危なっかしい小さな会社から始めて、株の配当金を支払える大きな企業に成長させ、最終的に大量のイーライリリーの株を手に入れることになった。イーライリリーの株はIVAC社の株よりもずっと価値が高い。人生で初めて、私は百万長者になった（プレスプリッチにいた頃の取引によって、株は山ほど所有していたものの、他のパートナーたちの承諾がなければ売ることは認められない。あそこにある持ち株は現金化できなかった）。苦闘していたインベムドは、強固な地盤を築くことができた。

この取引は、一九七七年一一月三〇日にサンディエゴで完了した。エレインも私に同行していて、手続きが完了すると車でロサンゼルスへ向かった。その夜、バーニー・マーカスが奥さんのビリと暮らすエンシーノの家に、ディナーに招いてくれた。ビリはおいしい中華料理を作ってくれて、食後にエレインとビリがキッチンで洗い物をしているとき、マーカスが言った。「リビングに行こう。きみに話がある」

私たちはリビングルームに移動した。マーカスは声を落として言った。「頼みがあるんだ。シゴロフに煩わされたくない。ハンディ・ダンの株を彼に売ってくれ」

「頭がイカれちゃったのか?」。実際にはもうちょっと独創的な言葉を使っていた。「いったいどういうことだ?」

私はマーカスをしばし見つめた。彼が傷ついているのが分かった。片側からはあの卑劣漢からの圧力を受けていて、反対側には私がいた。だが私はマーカスを支援しながらもシゴロフを全身全霊で嫌っていて、彼は板挟みになっていた。

「私が抜けたらどうなるか分かっているのか?」と、私はこの友人に尋ねた。「あいつはきみをクビにするだろう。シゴロフはきみを嫌っているんだよ、バーニー。あのめちゃくちゃになった会社でただひとつ価値があるのはハンディ・ダンだけだが、やつはそれを自分の手柄にできない。きみがいるからだ。そして私がいる限り、シゴロフはきみをないがしろにはしないだろう」

マーカスは私の目を見て言った。「頼むよ、ケニー、お願いだ。シゴロフのことは対処できる。嘘じゃない、そのほうが私のためになるんだ」

「いいか、バーニー。私にとっては痛くも痒くもないことだ。私は会社を売却したばかりで、イーライリリーの株を山ほど保有している。天にも昇る心地だ。きみが売ってほしいと言うなら売ろう。だが私としては、そんなことをするなんて、きみはどうかしてると思う」

エレインとビリはまだキッチンでおしゃべりをしていたから、マーカスと私は彼の寝室に行った。マーカスはシゴロフのもうひとりの弁護士で、アイレル＆マネラというロサンゼルスの大手法律事務所のパートナー、エド・カウフマンという男に電話した。私はこの会話のマーカスの言葉だけを聞いていた。「いま自宅にランゴーンがいて、株を売るよう説得した」とマーカスは言った。しばらく耳を傾けた後、彼は受話器を手で覆いながら、私に尋ねた。「いくら欲しい？」

「価格はこちらが決めさせてもらう。その価格では買えないと言うなら、そこまでだ、この話はなかったことにしよう。その価格で買うと言うなら、それで決まりだ」

「で、価格は？」とマーカスが尋ねた。

「一株二五ドル五〇セントだ」

「その五〇セントっていうのは何なんだ？」

「厳しい駆け引きをしたという感じに見せるためさ」

マーカスはカウフマンに価格を伝えた。弁護士はまたすぐかけ直すと言った。五分後に電話が鳴った。「必要な書類に署名できるよう、明日の午前一〇時に、ランゴーンの野郎を私のオフィスに寄越してくれ」とカウフマンはマーカスに話した。

翌朝、センチュリー・プラザ・ホテルにマーカスが車で迎えに来て、私たちはアベニュー・オブ・ザ・スターズを通ってアイレル＆マネラの事務所に向かった。ビルの下の駐車場に駐車して、車から降りた。私たちは車を挟んで向き合った。「バーニー、私はこれから上にあがって、きみの死刑執行令状にサインする。分かってるのか？」

「それは違う、彼らには私が必要なんだ。彼らにはこの仕事が分かっちゃいない。ケニー、信じてくれ、こうするのが私にとっていちばんなんだ」

「きみは一株も持っていないんだぞ！」

「そうだな、分かってる。だけど、彼らはきっと正しいことをするさ」

私は肩をすくめた。「いいだろう」

私たちは上階に行き、私は一〇〇枚もの法的書類に署名して、ハンディ・ダンのすべての株を一株二五ドル五〇セントでサンディ・シゴロフに売り渡した。一株三ドルで買ったことを考えると、投資としては悪くないリターンだ！

それが一九七七年一二月一日のことだった。

一九七八年四月一五日の土曜日、午後遅くに出張から自宅に帰ってくると、当時一五歳だった次男のブルースが、ミスター・マーカスから一日じゅう電話がかかってきているよ、と言った。私がそれまで出会ったなかには、マーカスらしき名前の人物がふたりいた。バーニー・マーカスと、ロス・ペローが新会社で最初に雇った、ＥＤＳのトム・マルケスだ。「どこからかけているか言っていたか？」と私はブルースに聞いた。

「うん、カリフォルニアだって」

私は受話器を取り、バーニー・マーカスに電話した。「当ててみようか、きみはクビになったな」

と私は言った。

「新聞に載っているのか？　新聞に？」

「いいや」

「じゃあ、なんで分かった？」

「バーニー、きみは一日じゅう電話してきていたんだろう。他にどんな理由があると思う？」

　無理もないことだが、マーカスはひどく狼狽していた。シゴロフはマーカスをクビにしただけではなく、アーサー・ブランクと、ハンディ・ダンの内部監査部長のロン・ブリルまで放りだしたのだ。定期的な金曜の夜の大虐殺だ。「それに、シゴロフは私を刑務所送りにしたがっている」

「なんだって？　きみは何をしたんだ？」

「労働法違反があったんだ」とマーカスは説明した。サンノゼは大きな労働組合の町だった（それは現在もだ）。ＧＭの大きな組み立て工場があり、有力な全米自動車労組の代表団がいるリベラルな都市で、サンノゼに二店舗あるハンディ・ダンを労働組合に加入させようとする動きが起こっていた。その内の一店舗が労働組合代表選挙を行うことになっていて、従業員の一部がマーカスとアーサー・ブランクに、労働組合を離脱したいと訴えていた。マーカスとブランクは、労働組合への反対票を投じると分かっているフェニックスの従業員の一団をサンノゼに転属させた。たしかに票の水増しだ。公正を欠くかもしれない。しかし、違法だろうか？

　シゴロフは戦いに勝ち、ハンディ・ダンをとうとう完全に手中に収めたと思っているのは明らかだった。

「きみは刑務所に行くことにはならないよ」と私はマーカスに話した。

「だといいんだが。サンディはカリフォルニア州北部連邦裁判所に圧力をかけて、私を告発させようとしている」

無慈悲なミン皇帝が、また攻撃を仕掛けているのだ。

「早くていつニューヨークに来られる？　きみと話がしたい。今夜、来られそうか？」と私はマーカスに聞いた。いまはロサンゼルス時間で午後一時頃だ。「こうしよう。明日の朝、私はウォルドルフ・アストリアできみに会う。午前九時半に〈ピーコック・アレー〉で朝食をとろう。私はこっちでミサがあるから、その後、車で向かう」

マーカスは飛行機に乗ると言った。

「ところで、労働問題を専門とする、いい弁護士を知らないか？　この労働組合に関するばかげた問題について、本質を突き止めたい」

「労働問題専門の優秀な弁護士がいる。ニュージャージー在住だ」

「だったら、電話して来られそうか確認してくれ」

翌日、マーカスと、ジェリー・グラスマンという名の労働問題専門弁護士、そして私の三人は、ウォルドルフ・アストリアで会った。マーカスはひどい顔をしていた。クビになってからまだ四八時間しかたっていない。マーカスは株を持っていない。解雇手当も出ない。医療保険もない。何ひとつない。なのに無慈悲なミン皇帝は、「きみを刑務所にぶち込んでやる」と言っているのだ。

「さて、ひとつ単純な疑問がある。バーニーは刑務所に入るのか？」と私はグラスマンに尋ねた。

「いいや、まさか。これは全米労働関係委員会のありふれた規則違反だ」とグラスマンは答えた。

「バーニーは刑務所に入らないのか？」

「バーニーは刑務所に入らない。最悪の場合、この選挙は自動的に労働組合の勝利とされて、従業員は全員、労働組合に加入することになる」

「ということは、きみは黄金の蹄鉄でケツを叩かれたようなものじゃないか」と私はマーカスに言った。

「ケニー、何を言ってるんだ？　私は失業したんだ。無一文なんだぞ！」

「バーニー、落ち着け。冷静になれよ。私たちは会社を興すんだ」

「頭がおかしくなったのか？」

「いいや。ヒューストンのことを覚えてるか？　あることを誰かが成し遂げたら、この業界をひっくり返すことになると、きみが話してくれたときのことを？　ハンディ・ダンの外部の人間がそれを成し遂げたら、きみは撃沈されるだろうと恐れていた。いまや、きみこそがハンディ・ダンの外部の人間だ！」

　マーカスは惨めな顔のまま、私を見た。「ケニー、私には金がないんだ」

「その点は心配するな。金のことは私が考えよう」

　優秀な原子物理学者にしては、サンディ・シゴロフはずいぶん愚かな男だった。ハンディ・ダンに関して言うと、何が最も貴重な財産なのか、シゴロフはまったく分かっていなかった。マーカスが見事な成功へと導いた、このホーム・インプルーブメントのチェーン店には大きな弱点が隠れていることをバーニー・マーカスは知っていたし、私も知っていた。プライス・クラブを手本として作りかえるにはハンディ・ダンの店舗は多すぎたし、古い型にはまりすぎていた。ハンディ・ダンの利益率は悪くなかったが、改善の余地はあった。店のサービスのレベルは、概して平均以下かないに等しかった。そして、ハンディ・ダンの商品の品揃えは、せいぜい最低限といったところだった。顧客は商品の選択肢が多いと感じれば購買意欲が湧くものだと、マーカスも私も知っていた。

一方、信じられないことだが、シゴロフはハンディ・ダンの宣伝に自ら登場しはじめて、第二のリー・アイアコッカかフランク・パーデューよろしく、テレビの画面や雑誌の広告で気取った姿を見せつけていた。虚栄心を満たそうとしているに過ぎなかったが、知ってのとおり、シゴロフの虚栄心には際限がない。自分自身の素晴らしさのおかげで、人々はこのホーム・インプルーブメントのチェーン店にこぞって集まり、ハンディ・ダンはいつまでもガッポリ儲かりつづけるはずだ、とシゴロフは決めつけていたが、現実には、熟し切って摘み取るべき時期が来ていた。

私はサンディ・シゴロフに対し、ある計画を立てた。個人的な話か？　当然だ。やつは私の大事な友人に卑劣な真似をして、私のこともひねり潰そうとしたのだ。もちろん、私はこのビジネスからうまい具合に抜けたわけだが、マーカスはいまでもひどく傷ついていたし、絶え間なく続くシゴロフの勝利のダンスに、趣味が悪いからというだけではなく、私はいらだっていた。

シゴロフがハンディ・ダンを取り返した後、私はデイリン社の株を買い集めはじめていた。この会社の本当の価値がどこにあるのか知っていたからだ。私はピーター・グレースという有力者と友だちだった。彼はW・R・グレース&カンパニーの会長だが、同社は一九七〇年代後半から一九八〇年代前半にかけて、目に入るものはなんでも買っていた。ピーター・グレースについて、こんな有名な話がある。南カリフォルニアである晩遅く、グレースは〈ココス・ベーカリー〉という一軒のダイナーに入った。スプーンは脂でベトベトだったが、この店のどこかが気に入った。グレースはウエートレスに言った。「オーナーに会いたい」。水兵帽に汚れたエプロンという格好の男が出てきて、「オーナーはおれだが。なんの用だ?」と言った。

「きみのレストランを買いたい」とグレースは言った。

「売り物じゃないぞ」

「いいや、売り物だよ。私が買うんだ」

そしてグレースはその店を買い、〈ココス〉をチェーン展開し、やがて一四五の地域に出店することとなった。大ヒットだ。

一九七九年にウォルドルフ・アストリアで開かれた、黒の蝶ネクタイにタキシードのマルタ騎士団の晩餐会に出席したとき、ピーター・グレースの姿を見つけた。私は近づいていき、話しかけた。「ミスター・グレース、デイリン社について調べてみてはいかがでしょう。デイリン自体にはなんの価値もありません。だが、ハンディ・ダンを子会社に持ち、そちらはずっと価値がある」

ついには、私はピーター・グレースを説得して、デイリン社への敵対的買収を仕掛けさせた。その間に、私はデイリン社の株を嫌というほど買い集めた。グレースの部下に事業開発を担当するビル・ライリーという男がいて、一九八〇年の初めに、ライリーはサンディ・シゴロフのもとを訪れた。ライリーがオフィスに入ろうとしたとき、シゴロフの電話が鳴った。シゴロフは電話を取り、ライリーはその場に立っていた。電話の相手はシゴロフに言った。

「たったいま、W・R・グレースがきみの会社に敵対的買収を仕掛けると発表したぞ」

シゴロフは受話器をおろすと、「きみがここに来た理由は分かっている」と言った。誰かがフライングをしたのだ。

「わが社に敵対的買収を仕掛けるつもりだろう」

「そのとおり」

彼らは交渉し、シゴロフは去った。というわけで、私はこの会社に二度儲けさせてもらった。

私は何度か公に話している。「サンディに近づくたびに、儲けさせてもらってばかりいる。私が後を追えるところで、彼が何かしてくれることを願っているよ」


新しいホーム・インプルーブメントのチェーン店に関するマーカスの画期的なアイデアは、少なくとも紙上では素晴らしいものに思えた。彼が思い描いているのは、五一一〇から六九七〇平方メートル（比較すると、ハンディ・ダンの最大の店舗で三二五〇平方メートルだった）の巨大で天井の高い倉庫に、驚くほど値引きされた商品を幅広く取り揃えるというものだった。中間業者や卸売店を通して、あらゆるカテゴリーの売れ筋という限られた商品だけを仕入れていたハンディ・ダンとは違って、マーカスとアーサー・ブランクはメーカーから直接仕入れるつもりだった。値引きは可能に思えた。

マーカスとブランクのビジョンでは、新店舗の巨大なサイズ、幅広い品揃え、低価格を考慮すると、年間売上高は一店舗あたり七〇〇万から九〇〇万ドルにのぼり（ハンディ・ダンの店舗ごとの年間売上高の平均は三〇〇万ドルだった）、粗利益率は二九から三一パーセントと予想された（業界標準は四二から四七パーセント）。利益率の低さは、莫大な売上で補えるだろう。

量だけが売りではない。この新しい店の販売員は、レジを打つためだけにいるのではない。彼らは家のリフォームや修繕についての高度な訓練を受けているため、あらゆる質問に答えられる。大小にかかわらずどんな計画についても顧客を導く準備ができているのだ。

紙上ではいいことずくめに思われた。私は心からこの店を信じていた。マーカスとブランクに必要なのは一年間という時間だけだと思われた。一年かけて、アメリカについて学び、どこに一店舗目を出店するのか、理想の店にどこまで近づけられるのかを考えることだ。初期段階でベンチャーキャピタルに必要なのは、マーカスとブランクの給料と福利厚生費を払い、詳細なビジネスプランを立てるための二〇〇万ドルほどだろうと見積もった。

問題は、一九七八年五月という時期は、不景気だったということだ。ジミー・カーターが大統領で、国家の自信は揺らいでいた。金利は上昇し、エネルギー価格の高騰とインフレーションは手がつけられなくなっていた。冒険的な新規事業に対する信頼を獲得するのにベストな時期ではなかった。二〇〇万ドルをポンとだせる逆張り投資家が必要だった。

となると、ロス・ペローをおいて、誰がいる？

私はペローに会うため、マーカスを連れてEDSのダラス本社を訪れた。最初のミーティングはうまくいった。私がお膳立てをして、マーカスがいかにしてハンディ・ダンを素晴らしい会社に築きあげたのか、それなのにサンディ・シゴロフにお払い箱にされてしまった経緯について話した。ペローは例の大きなデスクの向こうに座り、熱心に耳を傾けていた。

次はマーカスが話をする番だった。立派なもので、ロス・ペローの成功とその貫禄に感銘を受け、ペローの協力を必要としていながらも、マーカスはずばりと物を言った。

「ロス、私はあなたと直接取引をするのでなければ、あなたと何もするつもりはありません。誰かを介して取引したくはないし、あなたの既成の組織の一員になるつもりもありません。何か問題があるときには、あなたに電話して、あなたと私でどう対処するか決めたいのです。大尉にも中尉にもなる気はない。そういうナンセンスなことには興味がありません。企業のゴタゴタに巻き込まれるなら、私はその一部になるつもりはないんです」

単刀直入な物言いは、まさにペローの好みだった。「私は率直な人間が好きだ。いいだろう、私ときみの間には誰も立たせない。約束しよう」と彼は言った。

すべてがスムーズに運んでいるかと思われた。この新規事業についてより深く掘り進め、ブランクをペローに紹介するため、二度目のミーティングを設定した。

そのミーティングには、第四の男も同席した。ペローの財務顧問を務める、テキサス・インスツルメンツのＣＦＯだったブライアン・スミスという人物だ。全員が握手を交わして席に着いた途端、ペローは声を張り上げた。

「さあ、どうする？　どうするんだ？」

「こうしましょう。あなたに二〇〇〇万ドルを出資してもらい、私たちはその二〇〇〇万ドルでアメリカについて学びます。そして、われわれのコンセプトをどこでなら形にできるかを検討する。理由がなんであれ、もしも一年後に実現にこぎつけられなかった場合、あなたは二〇〇万ドルの残りを受け取り、このふたりは職探しをします」

ペローはそれで問題なさそうだった。新会社を立ちあげて運営するときの、基本的な所有形態についても取り決めた。ペローが七〇パーセント、マーカスとブランクと彼らのチームが二五パーセント、インベムドが五パーセントを所有する予定だった。株式を公開するまでは、マーカスとブランクが会社に誰かを引き入れたいと思ったら、彼らの取り分はマーカスとブランクの二五パーセントからだすということで話はまとまった。可能性だけの話ではあるが、マーカスとブランクにとっては、実に寛大な取引だった。ベンチャーキャピタルの典型的な取引では、創設者は会社の一〇パーセントしか所有できないのだ。

いまのところは順調だった。このなかでただひとり、最初から懐疑的だったブライアン・スミスを除いては。スミスは非常に実際的な男で、新しい店のサービスや商品の品揃え、売上高がどんなに素晴らしくても、業界の標準が四四パーセントなのに、マーカスとブランクが二七・五パーセントの粗利益率（値入れ）でやっていけるはずがないと思っていた。サービスと品揃えと店舗のサイズによって、確実に大きな売上げが見込めるはずだと私がどんなに力説しても、ブライアン・スミスは首を振りつづけていた。

もうひとつ、ちょっとした問題があった。マーカスとブランクがペローの二〇〇万ドルをどんなに倹約して使おうとしているかの証明として、マーカスとブランクがハンディ・ダンでリースしていた車を新会社に引き継いで乗るつもりでいることを、私はペローに話した。

「アーサー、きみはどんな車に乗っているんだ?」とペローが尋ね、私は笑みを浮かべた。これでペローは、取引相手がどんなに倹約家か分かるだろう。

アーサー・ブランクは、一九七二年式のポンティアックだと答えた。素晴らしい。「バーニーは?」とペローは問いかけた。

バーニー・マーカスは、五年前から乗っていて走行距離が一六万キロを超えた、一九七三年式のキャデラックだと答えた。ところが、ペローは突然、眉を吊り上げた。

「キャデラック? キャデラックだと? うちの社員はシボレーに乗っている! キャデラックには乗らない!」

マーカスは私のほうを向き、「話せるかな?」と言った。

「もちろんだ」と私は答えた。

「ロス、会議室を使わせてもらえますか?」

マーカス、ブランク、私は会議室に入り、ドアを閉めた。それでもマーカスはヒソヒソ声で話した。

「ケニー、ペローはわれわれの会社の七〇パーセントを所有することになっているのに、中古のキャデラックのことで私を責めるのか? 他にどんなことで私のはらわたを煮えくりかえらせるつもりだろう? ここから出ていこう」

私はマーカスを見つめた。

「気は確かか? 彼は二〇〇〇万ドルを出資しようとしているんだぞ!」

だが、マーカスは真剣そのものだった。

「この男を過半数の株主にしたいとは思えない。本当のところ、彼をパートナーにするぐらいなら、餓死したほうがマシだ」

私は大きくひとつ息を吸った。ペローのオフィスに戻ると、私はいま起きたことをできる限り前向きな形で話そうとした。

「いいですか、ロス、私たちはみんな、置かれている状況について考えています。ブライアンはこの取引について、明らかに懸念を抱いています。二週間ほどじっくり検討してから、改めて戻ってきて、どうするか見極めることにしませんか」

「よかろう。戻ってきたければ、戻ってくればいい」とペローは言った。

私たちは戻らないだろうと分かっていた。ペローのオフィスの外でエレベーターを待っているとき、ブランクは意気消沈していた。「大変だ、これからどうすればいい、どうすればいいんだ？　私たちには金がない！」

「アーサー、こうするんだ。私が二〇〇万ドルを調達しよう。きみたちは会社の二五パーセントではなく、四五パーセントを所有することになる。投資家は五〇パーセント、私は五パーセントを所有する」と私は言った。

ブランクは仰天したようだ。

「そいつはペローとの取引よりもずっといいじゃないか」

「そうとも、アーサー。小売業では、物が売れないときは価格を下げる。私のビジネスでは、物が売れないときは価格を上げるんだ」

そんなわけで、私はニューヨークに戻り、資金調達に取りかかった。最初にアプローチしたのは、一株二五ドル五〇セントでサンディ・シゴロフに買い戻させた、ハンディ・ダンの株を大量保有していた個人投資家たちだ。彼らはこの最初の投資でずいぶん稼いでいた。私は彼らのもとを訪ね、持ちかけた。

「ハンディ・ダンではいい思いをしたでしょう。これから私たちは新会社を立ちあげますが、こちらはさらにうまくいきますよ」

当初の計画では、各五万ドルで四〇ユニットを売るつもりだった。各ユニットは、優先株と、普通株の買取権を保証するワラントで構成される。古い友人のフランク・ボーマンにも話を持ちかけた。ボーマンはいまではイースタン航空の執行副社長で取締役を務めていた（その翌年にはCEOに就任した）。彼はそれなりの給料を受け取っていたが、所有権はまったくなかった。私の新たな事業に五万ドル投資してほしいと頼むと、彼は金を借りなければならないと言った。いますぐ借金を申し込むか、あるいは盗むようにと私は話した。それぐらい、私はこの件に自信を持っていた。

ボーマンはマイアミのサウスイースト・バンクの理事を務めていたので早速融資を申し込んだが、借りられるのは最大でも二万五〇〇〇ドルだった。

「いいさ、フランク、一ユニットを半分に分けるから、きみは二万五〇〇〇ドル分のユニットを手に入れられる」と私は言った。

その二分の一ユニットは、私が懸命に売ろうとしてきたその他の株みたいに、やがては何百万ドルもの価値になった。ミッチ・ハートも最初に出資してくれたひとりで、初めから理事に名を連ねることになった。私自身も一〇万ドルを出資した。ハンディ・ダンの株を売って、かなりの大金を稼いでいたのだ。

取引全体をそんなふうに小分けにして売りさばいていったが、それはもう大変な苦労をした。それぞれ五万ドルを出資するよう説得したふたりの人物については、特に忘れられない。D・F・キング&カンパニーというニューヨークの代理権行使会社を所有している、ジョン・コーンウェルとアーティー・ロングだ。契約を結ぶ予定の日に、彼らは別々に訪ねてきて、それぞれ二万五〇〇〇ドルしか出資できないと言った。

「くそっ」と私は自分に向かってつぶやいた。取引全体で二〇〇万ドルすべてを調達することを前提としていたのだ。そこで、私はさらにふたりの人物に電話した。不動産開発業者のフレッド・デマティスと、EDSのトム・マルケスだ。ふたりともすでにそれぞれ五万ドルを出資していた。

「頼みがあるんだ。さらに二万五〇〇〇ドルずつ出資してもらえないだろうか？」

ふたりはイエスと言ってくれて、私は資金を調達することができた。

その年の夏のある日、マーカスがカリフォルニアから電話をしてきて、言った。

「ケニー、こっちに来てくれ。きみに会わせたい人がいるし、きみが見ておくべきものがあるんだ」

「ヒントをくれないか。それがなんなのか、そして誰なのか」

「私たちがやろうとしていることをしている人物だよ。私たちがやろうとしているのとまさに同じことを」

私は飛行機で向かった。ロサンゼルス国際空港にマーカスが迎えに来てくれて、私たちはロングビーチ空港の近くのレークウッドへ車を走らせた。マーカスが私に会わせたがっていたのはパット・ファラーという人物で、私に見せたいものというのは、ファラーの巨大な（一万二〇〇〇平方メートルの）店、ホームコだった。ばかでかい駐車場の先に、日射しを浴びて輝いている巨大な倉庫があった。私たちは車を駐めてなかに入った。

店に入って私が最初に目にしたものは、高さ六メートルはあろうかというコカコーラの缶の山だった。素晴らしい光景だったが、わけが分からなくもあった。私はマーカスに向かって言った。

「ここはホームセンターなのか、それともコカコーラを売っているのか？」

マーカスはにっこりした。

「いや、いや。ファラーはブランドを売っているんだ」

なるほど、これは興味深かった。この店に入った人間が最初に目にするものは、世界で最も有名なブランドのひとつの、度肝を抜くディスプレーというわけだ。うまい歓迎で、興味をそそり、偉大なブランドと連携することでこの店のイメージも向上していた。

この巨大な倉庫のなかは、ホーム・インプルーブメントの天国だった。商品が天井まで積み上げられている。店のなかで材木が売られている。フォークリフトが行き来して商品を載せたパレットを運んでいる。販売員はテニスシューズにカーキのショートパンツ、正面には家のシルエット、背中にはホームコのロゴが入った茶色いTシャツを着ていて、お客のひとりひとりに駆け寄って挨拶し、どんな商品を探しているのかと尋ねていた。お客の顔に浮かんだ笑みを見れば、販売戦略が大成功しているのだと分かった。

この店はファラーの本社でもあった。マーカスと私は中二階に上がり、取締役のオフィスへ通じる長い廊下を進んだ。通路沿いには書類でいっぱいになった青いプラスチック製の牛乳箱がずらりと並んでいて、書類の山を抱えた若い女性が、非常にすばやい動きで次から次へと、牛乳箱のなかにさらに書類を突っ込んでいった。私は彼女の動作のすばやさに感心した。書類を一枚一枚見もせずに、あっちこっちの箱に放り込んでいくのだ。

「すみません、教えてほしいんですが。あなたは何をしているんですか？」と私は尋ねた。

「ああ、これは仕入れ先からの送り状です。それを整理しています」

「どこに入れるのか、どうして分かるのですか？」

「入れるスペースのある場所に突っ込んでいるだけです」と彼女は説明した。

「おいおい、ファラーは困ったことになるぞ」と私はマーカスに言った。

「そうだな」と彼は答えた。

オフィスに入ると、そこにパット・ファラーがいた。自然児で、エネルギーに満ちあふれていて、壁にぶつかっても跳ね返りそうな雰囲気だった。大柄でがっしりしたアイルランド人で、アフロヘアーに青いレジャースーツ、シャツのボタンをへそまであけて、ゴールドのチェーンネックレスを胸まで垂らしている。魅力的で、刺激的で、イカれていた。ボールが跳ねるように上下に揺れながら、はち切れんばかりに詰まったアイデアを、なんの脈絡もなくベラベラしゃべりまくっていた。

彼の店が証明しているように、この男は小売りの天才だった。そして彼のファイリングシステムが証明しているように、ビジネスマンではなかった。彼はペンキ一缶の利益率も知らなかった。ホームコは大金を稼いでいたが、仕入れ先に借金の山があり、ほとんど返済していなかった。これから六カ月以内に、パット・ファラーは事業および個人破産を申請することになる。

マーカスは私に言った。「私たちにはこの男が必要だ。絶対に」

「賛成だ」と私は答えた。私たちが彼に求めているのは、財政的な鋭さではない。求めているのは、彼のマーケティングとマーチャンダイジングの才能だ。

マーカスと私はパットを口説き、彼はアイデアの詰まった頭を持ってわれわれに加わることに同意した。私たちはチームを組んだ。


一九七九年六月には最初の四店舗（すべてアトランタにある）の開店準備ができており、資金がもっと必要だった。マーカスにはロサンゼルスのセキュリティ・パシフィック・バンクに友人がいた。ハンディ・ダンの銀行家だった男で、名前はリップ・フレミング。マーカスはフレミングに会いに行ったが、融資を断られた。だが、マーカスがビジネスプランの書面を見せると、最終的にフレミングはこう言った。

「三〇〇万ドルまで貸し付けよう、だが担保が必要だ」

担保、担保……ある午後、マーカスとブランクと私は、センチュリー・プラザ・ホテルのバーにいた。私は彼らの抱える問題に耳を傾けながら、カクテルナプキンに落書きをしていた。と、私はいくつかの計算を書き、言った。「よし、こうしよう」

私が思いついたのは、最初の投資者のもとへもう一度戻り、彼らにそれぞれの銀行に行ってもらい、信用状を発行してもらうという案だった。例えば、最初に五万ドルを投資していた人は同額の信用状を発行する。そうすれば、後日それで会社の株式を五万ドル分購入するワラントを手に入れることができる。この融資が焦げついたら、投資者はセキュリティ・パシフィック・バンクに五万ドルを支払わなければならない。

だが、不良債権にはならないはずだと、私には分かっていた。そして、この新規事業に対する私の絶対的な自信が、投資者を後押しした。

これで新規事業に必要なのは、名前だけになった。

命名は幸先よくはいかなかった。最初に出たアイデアは〝MBの倉庫〟で、誰も気に入らなかった。次に、マーカスとブランクが雇ったトロントのコンサルタントがひどい案を思いついた。〝バッド・バーニーズ・ビルドール〟。店名だけじゃない。それがマーケティング全体のコンセプトになっていた。店の広告には、ストライプの囚人服を着たマーカスが檻のなかにいるイラストに添えて、「商品が安すぎるせいで、牢屋に入れられちゃった！」と書かれていた。

銀行家のリップ・フレミングが、その案を拒絶した。助かった。

ある晩、エレインと私が、よき友人（かつ最初の投資者）のマージョリーとウォルター・バックリー夫妻とディナーを共にしていたときのこと、私は生まれたばかりのホームセンターの名前を考えるのに苦労しているとぼやいた。彼らは話を聞き、同情してくれた。言葉の才能に恵まれているマージョリーは、どうやら頭をひねってくれているようだった。バックリー夫妻はペンシルベニア州ベスレヘムに住んでいて、その夜ふたりは車で自宅に帰った。

翌朝、ウォルターから電話があった。

「ベスレヘムに車で戻っているとき、古い駅に建てられたレストランが見えたんだ。〈メイン・ストリート・デポ〉という名前だった。するとマージョリーが、〝お店の名前を〈ホーム・デポ〉にしたらどうかしら?〟って。いいと思わないか?」

なるほど、それはいい。

ホーム・デポの滑り出しは好調とは言えなかった。最初はキャッシュが乏しかったため、開店予定の四店舗のうち二店舗しかオープンさせられず、その二店舗も商品でいっぱいにするにはほど遠かった。納入業者のひとつ、蛇口メーカーのプライス・フィスターは、無制限の信用買いを認めてくれたが、その他の仕入れ先はそこまで寛大ではなかった。からっぽの棚が延々と並んでいたら、顧客の信頼は得られないだろう。と、パット・ファラーがすごいことを思いついた。彼は仕入れ先に行き、箱――箱だけ――をくれないかと頼んだ。表に商品名が記載されていて、中身はからっぽの箱で、あいている棚を埋めるのだ。店に入ってきたお客は、商品がいっぱい並んでいるのを見て、繁盛店だと思うだろう。

初めのうち、マーカスはお客を呼べるか心配するあまり、二店舗を行ったり来たりしては、店の外に立って、入っていくお客みんなに紙幣を配っていた。

一九七九年の開店時にはこうしたちょっとした問題もあったが、アトランタの二店舗は徐々にうまくいきはじめ、残りの二店舗もオープンさせることができ、こちらも大いに成功した。四店舗が黒字経営となり、一九八一年九月には株式公開を決めた。ジョージアの外にも店を展開するときが来た。私たちはフロリダに目をつけていた。店をさらに開くとなると、資金が必要だ。

私はドレクセル、メリルリンチ、ベアー・スターンズという代表的機関投資家のもとを訪れた。ドレクセルには即座に断られた。ベアー・スターンズとは付き合いがあったが、彼らも躊躇していた。嘘ではなくメリルリンチが興味を持っていることを伝えるまで、ベアー・スターンズは一〇セントたりともだそうとしなかった（結局メリルリンチは抜けた）。私はついに、六〇〇万ドルの株式公開の引受をベアー・スターンズに認めさせた。そして、その半分の額で、最初の投資者の優先株を買い戻すつもりだった。残りの半分は、ホーム・デポの事業運営に充てる。

しかし、リスクを伴う時期だった。景気は後退していた。相場は大荒れだった。ロナルド・レーガンが大統領に就任したばかりだったが、レーガノミクスの魔法はまだ効いていなかった。インフレションはいまだ天井知らずだ。ポール・ボルカーと連邦政府は金利を引き上げていた。取引を完了させる前の週に、六〇〇万ドルのうち三〇〇万ドルしか注文が入っていないとベアー・スターンズから聞かされた。優先株を買い戻せるだけの資金が調達できないということだ。

今回、カクテルナプキンはなかったが、私はまた別のことを思いついた。最初の投資者たちのもとへ戻り、言ったのだ。

「いいですか。これはシンプルな決断です。この引受が実現しなければ、前に進むために必要な資金が手に入りません。となると、資金をさらに追加しなければ、これ以上ホーム・デポは増やせません」

誰もこれ以上、現金をだしたがらなかった。だが、そうなるのは織り込み済みだ。私の考えは、投資者の優先株を公開される普通株に換えさせて、ＩＰＯのための現金を作るというものだった。優先株を現金に換えるのではなく、彼らはそれを会社に預け直したのである。その後、彼らがその決断を後悔しなかったことは、言うまでもない。

これでベアー・スターンズは、六〇〇万ドルの満額でＩＰＯを売りだすことができた。

この一連のプロセスにおいて私が誇れることがあるとすれば、それは、「厳しい試練のときこそ、ただ受け身になるのではなく、決して諦めずにクリエイティブに考えた」ことだ。このやり方を強くお勧めしたい。神に与えられたレモンではなくレモネードを、それにずっと不味いものの代わりにチキンサラダを味わえるようになる。

第7章 オフィスに男がやってきた……

GUY WALKS INTO MY OFFICE ...

一九七八年になる頃、わが友人（インベムド投資銀行の最初の顧客でもある）のゲイリー・アールバウムは、フィラデルフィアに拠点を置く彼のホーム・インプルーブメントのチェーン店、パネルラマに明るい未来はないという結論を下していた。当時の景気は悲惨で、出口がないように思われた。「ゲイリー、ここまでだ。私たちがやるべきことは、きみのビジネスをできるだけ多くの金に換えて、それを投資する先を探すことだ」と私は言った。アールバウムは同意した。私は彼が会社を清算するのを手伝い、最終的に一五〇〇万ドルに引き換えた。

それからさほどたたないある日、友人のジョー・ディマルティーノから電話をもらった。ジョーはドレフュス・コーポレーションの最高級幹部のひとりだ。シアーソン（のちのシアーソン・ヘイデン・ストーン）の知り合いのブローカーが、ある顧客の発明品への投資者を探すため、その人物を彼のもとに寄越したのだが、ディマルティーノの話だと、その男が何を言っているのかさっぱり分からなかったのだそうだ。「彼に会ってみるか?」とディマルティーノは聞いた。

「ぜひ会わせてもらいましょう。彼を寄越してください」と私は答えた。

その男はゴードン・グールドという名前だった。グールドがオフィスに入ってくると、私は目を疑った。まるでマッド・サイエンティストだ。ボサボサの頭。だらしない身なり。ポケットから飛びだしたワイヤー。四〇本ほどの鉛筆を入れたポケットプロテクター。ぼくは重大な装置を発明して、その技術の一部には政府から特許を与えられたけど、残りの特許を取得するために法廷で争う金がないんです、と彼は話した。アイ・ハブ・ア・ドリーム財団とやらを創設したユージーン・ラングという男が、彼にいくらか資金を提供し、力になると約束したのだが、何もしてくれなかったらしい。そうこうする間に、多数の企業がグールドのアイデアを利用し、あちこちで盗用していた。

「で、きみは何を発明したんだ?」と私は尋ねた。

「レーザーを発明しました」と彼は答えた。

「ばかを言え。きみは私と同じ問題を抱えているようだ」

「なんのことです?」

「実は、私は車を発明したんだが、やはり特許を取らせてもらえないんだよ」と私は話した。

「嘘じゃないんだ!　ニュージャージーにある特許法律事務所がすべての手続きをしました。確認してください」

あまりにも奇妙だったので、追跡調査せざるを得なかった。すると、ニュージャージーの特許法律事務所は、たしかにこの男が光ポンピングとガス放電レーザー（前者は光を動力とし、後者は気体媒体の放電を動力とする）を発明したのだと話した。グールドは一九五〇年代後半に初めて特許を申請したが、取得できなくて幸いだった。その時点では、レーザーの実用的な使い途がまったくなかったため、グールドが儲けられる前に特許が切れていただろうから。時代の先取りというやつだ。

私はさらに何本か電話をかけると、自分に言いきかせた。

「おいおい、すごいぞ。残りの特許も取得できれば、ビジネスになりそうな話じゃないか」

ゲイリー・アールバウムにそのことを話すと、彼は関心を示した。そこで、私たちはパネルラマを清算した収入を元手に、特許訴訟《パテント・リティゲーション》にちなんで名づけた、パトレックスという持ち株会社を創設した。この事業の資金をグールドの特許実施と、追加の特許取得に充てるつもりだった。絵空事のような計画ではあったが、私は無茶苦茶ながらもうまくいくんじゃないかと思っていた。

私はこの会社のあまりに大きな割合を所有していたので、自分でこの取引をすることができず、また、有力な投資銀行はやろうとしないだろうと分かっていた。だから私は、Ｄ・Ｈ・ブレアという会社を経営しているＪ・モートン・デービスという男を見つけた。この会社は、極めて投機的な企業の引受をしていた。モートン・デービスは頑張ってくれた。ロス・ペローの銀行家である私と関わることに奮い立ち、私たちのために資金調達をしてくれた。だが、市場への売り方があまりにまずかったので、次の日には私が顧客のためにすべての株を買い戻すはめになった。

特許の訴訟を起こして数年が過ぎた。時は一九八〇年代半ば。そして、一九八六年に、私たちはふたつの重要な法廷での争いに勝ち、一九八七年の終わりには、全米で製造されたレーザー装置の大多数の特許権を保有していた。じきに私たちは、コダック、クライスラー、エバレディ、ユニオンカーバイドといった企業とライセンス契約を結ぶようになる。

私たちは二本柱の作戦を立てていた。まずは、パトレックスの対外的な顔となるのにふさわしい人物を見つけること。折よく、ちょうどこの頃にフランク・ボーマンがイースタン航空を退職していた。私は彼のもとを訪ねて言った。

「フランク、もしこの会社を引き受けてくれるなら、アメリカ中のどこに本社を置いても構わないよ」

ボーマンはニューメキシコのラスクルーセスに住みたがったので、特許権と共にこの会社を彼に預け、パトレックスはあちこちで年間ライセンス契約を結びつづけた。

この計画の二本目の柱は、これらの契約を極めて低価格で結ぶというものだった。一契約につき、年額で五、六万ドル。こうした大企業を相手に多額の契約料を要求すれば、相手はこの特許に異議を申し立てるかもしれないからだ。向こうには豊富な資金と法律の情報源がある。どこかの法廷に「特許局がなんと言おうと知ったことじゃない。この特許は認めない」と言わせることもできるかもしれないのだ。

しかし、私たちはいたって妥当な金額を設定していたので、そんなことには決してならなかった。私たちは二〇〇から三〇〇のライセンス契約を取ってきて、パトレックスに年間で一〇〇〇万～一一〇〇万ドルをもたらしていた。非常に大きなキャッシュフローだった。ゴードン・グールドも取り分を受け取った。何もしなかったジーン・ラングも取り分を受け取った。ゲイリー・アールバウムも、私も取り分を受け取った。

それで話は終わらなかった。

それから二年ほどして、私はサブプライム層（信用度の低い借り手）のための自動車金融会社を始めたという男から電話をもらった。この会社を買うことに興味は？　私は興味があった。私たちはこの事業を買収し、オートファイナンス・グループと名前を変え、パトレックスに組み込んだ。

メルセデス・ベンツ・クレジットからアル・スタインハウスという男を引っぱってきて、オートファイナンスの経営を任せると、彼は堅調なビジネスを築いた。私たちはサブプライム・ファイナンス企業の先駆けとなり、やり方を心得ていた。借り手の審査と支払いの回収には細心の注意を払う。私たちはこの貸し付けをウォール街に持っていき、ウォール街は貸し付け債権を販売した。新たな収益の流れだ。一級の事業運営であり、私たちは大金を稼いだ。

成功は注目を集める。一九九五年に、クリーブランドのキーコープの社長でCEOのボブ・ガレスピーから連絡があり、オートファイナンスの買収に興味を持っていると言われた。素晴らしい。私は彼に、会社と引き換えにする希望の条件を伝え、ガレスピー側もオファーを提示した。私たちの意見には大きな開きがあり、どちらも譲ろうとしなかった。

そこで、私はボブ・ガレスピーに会いにクリーブランドを訪れた。彼はディナーの席で、銀行法によって、キーコープがレーザーの特許事業を保有することはできないのだと話した。

「待てよ。考えがある。きみが自動車サブプライム事業を手に入れて、レーザーの特許事業をこちらに返してくれたら、それぞれの株主に比例した持ち分を与えよう。私たちは新会社を設立し、特許事業をそちらに組み込む」

それがまさに私たちのしたことだった。オートファイナンスをガレスピーに六億ドルで売却し（株式交換取引で、キーコープの株式による支払いを受けた）、レーザーの特許事業は保有した。これで自動車金融事業を始める前の状態に戻った。というわけで、私はパトレックスと関係のありそうな事業を探していた。このキャッシュフローはライセンス契約によるものだが、それは永遠には続かないのだ。特許は二〇〇三年に切れる予定だった。突然、レーザーの申請が急増した。どこを見ても、レーザー技術が使われている。レーザーポインター、CDやDVDプレーヤー、手術、工業製品の切断、兵器システム。

挫折の話をしたのを覚えているだろうか？　嗅覚に従うという話を？

我慢して私の話にお付き合い願いたい。

ＥＤＳの創設者で、私をロス・ペローに紹介してくれた、ジャック・ハイトを思いだしてほしい。ある日、ハイトが私に会いに来て、こう言った。

「フロリダにデータベース・テクノロジーズという会社があるんだ。自動車登録、国勢データ、逮捕歴、他にも色々なことを調べるのに、コンピュータ・クラスターを利用している。このテクノロジーを車に搭載している警官は、スピード違反者を追跡しているとしたら、プレートナンバーを入力すれば、相手のことが何もかも分かるんだ。車の所有者は誰か、住所はどこか、銃の携行許可は取っているかなどなど、なんでも。車を道路の端に停止させる前に、すべての情報が手に入る」

データベース・テクノロジーズを設立したのは、ハンク・アッシャーという男だった。アッシャーに対してデューデリジェンスを行うと、ずいぶん危なっかしい男だと分かった。どうやら、一九八〇年代初めにはカリブ海で麻薬の密売を行っていて、その後は麻薬取締局に協力して麻薬の運び屋を捜しだしていたらしい。アッシャーは漁夫の利を得ているのではないかと疑われていた。

私はハイトに電話した。「ジャック、このアッシャーという男だが、悪人じゃないか」

「分かってる、分かってるよ。だが、彼のテクノロジーは素晴らしいんだ。とにかく会ってみてくれないか」

ゲイリー・アールバウムと私はフロリダへ行き、ハンク・アッシャーに会った。聞きしに勝る男だった。何から何までうさんくさく、調子がよかった。だが、そのテクノロジーはたしかに素晴らしかった。私たちはデータベース・テクノロジーズの社名を残して、この会社とパトレックスを合併し、ニューヨーク証券取引所に上場した。そして一九九九年に、ハンク・アッシャーを解雇した。

二〇〇〇年、チョイスポイントというデータ集計会社を経営していて、データベース・テクノロジーズの買収に興味を持っているデレク・スミスという男から電話をもらった。チョイスポイントの前身は――心の準備はいいかな？――他ならぬリテール・クレジット社だった。保険の申請や職探しをしている人々について偽りの経歴をでっち上げたことで、一九五七年に私がクビになった、あの会社だ。あれから四三年後の二〇〇〇年に、私たちはチョイスポイントの持ち株三〇パーセントと引き換えに、データベース・テクノロジーズをデレク・スミスに売却した。その八年後、二〇〇八年の秋に、リード・エルゼビアがチョイスポイントを四三億ドルで買収し、賢明にもチョイスポイントの株を保有しつづけていたデータベース・テクノロジーズの元出資者たちは、この取引から思いがけない大金を手に入れた。インベムドと私は、合わせて一億ドルをキャッシュで手に入れることになった。
ビジネスにおいては、情けは人のためならず、ということがあるのだ。

ぴったりの例がある。ピッツバーグ・ナショナル・バンクで、私をいたぶるドク・ドレルズに加勢していた、あのマッシュルームカットの間抜けそうな若造をご記憶だろうか？　一九七七年には、スタンリー・ドラッケンミラーは管理職見習いに過ぎなかったが、とびきり頭が切れて、ドレルズの下で学ぶことでさらに賢くなった。彼はピッツバーグ・ナショナルの投資調査部長になり、私はすぐにドレルズと同じくドラッケンミラーのもとも訪ねていくようになった。私たちは親しい友人になった。数年後には、私とエレインは彼の末娘であるテスの教父母になってくれと頼まれたぐらいだ。ドラッケンミラーはピッツバーグ・ナショナル・バンク在職中にプライオリティというヘッジファンドを始めて、一九八一年には銀行を退職し、一〇〇万ドルにも満たない資産を元手に資産運用会社のデュケーヌ・キャピタルを立ちあげた。ドラッケンミラーはすぐさま成功した。

一九八五年の夏、ドラッケンミラーが電話してきて、話があると言った。彼がこっちに出てきて、私たちはウォルドルフ・アストリアで朝食をとった。ドレフュス・コーポレーションの会長兼ＣＥＯのハワード・スタインから、オープンエンド型投資信託、ドレフュス・ファンドのポートフォリオ・マネージャーの仕事をオファーされたんだ、とスタンリーは話した。契約の一部として、ぼくが自身のヘッジファンドの運営を続けることも、スタインは認めようとしている。どう思う？

「まいったな、いいことずくめじゃないか、スタンリー。引き受けるといい」と私は言った。

一九八〇年代初め、私はドラッケンミラーから、彼のヘッジファンドに資産を預けるつもりはないかと聞かれた。その頃には、イーライリリーの株とホーム・デポの株のおかげで金持ちになった気がしはじめていた私は、スタンリーに二五万ドルを預けた。

その二五万ドルがいくらになったか、教えるつもりはない。プライオリティを始めて四〇年近くの間、スタンリー・ドラッケンミラーは一年たりとも下落の年を迎えたことはない。

一九九二年のロス・ペローの大統領選についても、ついでに少しだけ話しておこう。あのとき、私はもう少しでアメリカの歴史を変えるところだった。〝もう少しで〟という点に注目してもらいたい。出馬を決めると、ペローは私に電話してきて、力を貸してほしいと言った。当時の『USAトゥデー』には、ペローが勝てば、私が財務長官に要請されるかもしれないと推測する記事まで出た。その記事のなかで、ペローのこんな言葉が引用されている。「ケンは、求められれば政府のどんな地位でも立派に務めるだろう」。最高の褒め言葉だ。

覚えているかもしれないが、ペローは選挙戦の資金を自ら調達した。私はメディア対策アドバイザーを務め、『ラリー・キング・ライブ』、『クロスファイア』(当時はほとんどがCNNだった。『FOXニュース』はまだ始まっていなかった)など、さまざまなテレビ番組に出演することで彼に協力した。テレビ放送される大統領候補討論会の後、楽屋で記者たちと雑談するのも私の役目のひとつだった。

一九九二年一〇月一九日、ミシガン州イーストランシングで行われた最終討論会の後、ペローは飛行機でダラスに戻らなければならず、彼の娘のスーザンと夫のパトリック・マギーを、私の飛行機に乗せてニューヨークへ戻ってくれないかと頼んできた。

「もちろんです。でも、その前に『ラリー・キング・ライブ』に出ないと」

ペローはそれで構わないと言った。

というわけで、私は『ラリー・キング・ライブ』に出演した。セットを離れようとしているとき、ある記者が近づいてきて、ついさっき、ジム・ベイカー（現職大統領であるジョージ・ブッシュの首席補佐官、ジェイムズ・ベイカー）がペローのスイートに入っていくのを見たと言った。どういうことなのか、思い当たる節は？

「見当も付かない」と私は答えた。

「ブッシュがペローと取引しようとしているということはないですか？」と記者は尋ねた。選挙戦終盤のその時点でブッシュの支持率は低迷しており、ビル・クリントンは人々が思っているよりもずっと効果的な選挙活動を繰り広げていることが明らかだった。選挙は熾烈な戦いになりそうだった。

見当も付かない、と私は正直に繰り返した。

スーザン、パトリック・マギー、エレイン、私が飛行機に乗り込むと、私はペローの娘にそのことを尋ねた。

「スーザン、ジム・ベイカーがきみのお父上のスイートに入っていった。ある記者にそのことを聞かれたんだ。どういうことなのか、何か知らないか？」

スーザンは首を振った。「何も知りません」と彼女は言い、本当に知らないのだと私には分かった。

翌日、ニューヨークに戻った私は、東四六丁目にある老舗のステーキハウス、〈クライスト・セラ〉でランチを取ろうと歩いているとき、ハンマーで殴られたみたいに思い至った。「なんてこった。ロスとブッシュが同盟を組む方法を思いついたら、われわれが勝てるぞ！」と私は思った。そこで、〈クライスト・セラ〉の公衆電話を使って、ペンシルベニア州の共和党上院議員、アーレン・スペクターに連絡を取った。スペクター自身も熾烈な戦いを繰り広げていた。カンザス州選出の上院議員で共和党代表である盟友ボブ・ドールと、ペンシルベニア州で遊説を行っていた。

「アーレン、ホワイトハウスに連絡を取る必要があるかもしれない。考えがあるんだ」

考えとは何か、とスペクターは尋ねた。

「まだ誰にも話していないことだ。私の頭のなかにしかない。だが、ペローを大統領選から降りさせて、ブッシュを支持すれば、勝算があるかもしれない」

スペクターは支離滅裂なことを言った。ドールに話すと、ふたりはそれをやり遂げようと興奮して大騒ぎした。スペクターは私に電話をかけ直してきて、自分に何ができるかと聞いた。

「私が話をできそうな、ブッシュ陣営の上のほうの人間を教えてほしい。この話は断じて漏らすわけにはいかないから」

スペクターは同意した。

さて、私はこの件について、ペローにまだ何も話していなかった。何ひとつ。スペクター、ドール、私の間で話しただけだ。次に、私はホワイトハウスのジム・ベイカーに電話するようにと連絡を受けた。私はベイカーに連絡を取った。すると、ベイカーは言った。

「もう本人には話したのか？」

「誰にも話していません」と私は答えた。私はペローがブッシュにとっていかに役立つか、あれこれ考えていた。ペローの選挙活動の主な争点は、経済と国債の増加だった。これらの問題を繰り返し訴えていた。私はベイカーに何か意義のあることを言いたかったが、それと同時に、大統領候補者は支持への見返りとして閣僚の職を提供することができないのも分かっていた。法に反する行為だ。ウインクやまばたきはできても、はっきり口にだしたら、まずいことになる。

そこで、私はベイカーにこう言った。

「もしも大統領が、財務省や商務省、経済諮問委員会や労働省、経済に関連するあらゆる省の官職についてペローの意見を聞くつもりであれば、そうするように彼を説得できるかもしれない」

「オーケー、確かめてみてくれ」とベイカーは言った。

「いいですか、ベイカー国務長官。私はまだ本人に話をしていないんです。飛行機で会いに行きたいところだが、そんな時間はないかもしれない。ペローに会うか、電話で話すかしたら、また連絡します。だが、この話はくれぐれも内密に」

「分かった」

ところで、あの討論会の後、ベイカーがペローのスイートを訪れた理由が、ついに分かった。湾岸戦争が始まる前の駐イラク大使は、エイプリル・グラスピーという女性で、アメリカがイラクのクウェート侵攻を容認することを目配せしたと噂されていた。その夜の討論会で、グラスピーがクウェートについてイラクに何を伝えたのか、ジョージ・ブッシュはすべてを話すべきだ――それがなんであれ、アメリカ国民には知る権利がある、とペローは言っていた。それでベイカーは討論会の後でペローの部屋に行き、「ロス、これ以上話すことは何もない。われわれは世界にすべて話した。目配せなどなかった」と言ったのだ。ベイカーがペローの部屋を訪れたのは、それがすべての目的だった。

私はペローに電話したが、彼はインタビューか何かを受けている最中だった。しばらくして、彼は折り返し電話をしてきた。

「どうした？」

「ロス、お願いがあります。理にかなっているのか分からないが、思いついたことがあって、あなたにも考えてみてほしいんです」

「いいだろう、聞かせてもらおう」

「この選挙はクリントンが勝ちそうに思えます。それで、ブッシュを支持しようと考えたことは？　彼と彼のチームは受け入れるんじゃないかという気がしているんですが」

「あの連中は信用できない」とペローは言った。

「どういう意味です？」

「つい三〇分前に、ゴールドマン・サックスの人間から電話があって、同じ質問をされた」

「なんだって？」

「そう、ゴールドマン・サックスの何者かが電話してきて、ブッシュ陣営から申し入れを受けたか、その気はあるのかと聞かれたんだ」

「ああ、まずい」

「ケン、あの連中は信用できない」とペローは繰り返し、話はそれで終わった。ブッシュ陣営と話をすればこの選挙戦から離脱しようとしているのだとリークされ、そのまま選挙戦にとどまったとしたら大きな痛手を負うことになると、ペローは強く感じていた。

ゴールドマン・サックスの男というのは、ベイカーが財務長官を務めていたときに、彼の下で働いていた人間だと分かった。ベイカーは私が何者なのか、まったく知らなかったのだ。私がペローにこんなふうに近づけるとは思っていなかったのだろう。だからその男に、「ペローの腹を探ってみてくれ」と言ったのだ。

これはつまり、ジム・ベイカーのおかげではなく、私からペローへの電話によって、図らずもすべてがおじゃんになったということだ。

数年後、フランク・ボーマンにゲストとして招かれたボヘミアン・グローブの集まりで、私はベイカーに会った。

「あの話をまとめられなかったのは、まったく残念だったな」と彼は言った。

私はゲストとして来ていたので、いたって礼儀正しく振る舞った。だが、心のなかではこう言っていた。

「この間抜けめ、私たちがあの話をまとめられなかったのは、あんたがあんなことをして、話をまとめるチャンスを台無しにしたからだろうが」

もしもベイカーがあの話を漏らしていなければ、私はきっとペローを説得できていたはずだ。そして、もしもロス・ペローがジョージ・H・W・ブッシュを支持していれば、ブッシュはきっとクリントンを破っていたはずだ。

郷愁に耽ることにはあまり興味がない。昨日まとめた取引よりも、角を曲がった先に待っている取引のほうが、ずっとわくわくさせられる。これは私の人生すべてについて言えることだ。例えば、バックネル大学での日々について、温かい気持ちは抱いているが、こうした感情は、愚かな若者だった頃に自分がしたことよりも、母校が私に与えてくれた素晴らしいものに深く関係している。

だから、私はお返しをしている。バックネル大学には大きな恩義をずっと感じていて、時間と金の両方を惜しみなく費やしてきた。それだけの価値がある。

長い間、NYUビジネススクールに対しては、それとは違った思いを抱いていた。私が通っていたのは夜間講座だけで、思い出といったら、授業に出席するために建物から建物へと移動のため走り回っていたことや、冬に寒い教室で凍えていたことや、夏に暑い教室で汗だくになっていたこと、そしてMBAを取得するのに必要な履修単位を苦労しながら組み立てていたことぐらいだ。この学校に対して、愛校心というものはまったく感じていなかった。実のところ、一九六〇年に卒業した後は、この学校とは完全に縁が切れていたのだが、一九八〇年代初めになってから、ディック・ウエストという名の学部長から連絡があり、寄付を求められた。もっともだ、と私は思った。前に話した、アッピ－ボーゲン・ファカルティー・ラウンジの寄付というささやかな贈り物をしたのは、そのときだ。

ウエストが退任すると、ジョージ・ダリーという男が後任になったが、彼はもっと積極的に実務に携わるリーダーだった。ある日、ダリーはインベムドに私を訪ねてきた。私は彼に、あの学校の夜間講座にどれほど感謝しているか伝えたが、学校の先行きを心配していると話した。ＮＹＵのロースクールはかつては夜間講座を開いていたのに、学校の威信を損なう懸念があるからと終了していた。同じような考え方によって、ビジネススクールの夜間講座もなくなってしまうのではないかと心配だ、と私は声をあげた。

そんなことにはならない、とダリーは言った。「うちは定時制の講座で有名なのだから」と。

そして彼は、学校の進展を支援するために、大きな贈り物をする気はないかと聞いてきた。その時点で、ホーム・デポは軌道に乗って、積極的に展開していた。インベムドは順調だった。私は裕福になったとちょうど感じはじめていた頃だった。だから、ジョージ・ダリーにイエスと返事をした。ビジネススクールに一〇〇〇万ドルを寄付すると、彼らは夜間講座を〝社会人のためのランゴーンＭＢＡ〟と改名した。私にちなんだ名前を付けたのは、学校が思いついたことで、私の案ではない。

次に、アドバイザリーの権限だけを有する組織、監督委員会に加わることを求められた。卓越したエコノミストで、ソロモン・ブラザーズのパートナー、そしてよき友人でもあるヘンリー・カウフマンが委員長を務めていた。私は謹んで委員に加わり、一九八〇年代から一九九〇年代まで務めた。その間に、同窓生であるレナード・スターンからの三〇〇〇万ドルの寄付のおかげでビジネススクールの全日制講座は発展し、ビジネス専攻の学部学生とＭＢＡ取得希望者の両方を含むようになった。

一九九九年、ジョージ・ダリーとヘンリー・カウフマンが訪ねて来て、いまではニューヨーク大学スターン・スクール・オブ・ビジネスとなった学校の監督委員会で、カウフマンの後任として委員長を務める気がないか打診した。

「名誉なことでありがたいが、やりたがっている人間にやらせるべきだ。そういう人にやらせてあげればいい。私は現状で満足しているよ」と私は答え、話は終わった。

さて、奇妙なことに、その数日後、マーティ・リプトンから電話をもらった。ワクテル・リプトン・ローゼン・アンド・カッツの共同設立者であるリプトンは、友人として、相談相手として、法律家として、私の人生において非常に重要な存在となっている。仕事でピンチに陥ったり、挑戦したりするとき、リプトンはいつも私についていてくれた。リプトンは一九九八年に、NYUの評議会の議長になっていた。そしていま、彼はNYUの学長であるジェイ・オリーバと一緒に会いに行っていいかと電話で尋ねてきた。構わないよ、と私は返事した。

リプトンとオリーバがやって来て、オフィスに座り、学校が抱えている問題をくどくどと説明しはじめた。学校がこうだ、学校があぁだ。私は耳を傾け、抜け目なくうなずいていたが、彼らの話がちっともしっくりこないことにふと気づいた。

「マーティ、きみたちが話しているのは、ビジネススクールのことか？」

「いや、違うよ。メディカルスクールの話だ」

NYUにメディカルスクールがあるなんて、誰が知っているのか？

「そのメディカルスクールというのは、いったいどこにあるんだ？」

「ダウンタウンのイーストサイドだよ。本当に厄介な問題を抱えているんだ。わが校の病院をマウントサイナイ病院と併合したばかりなんだが、両者がかなりの悪感情を抱いていてね」

ビジネスの観点からすると、この施設は危機的状況にあった。NYUメディカルスクールは一七五年ほどの歴史を持つが、大学全体が財政的に苦境で、メディカルスクールは金《かね》くい虫だった。それが併合に至った理由だが、この併合は悪夢だった。NYUの医師たちは、メディカルスクールを建てるなら、生徒に教える場として病院も建てるべきだと考えていた。しかし、病院を管理できていなければ、教え方も管理できない。この医師たちは、マウントサイナイに飲み込まれてしまうことを深刻に危惧していた。そして彼らの新しいボスは、マウントサイナイのトップなのだ！　彼らの士気は著しく低下していた。

「私に何ができる？」と私は問いかけた。

「きみに理事長になってもらいたい」とリプトンは言った。

私は彼を見つめた。リプトンは真剣だ。私はしばし考え込んだ。それは一九九九年の初めだった。私はじきに六四歳になる。ホーム・デポはかつてないほど成功している。創設に協力するという役目を果たしたことで、私は夢にも思わなかったほどの大金を稼いでいた。あと数年で、私はこの会社を離れることになるだろうし、この幸運を善いことのために使いたい。NYUメディカルスクールの理事長になるとすれば、必死に働かなければならないだろうが、私は必死に働くのが好きだし、そのための時間もある。唯一の問題は、どんなことを伴う仕事なのか、さっぱり分かっていないことだ。

「マーティ、こうしようと思うんだ。私はじっくり時間をかけてこのことを調べてみるが、いまは返事をするつもりはない」

私は当時の理事長、ヘンリー・シルバーマンに話を聞きに行った。未公開株投資家でセンダントの創立者であるシルバーマンは、対処しなければならない自身の問題に手を焼いていた。主にホテルチェーンを所有しているセンダントと、CUCというダイレクトマーケティング会社を合併させたばかりだったが、合併前にCUCが粉飾決算を行っていたことが判明したのだ。CUCの創立者たちは刑務所送りになった。

「いいかね、私は自分の会社を立て直そうとしているが、NYUメディカルセンターも深刻な問題を抱えている。一度にどちらも修復することはできない」

ふと、ある考えが頭に浮かんだ。

「ヘンリー、正直に言わせてもらおう。ニューヨークはユダヤ人の街だ。私はユダヤ人をこの地位から押しのけたと疑われたくない」

「誰もそんなことは言わないと思うが。そうなったときには、私が事実を話すよ」

次にNYUメディカルスクールの新学部長、ボブ・グリックマンに会いに行った。彼が精神的にすっかり参っているのを見て、私はショックを受けた。前はハーバードのベス・イスラエル・メディカルセンターの医学長を務めていたグリックマンは、NYUに騙されて誘い込まれたと感じていた。メディカルスクールはあらゆる変化を起こす準備ができていると約束されていたのに、いざ来てみると、とにかく資金がないのだと言われたのだ。

私はマーティ・リプトンにこのことを知らせた。

「いますぐ、ひとつだけ言っておきたい。この仕事を引き受けよう。だが、約束を守らない連中の仲間入りはしない。グリックマンへの手紙を見たが、彼に約束したことを実行するつもりがないのであれば、私は出ていく」

「私もきみと同意見だよ」とリプトンは言った。それだけのことだ。その言葉が聞ければ充分だった。

私は直ちに、匿名でNYUメディカルセンターに一億ドルを寄付すると決めた。

私はグリックマンのもとへ戻ると、この寄付について話した。

「ボブ、これからの挑戦は、きみが約束されたことの実行ではなく、どう実行するか、どれだけ早く実行できるか、ということだ。だが、やってやろうじゃないか」

グリックマンは笑顔に近い表情を見せた。

われわれは医師たちと最初のタウンミーティングを開いた。ボブ・グリックマンと私は、満員の聴衆を前にしてステージ上に座っていた。

「私はこの仕事を引き受けようと思いますが、これだけは守りつづけると皆さんに約束します。欲しいものすべてを手に入れることは誰にもできませんが、いま手にしているものよりも多くを全員が手に入れることになります」

それを聞いて医師たちは嬉しそうだったが、ボブ・グリックマンは相変わらず難しい顔をしていた。

私は彼を見て、言った。

「それに、もし処方箋を出す資格を持っていたら、私がこの仕事にあたって真っ先にするのは、ドクター・グリックマンに出すプロザック〔抗うつ薬〕の量を二倍にすることです」

こいつはウケた――ボブにさえも。

「ボブ、だからナーバスにならないでくれ、きみがここを取り仕切っているんだ。私は注射も縫合も分からない。看護の質についても、ひどければ分かるぐらいで、他になんの知識もない。私の役目はふたつだ。ここを歩きまわって、みんながやる気をだせているか確かめることと、多額の資金を調達すること。単純なことだ。何か気に入らないことに気づいたら、文句を言うだろう。反論できればそちらの勝ちだ。思っていることは言わせてもらうが、権限のない領域にまで首を突っ込むつもりはない」

私もヘルスケアについて少しは知っていたが、病院をまわってNYUの医師たちの話を聞いてみたところ、NYU病院の看護の質は、ただ「よい」だけではないと分かった。「とてつもなくよかった」のだ。ここにいるのは、質の高い看護がどういうものかを理解している、昔かたぎの医師たちだった。病室をあけるためだけに、患者をさっさと退院させるような真似は決してしなかった。人として、患者に対して細心の注意を払っていた。

私は幸先のいいスタートを切ることもできた。新婚の頃にエレインが勤めていた病院の外科医、ドクター・ジョン・マウンテンが、いまでもノース・ショア病院で働いていて、素晴らしい知識の源となってくれたのだ。ドクター・マウンテンは私に話した。

「NYUには、世界で最も尊敬されている熟練の心臓血管外科医のひとりがいる。フランク・スペンサーという医師だ」

ドクター・マウンテン自身も、頸動脈の手術を受けることになったとき、ドクター・スペンサーに頼んでいた。これは医師が別の医師を讃える上で、最高の称賛だ。

心臓血管外科医を志望する傑出した医学実習生に出会うと、ドクター・マウンテンはいつもフランク・スペンサーに連絡していた。

「フランク、この若者の面倒を見てやってくれないか。優秀な学生だ」

ドクター・マウンテンは大勢の実習生をスペンサーのもとに送りだしたが、彼らは戻ってくると、必ずこう言った。

「ＮＹＵのメディカルスタッフは一流です」

その一方で、病院の設備はめちゃくちゃだった。医師たちは乏しいなかでよくやっているものだと、私は感心してしまった。設備のほうは資金さえあれば簡単にグレードアップさせられるとすぐに分かったが、杖を一振りしただけで団結心を修復することはできない。

「なあ、マーティ。困難には常に立ち向かっても、不可能なことには絶対に立ち向かうな。この併合は解消するべきだ。元に戻すのは大変だろうが、解消するしかない。この場所に充満している毒や不安は、私たちが病院を管理しない限り消えないだろう」

リプトンは賛成した。解散については弁護士の手に委ねた。今度は、私が得意なことをするときが来た。資金を調達するのだ。

私は、リプトンの前任者としてＮＹＵの評議会で議長を務めていた、ラリー・ティッシュのもとを訪ねた。

「ラリー、私はＮＹＵメディカルセンターに一億ドルを寄付しようと思っている。きみも補助する気はないか？」

ティッシュはその気はないと言った。理由は言わず、ただノーとだけ答えた。

「そうか。とにかく、私はやるつもりだ」

私はイエスと言ってくれる善良な人々を見つけた。在職期間の早い段階で、医学研究所を新設するのにジョエル・スマイロウが三五〇〇万ドルをだしてくれた。その後、スタンリーとフィオナのドラッケンミラー夫妻が一億五〇〇〇万ドルを寄付した。ヘレン・キンメルも一億五〇〇〇万ドル。ビリー・ティッシュとティッシュ一族が一億ドル。アイクとローリー・パールマッターが五〇〇〇万ドル。ロン・パールマンも同じく。

次に開かれたNYUの医師たちとのミーティングで、私は話した。

「仕事は山ほどあるが、きついところは済んだ。もしも私が最高の設備とお粗末なスタッフを差しだされていたら、決して引き受けなかっただろう。だが、これなら簡単だ。ここには、世界最高の医学を行う、世界最高の医師たちがいる。きみたちが抱えている唯一の問題は……私は自慢の仕方を知っているが、きみたちは知らないということだ。率直に言って、私はそれが得意だが、きみたちはそれがちっともできていない」

ここで言おうとしたのは、私は販売員だということだ。ここの医師たちは、自分たちや設備を売り込むことができなかった。彼らはひどく打ちのめされていた。

「信じてくれ。これからどうなるか、見ていてほしい」と私は請け合った。

メディカルセンターに一億ドルを寄付するのは簡単なことだと思っているだろう。簡単なことではない。私が最初に知ったことのひとつは、メディカルスクールは大学に五五〇〇万ドルの借りがあるということだ。そこで、私は大学に行って話をした。

「私はメディカルスクールに一億ドルを寄付するつもりだ。五五〇〇万ドルは免除してもらえないだろうか」

断じてできないという返事だった。

「オーケー。私はあそこを運営するのが自分の仕事だと思うほどばかじゃない。私の主な仕事は、資金を集めて激励することだ。だが、理解しておいてほしい、私が友人に寄付を頼むとしたら、彼らが寄付するのは私とメディカルセンターのためであり、大学が得るものは何もない」

ほとんどの場合、附設する学校が集めた寄付金は、大学も一定の取り分（通常は一五パーセントほど）を受け取るものだった。あなたがハーバード・ビジネススクールの卒業生だとして、ハーバード・ビジネススクールに寄付をした場合、その寄付金の一定の割合がハーバード大学にわたる。

私がNYUの人々に言おうとしていたのは、五五〇〇万ドルを免除しないなら、それは支払うが（実際、四年かけて返済した）、私がメディカルスクールのために調達する資金は、一切の制限なく、すべてメディカルスクールのものになるということだ。

彼らは興奮していた。さっきまで、メディカルスクールには多額の借金があり、大学側は破産に追い込まれるのではないかと恐れていた。それが次の瞬間、この変人は借金を返済すると約束し、メディカルセンターの理事長になるというのだ。

借金を免除しなかったことは、NYU側の人間は実に短絡的だったと言える。もしも免除していたら、私の一億ドルだけではなく、後に続くすべての寄付金の一五パーセントを得られていたのだ。取り損ねた金額は、合計すると五五〇〇万ドルよりもずっと多かったことになる。彼らは木を見て森を見なかったのだ。

就任後、私の最初の役割は、とにかく士気を高めることだった。これは大きな助けになった。私はホーム・デポでしたのと同じことをしようと決めた。ミーティングを開き、現場に出て、スタッフと話をする。人々の肩に腕を回して、どれほど感謝しているか、彼らのために何をしようとしているのかを伝える。そして、その約束を果たすのだ。言い換えれば、作り方のレシピもないのに、絵に描いたパイを約束してはいけない。

当然ながら、初めのうちは、部外者で医学に関係のない人間である私には、疑いのまなざしが向けられていた。威張り散らしたいだけの金持ちかもしれない。気持ちは分かる。誇りを持って言えることだが、私は決して自分を偽らずにいることや、出会う相手みんなに心から関心を寄せること、そして何よりも、その場にいることで、そうした疑念を晴らした。

私たちにはあらゆるものが必要だとすぐに分かり、その最たるものが、新しい病院の建物だった。だが、放射線医学の新しい部長も必要で、私たちが早い時期にしたことのなかで、最もよかったのは、ボブ・グロスマンを雇ったことだ。

グロスマンを雇えた理由のひとつは、画像技術を一から見直すべきだと認識していたおかげだった。画像診断装置メーカーの最大手のひとつは、当時もいまもＧＥで、私はその頃、ＧＥの評議員を務めていた。そして、メディカルシステムズ部門の元部長で、ＧＥのＣＥＯであるジェフ・イメルトと知り合いだった。ところが、ボブ・グロスマンは、ＧＥの画像技術に強い先入観を抱いていた。ＧＥはこの分野で後れを取っていると思っていたのだ。彼はフィリップスのほうがずっと好きだった。それ以上にシーメンスが好きだった。

とはいえ、この買い物の大きさから考えると、明確なことは何もなかった。もしGEに（例えばの話だ）何か足りない付加機能があるとすれば、こんなふうに言ってくる可能性は大いにあり得る。

「それなら、三割値引きをして、半年以内にその機能を向上させることを保証しましょう」

ある日、グロスマンとグリックマンが私に会いに来たが、どちらも言葉を濁している。ついに私は「どうした？」と尋ねた。

「正直に言わせてもらいます。画像診断装置の件は、非常に大きな買い物です。私たちは完全にオープンな状態で競合させて決めたいと思っています。はっきり言って、あなたがGEの評議員であり、ここの理事長でもあることが心配なんです。心配しなければいけないような理由に心当たりは？」とグロスマンが言った。

「話を簡単にしよう。このミーティングと同じく、私は外れることにする。メーカーの選定過程を監督するのは、トム・マーフィーとアンディ・ピアソンのふたりの理事に任せよう」

マーフィーは、キャピタル・シティーズ／ABCの会長を務めていて、かつてもいまも、世界で最も尊敬されているビジネスマンのひとりだ。アンディ・ピアソンは、ペプシの社長を務めていて、〝きついボス〟ワースト10のひとりとして知られていた。手強いが、非常に頭が切れて公平な男だ。

「私が望むのは、選定が完了したら、どうなったのか、なぜそうしたのかを知らせてもらうことだけだ」と私はグリックマンとグロスマンに話した。

私はジェフ・イメルトに電話をして、伝えた。

「ジェフ、きみに協力するために私は何もできないし、するつもりもない。シーザーの妻よりも潔白でいるつもりだ」

それが正しいやり方だとイメルトは認め、選定が始まった。

そんなさなか、私を潔白ではなく見せようとしている男と、私はいきなり戦いを繰り広げることになった。


背景を少し。

まずはふたつの会員権の保有者として、次に専門会社諮問委員会の委員として、NYSE（ニューヨーク証券取引所）に関わってきた歳月のなかで、私は一九八八年に取引所の社長に就任したディック・グラッソと親しくなった。グラッソは一九六八年に週給八二ドルで組合加入の事務員としてNYSEに勤めはじめ、懸命に働いて週給二〇三ドルにまで昇進し、やがてトップとして選ばれた。

かつては、グラッソみたいに才能ある人間が、証券取引所のガラスの天井に頭をぶつけて、別の仕事を探すため退職していったものだった。また、かつては、NYSEでトップに立つ人間は、お偉方ばかりだった。J・C・ペニーの会長を退任したミル・バトゥンや、ドナルドソン・ラフキン&ジェンレット証券会社の共同創立者で、ニクソン政権の国務次官を務めたビル・ドナルドソンや、証券取引委員会の委員だったジム・ニーダムなど。だが、一九八二年、ラバーメイドとグッドイヤーの元CEOのスタンリー・ゴールトに促され、証券取引所の取締役会は方向転換を決断した。「こうした人々を辞職させずに雇いつづけられるよう、方法を考えなければならない」とゴールトは言った。その結果、新しい制度が誕生し、他の企業と同じように、下っ端からスタートしても、いつの日かトップに立てることになった。

報酬委員会は、NYSEの従業員を辞職させないため、数々の報奨金を設け、補足的な退職金制度を創設した。従業員が預金すれば六パーセントの利率が保証される貯蓄制度を設立した。さらに、どの従業員も（遡って適用される）、二・五パーセント×勤務年数ごとの給与という計算で、年金が支給されると規定した。たとえば、ビル・ドナルドソンは計五年間、証券取引所に勤めた。彼の年金は二・五パーセント×五、すなわち一二・五パーセント×その期間の給与の平均となる。

というわけで、組合加入の事務員という下っ端から始めたディック・グラッソは、会社に居残りつづけるモチベーションができ、NYSEの社長になり、一九九五年には会長兼CEOに選出された。ふさわしい報酬を受け、年金は比例して増えていった。

その金のために、彼は身を粉にして働いた。就任当初、取引所の一覧の数は一二〇〇だった（NYSEに上場している企業の数）。二〇〇三年に退任する頃には、二八〇〇社以上が上場していた。市場のコンピューター処理が増えるにつれて、大規模で流動性の高い株式（GM、USスチール、エクソン、モービルなど）が、まるで商品のように売買される可能性があることに、グラッソは気づいた。はした金を動かすだけで、一日に何百万株も。大企業にとっては最高だ。だが、株の売買がずっと少なく（より労働集約的な取引を行っている）、流動性の低い小さな企業の場合、年会費を払って証券取引所に加わらせるためには、説得が必要だった。そして、この説得を試みるのはグラッソの役目だった。

彼は早いうちから私と付き合ってくれた。私は影響力を持っているあらゆる場で、ＮＹＳＥを褒めそやした。グラッソという男のことが分かっていたし、彼を信じていたからだ。ＥＤＳに上場を勧め、もちろんホーム・デポにも勧めた。ユニファイ、データベース・テクノロジーズ、オハイオ・マットレス、ヤム・ブランズにも。

グラッソは全米を飛び回り、ＣＥＯたちを説得していた。しかも、いつも一般旅客機で、いつもエコノミークラスで！　尋常じゃないスケジュールだった。ミルウォーキーの企業を訪れたかと思うと、翌朝にはテキサス州ミッドランドの別の会社を訪ねていた。ミルウォーキーから飛行機でシカゴへ行き、乗り換えてバトンルージュへ飛び、軽飛行機に乗り込んでミッドランドへ向かうのだ。しばらくの間、彼はシリコンバレーに住んでいるも同然だった。自家用機をチャーターしてくれと、私たちは彼によく頼んだものだ。グラッソは絶対にチャーターしようとはしなかった。

だが、彼は見事な手腕を発揮して、数字はうなぎ登りだった。取引所の立会所にいる者は、誰もがひと財産を築いていた。出来高も収益も爆発的に増えていった。それに応じて、グラッソの給料とボーナスも上がった。これは注目しておくべき重要なことなのだが、ニューヨーク証券取引所は利潤を目的としておらず（非営利ではない、大きな違いだ）、株式も株主もなく、取引所が稼いだ収益はすべて、グラッソへの報酬を含め、取引所の支出にそのまま充てられた。グラッソは自らの財産に直接貢献していたわけだ。

一九九九年、景気が傾いた。ＮＹＳＥの市場占有率（店頭に対して取引所で売買されている株式の数量）が九〇パーセントを数パーセント下回った。私はグラッソに会いに行き、言った。

「ディック、きみに話しておきたいことがある。私たちはいい友だちだ。だが、もしわれわれの市場占有率が八〇パーセントを下回ったら、きみは失職するだろう」

グラッソは重々承知していると答えた。そして、またも一層の努力をして、つまり機関投資家を訪ね、メリルリンチの会長を訪ねて、店頭と比較した、取引所の立会売買の透明性と注文の流れを売り込んだ。そうして市場占有率は持ちこたえたが、その年にグラッソが直面した試練はそれだけではなかった。

一九九九年、カレンダーをめくって新世紀を迎えようという頃、取引所はY2K問題を大いに懸念していた。巨大なコンピューターシステムのどこか一部でも、一九九九年から二〇〇〇年に変動させるのを忘れていたら、どうなるだろう？　その年はシステムクラッシュを防ぐハードウェアに一〇億ドルを費やした。購入したハードウェアの売上税に八〇〇〇万ドルを支払ったのだ！　バックアップシステムのためのバックアップのためにバックアップを導入した。

そして、時計の針が二〇〇〇年一月一日を回ったとき……何も起きなかった。すべての心配は消え失せた。私たちは驚異的な営業利益と共に新世紀に突入した。クラッシュ防止システムのためだけではなく、トレーディングテクノロジーや重い税金、所得税、固定資産税、給与税のために、必要な金を有り余るほど稼いでいた。ディック・グラッソがわれわれの成功の大きな責任を担っていた。

一九九九年に私はバーニー・マーカスの後を継いでNYSEの報酬委員会の議長に就任していたので、二〇〇一年の後半にグラッソの契約が切れると、新たな契約を交渉しに行った。彼は非常に強い立場にあった。九・一一の後、私たちを支援し、駆けまわって尽力していた。真の英雄的行為だ。財務省は次の月曜まで再開を待つよう要請していたが、グラッソは九月一二日に再開できた。彼はニューヨーク証券取引所の価値を高めただけではない。三三年間、勤めつづけてきたのだ。

だから、グラッソにこう言われたとき、私は少しも驚かなかった。

「ケン、いくらか現金化したいんだ。私の純資産はここで稼いだものがすべてだが、ある程度分散させておきたくてね」

グラッソは株を保有していなかった。取引所に株はなかったからだ。株主というよりは、会員で構成されていた。

お分かりいただけるだろうか、二・五パーセント×ディックの勤続年数分の収入は、相当な額になることを。われわれが一九八〇年代初めに設立した報奨金制度によるだけでも、彼はすでに一億四〇〇〇万ドル近くを得ることになっていた。報酬委員会はまったく関与していなかった。記録上のものだ。私は彼が正当な権利を有するものを手に入れてしかるべきだと同意した。

だが、ちょうど時を同じくして、エンロン事件が起こり、管理職の報酬というものが、突如として非常にデリケートな問題になった。私が、証券取引所によって規制されている取引所の会員であるのと同時に、証券取引所の社長に支払いをする報酬委員会の議長も務めていることが、突如としてあまり望ましくないことに思われた。だから、私たちＮＹＳＥの評議員（私は一九九八年に加わった）は、もし独立していなければ、つまり取引所の会員であるとしたら、特定の委員会の一員になることはできないと取り決めた。監査委員会の一員にはなれない。ガバナンス委員会の一員にはなれない。報酬委員会の一員にはなれない。

私は報酬委員会を外れて、ニューヨーク州の前検査官のカール・マッコールが議長を引き継ぐことになった。私はマッコールに、現金を引きだしたいという要求も含め、グラッソとの新たな契約の条件に同意してあること、しかし最終決定はまだなので、マッコールと新しい委員会が自由に取り決められることを伝えた。

それから私はグラッソのところへ行き、委員会が新しくなったことと、グラッソへの支払いについて彼らが新たな視点から見ることを伝えた。

「委員会が賛同すれば、そのまま従うだろう。彼らが何か変えたいと思えば、修正が加えられて、きみはそれに応じるかどうか決めることになるが、契約はまだ交わされていない」

「結構だ」とグラッソは言った。

新しい委員会はグラッソの要求について検討し、承認した。

ここでウォール街のシェリフの登場だ。

エリオット・スピッツァーは、ホワイトカラーの犯罪者を弁護することでキャリアをスタートさせたが、一九九九年にニューヨーク州司法長官に就任すると、今度は執拗にこうした人々を追いまわしはじめた。これまでのニューヨーク州司法長官たちは、地元の詐欺師や消費者権利の問題を追跡してきたが、スピッツァーは大きな野心を抱いていた。彼は知事の座を狙っていて、ゆくゆくは、最初のユダヤ人の大統領になりたがっていた。ベイビー・ルースのチョコバーを法外な値段で売りつけている、マンハセットの菓子店の店主をやっつけていても仕方がなかった。エリオット・スピッツァーはニュースで大きく取りあげられることを望んでいて、ウォール街はその望みが叶う場所だった。

スピッツァーは、ディック・グラッソが取引所との新たな契約を交渉中だと初めて耳にしたとき、グラッソに電話して、こう言った。「ディック、将来きみと一緒に働けるのを、私がどれほど楽しみにしていることか」――スピッツァーが取締官、グラッソが大型金融機関の会長兼取締官として。グラッソはスピッツァーにお礼を言った。そして、しばらくふたりはいい友人だった。

二〇〇二年、スピッツァーは槍を手に取り、改革運動に着手し、いくつかの投資銀行（ベアー・スターンズ、ドイツ銀行、ゴールドマン・サックス、JPモルガン・チェースを含む）を、数ある嫌疑のなかで、株価を吊り上げたかどで訴えた。一〇社が調停のため多額の罰金を支払い、新聞の見出しを飾りはじめた。

その年は、ワールドコムの会計疑惑が発覚した年でもあり、同社は破産を申請した。企業の欲がニュースを賑わせていた。

翌年スピッツァーは、大口の投資家を小口の投資家よりも優遇し、一般人には参加できない特定の売買について、限られた顧客だけに提供していたとして、ミューチュアル・ファンドのブローカーの一団を追及した。さらに大きな罰金、さらに多くの見出し。

この調査によって、スピッツァーはニューヨーク証券取引所の評議会へ追及の手を伸ばした。ディック・グラッソがシティグループ会長のサンディ・ワイルを評議会の一般投資家代理人に任命すると、スピッツァー（シティグループの投資銀行における利益相反についても調査していた）は、取引所の評議会は企業や金融のCEOだらけの老人会に成り果てている、と新聞に話した。ワイルは退き、グラッソはいつしかスピッツァーの標的にされていた。

二〇〇三年の春に、グラッソの新たな契約と一億四〇〇〇万ドルの支払いが発表された。その翌月、ニューヨーク州会計監査官のアラン・ヘベジは、企業改革の風潮が強まっているなかで（また、当時は景気も下向きだった）客観的な取締官や財界の指導者とするには、グラッソの報酬はあまりにも高すぎると非難して、グラッソに辞職するようとりわけ大きな圧力をかけはじめた。

世間は激しく非難した。誰もが一億四〇〇〇万ドルの話ばかりをしていて、それはグラッソが三〇年以上にわたって立派に勤めたことで築きあげた、正当な金だという事実は都合よく無視していた。同時に、スピッツァーは、取引所の評議会のメンバー数名も含めて、目についた相手を片っ端から調査しているようだった。

私たちは緊急会議を開き、私ははっきり述べた。

「いいかね、報酬委員会のメンバーで、ディックに対して為されたひとつひとつの詳細を知らないものは、ここにはひとりもいない。ディックは自分の受け取る報酬パッケージについて、賛成にも反対にも投票する機会はなく、賛成を表明したのはきみたちみんなだ。この男がとてつもない働きぶりだったことは、誰もが認めている。たった一カ月前は、われわれみんなが彼の手腕を称賛していたじゃないか」

ところが、そうこうする間にも、評議会の委員でゴールドマン・サックスのチーフのハンク・ポールソン（前月にはグラッソの報酬パッケージに賛成票を投じていたばかりだった）が、グラッソを追いだそうと画策していた。「こんな圧力には耐えられない。世間の風当たりが強すぎる」とポールソンは言いつづけていた。これが、勇気とリーダーとしての資質を備えているとされた男なのだ。

言っておくが、グラッソは自分が受け取る報酬について、まったく関与していなかった。バーニー・マーカスが報酬委員会の議長だった頃、マーカスとグラッソはそのことについて一度も話したことはない。私がマーカスの後を継いでからも、グラッソとそれについて話したことは一度もない。私もマーカスも、「きみの希望は?」と聞いたことは一度もない。私たちはいつも、彼に既成事実を伝えにいった。「ディック、これが委員会の考えるきみの報酬だ」と私たちは話した。するとグラッソはいつも、「ありがとう、幸運に感謝するよ」と言うのだ。グラッソはそれしか言わなかった。

圧力はますます強まっていき、九月のある晩、評議会の二四人のメンバー全員に協議会の招集がかけられた。ニューヨーク・フィルハーモニックのオープニングの夜だったのを覚えている。私は当時、この評議会にも名を連ねており、アパートメントで夜会服に着替えているところだった。またもや、ハンク・ポールソンが、グラッソを辞めさせるべきだ、われわれにかけられている圧力を止めるにはそれしか方法がない、とまくしたてた。

突然、キャロル・バーツが声を張りあげた。当時、バーツはコンピューターを使ってデザインを行うオートデスクという会社のトップだった。タフな女性だ。

「ちょっと待って。ディックはわたしたちに何ひとつ求めたことはないでしょう。いつもこっちから彼に差しだしていた。これじゃあ意気地なしの集まりね。誰かが辞めることになるなら、わたしたち全員が辞めるべきよ。やったのはディックじゃない。わたしたちなんだから」

バーツの話はそこで終わりではなかった。この会議に呼びだされたのは、タマなしばかりのようね、と言ったのだ。

だが、ポールソンは諦めなかった。グラッソの辞任を求め、全会一致で可決する投票を行いたいと言い張った。全会一致にはならなかった。その日のうちに投票を行ったが、グラッソの辞任を求める票は一三対七だった。反対票を投じた七人（フロアブローカーのクリス・クイック、キーコープのビル・サマーズ、キャロル・バーツ、CBSのメル・カルマジン、大手専門企業のボビー・フェイゲンソン、ベアー・スターンズCEOのジミー・ケイン、そして私）は、「ディックを辞めさせるなんて、とんでもない」と言った。だが結局、二〇〇三年九月一七日にグラッソは辞職した。いや、実際は追いだされたのだ。一億四〇〇〇万ドルは受け取ったが、あまりにも世論が厳しくなっていたため、未払い給料の五四〇〇万ドルについては棚上げされた。

水のなかに血が混じった。スピッツァーに同調して、国じゅうの州財務官や監査官が「ウォール街を浄化する」と誓った。

次にスピッツァーはグラッソに対して訴訟を起こした。そして、私に対しても。

スピッツァーは、グラッソが評議会を欺いて脅すことで報酬パッケージを獲得したと告発し、非利潤追求の法規違反だと主張した。そして、私がNYSEの他の評議員があずかり知らぬところで一八〇〇万ドルを追加して、グラッソの報酬を水増ししたと言い、私を共同被告として名指しした。すぐに新聞はあれこれ書き立てて（スピッツァーはマスコミに大勢の友人がいて、嬉々として彼らに情報を漏らしていた）、私を「連続過払い犯」と呼んだ。私がゼネラル・エレクトリックの報酬委員だった頃に、CEOのジャック・ウェルチのために要求した多額の報酬パッケージや、二〇〇〇年にボブ・ナルデリがホーム・デポのCEOに就任したとき、彼のために用意した内容の豊かな契約について、各紙は騒ぎ立てずにいられなかった。紙面で言及されなかったのは、資本主義の基本的な方程式だ。ウェルチもナルデリも、対価を生みだすことで金を稼いだ。私は人々の業績に対して支払っている。

それにスピッツァーは、グラッソに報酬パッケージを与えた委員会の議長がカール・マッコールだったという事実は、都合よく無視していた。その頃、私はすでに議長を退いていた。だが、私は金持ちで、世間の注目を集めていて、遠慮なく物を言う人間なので、格好の標的にされていたのだ。ニューヨーク州知事になりたくてたまらないエリオット・スピッツァーは、ニューヨークに大きな政治的コネを持つカール・マッコールを敵に回したくはなかった。

この訴訟は、ばかばかしいとしか言いようがなかった。けれど、ウォール街の強欲と戦っている偉大な十字軍は紙面を賑わし、スピッツァーはすっかりご満悦だった。知事への道にバラの花びらがまき散らされていた。

証券取引所の評議員のメンバーは皆、弁護士を雇うようにと言われた。弁護士の野外演習日だ！私は当然、マーティ・リプトンに電話した。ところが、ワクテル・リプトン・ローゼン・アンド・カッツは同取引所を代理していたため、リプトンが私の代理人を務めることはできなかった。「ダウンタウンにゲイリー・ナフタリスという男がいる」とリプトンは言った。

私はゲイリー・ナフタリスを雇った。

弁護士というものは、一緒に働きはじめる最初のときに、必ずこちらの意向をそれとなく探ろうとしてくる。だから、この訴訟についてナフタリスに聞かれたとき、私はこう言った。

「ゲイリー、きみに知っておいてほしいことがある。われわれがディックに支払った金は、彼が一セント残らず働いて稼いだものだ。私はその報酬パッケージに賛成票を投じ、もう一度同じことをしても賛成するだろう。私はディックがいまでも証券取引所の社長を務めるべきだと思っている。私は彼の辞任に反対票を投じ、もう一度同じことをしても反対するだろう」

人々は私がグラッソに対して忠実だと評価した。だが、私はグラッソに忠実だったのではない。自分の判断に忠実だったのだ。私は彼が、この金を支払われるだけの働きをしたと信じていた。

その最初のミーティングで、私はナフタリスにもうひとつだけ言ってあった。

「ゲイリー、示談はなしだ。示談なんかクソ食らえだ」

数日後、ナフタリスから電話があり、金曜の午後にスピッツァーとのミーティングに招かれたと言った。ナフタリスはミーティングに出席し、スピッツァーは言った。

「ゲイリー、われわれの狙いはランゴーンではない。ディック・グラッソに金を返済させたいんだ。彼はあれほどの金額を受け取るべきではなかった。要点はそこにある。だから、ランゴーンとの訴訟は示談にしよう」

ナフタリスはその部屋を出て、私に電話してきた。

「スピッツァーは示談を望んでいる」

「ゲイリー、いま言うことを、決して忘れるな。この件に関して、今度きみの口から〝示談〟という言葉が出てきたら、きみはクビだ。あのクソ野郎にいますぐ言ってやれ、私は勝つかもしれないし、負けるかもしれないが、それを決めるのはスピッツァーじゃない。決めるのは裁判所だ。あの男が戦いたいというのなら、そうしよう。こちらはやつを訴える準備はできている。示談はなしだ。分かったか、ゲイリー？」

ナフタリスはスピッツァーのオフィスに戻り、伝えた。

「クライアントと話をした。示談の見込みはまったくない」

「だったら、きみのクライアントに伝えるんだな、すべての訴訟の九〇パーセントは、裁判所の階段で決着がついているということを」

すると、ナフタリスはこう言い返した。

「残りの一〇パーセントは？」

古いことわざはなんと言っている？　降れば土砂降り？　ときには、雨が降ったと思ったら、モンスーンのまっただ中に立っていたということもある。二〇〇三年の春、私とグラッソがスピッツァーと戦っている頃、ニューヨーク証券取引所の規制機関である全米証券業協会（ＮＡＳＤ）が、こともあろうに、違法な利益分配が行われたとして、インベムドに対して訴訟を起こすと発表した。

こういうことだった。一九九九年と二〇〇〇年は、ＮＹＳＥとナスダックにとって急成長の年で、次から次へと大注目のＩＰＯが行われていた。インベムドもそのまっただ中にいて、それまでずっとやってきたことをしていた。投資する新しい会社を探し、株式を公開する。特に、イミュネクスやセル・ジェネシス、ファーマサイクリックスといったような、革新的な医療製品やテクノロジーを開発している会社を中心に。

強気相場が過熱しており、これらの新規公開株が市場に出ると、株価は二〇日以内までは上昇し得た。私たちが仲介している顧客は当然買いたがり、配分された株をすぐに売って大きな利益を上げている者もいた。ＮＡＳＤは、水増しされた手数料という形で、私たちが顧客に利益からキックバックをさせていると訴えていたのだ。

クレディ・スイス・ファースト・ボストンやメリルリンチといった大手投資銀行のなかには、実際にこうしたことを行っている会社もある。その時期に、いくつかのＩＰＯをインベムドと共同で引き受けていたクレディ・スイスは、実際にキックバック制度を実施していた。顧客である機関投資家が特権に対してクレディ・スイスにいくら払うつもりがあるかに基づいて、直接購入できる注目の新規銘柄の株式数が決められていた。

だが、インベムドはそんなことはしていなかった。合法な範囲内で、手数料をいくら支払うか、われわれは常に顧客に決めさせていた。いかなる取引についても、株式仲買人は五パーセントを超える手数料を請求してはならないという規定があった。顧客が人気の株式を転売することで大きな利益を上げて、報酬として手数料を気前よく支払ってくれることはあったが、その規定の割合を超えたことは一度もない。注目のＩＰＯ、ＶＡ・リナックスの株価が発行当日に一株一五ドルから三〇〇ドルになり、安く買って高く転売した私たちの顧客が、一株あたり八ドルの手数料を支払ったことを、ＮＡＳＤは一例として挙げた。この手数料は業界の平均よりはずっと高いが、一株あたり一五ドルの計算になる五パーセントよりはずっと低い。

それに、これはわれわれが決めたことではなく、顧客が決めたことだった。

ところで、その顧客というのは、NASDの会長であるジム・デイビンだった！

NASDの監視課は、そんなことはお構いなしだった。富裕で目立つ私という人間がいたので、スピッツァーと同じように、彼らも私を派手な見せしめにしたがっていた。なお悪いことに、彼らが追及していた大手銀行が白状しはじめ、罰金を支払いはじめたのだ。メリルリンチ、モルガン・スタンレー、クレディ・スイス、シティグループが、同じ規定違反のかどで何百万ドルもの罰金を支払った。NASDがすっかり優勢になっていた。ワクテル・リプトン・ローゼン・アンド・カッツの弁護士のひとりがオフィスを訪ねてきて、この訴訟を聴聞会で戦うつもりなら、私が勝てる見込みはほぼないに等しいと言った。私は泣きだした。もし罪に問われたら、私の評判、それにおそらくは私の仕事そのものも、台無しだ。

マーティ・リプトンのもとを訪ね、私が受けている告発について話すと、彼はシニア・パートナーで私のよき友人でもあるエド・ハーリヒーを呼びだし、言った。

「ケンを弁護するために、考えられる最強のチームを編成しよう」

彼らは本当にやってくれた。リプトン、ハーリヒー、デビッド・グルエンスタインに加えて、ジョージ・コンウエー、モーラ・グロスマン、アラン・マーティン、テッド・マービスが私についてくれた。いずれもニューヨークで最高の法律事務所の最高の弁護士たちで、ひとりひとりがこの訴訟を、私ではなく彼ら自身の評判がかかっているかのように扱ってくれたのである。

このチームと私でワシントンに行き、NASDの監査課長であるメアリー・シャピロと、彼女の子分たちと面会した。おっと失礼、子分ではなく同僚か。取り付く島もないとは、このことだ。彼女たちはすでに結論をだしていた。

「あなた方が配分した人気の新規公開株で顧客があげた利益のなかから、法外な手数料を支払わせるという取引をしましたね」

私たちは、五パーセントの規定に違反する手数料は受け取っていないと主張した。相手は動じなかった。

「それでも取引は行っているでしょう。それはキックバックです」

私たちが何を言っても、相手は考えを変えようとしなかった。ニューヨークに戻る飛行機のなかで、ハーリヒーは暗い顔をしていた。彼は私がもう知っていることを言った。

「きみは大物だ。連中はきみを仕留めたいんだよ」

「エド、私たちは手数料についてまったく関与していない。金額を提示したことなど一度もないんだ。常に顧客に決めさせていた」

「常に？」

「毎回、必ず」

「本当なのか？」

「間違いない」

「だったら、解決できそうな方法がひとつだけある。そのことをＮＡＳＤに示すんだ。顧客に頼めば宣誓供述書に署名をもらえそうか？」とハーリヒーは言った。

私は七、八〇人いる顧客の全員に自ら電話して、署名してもらいたい宣誓供述書を読みあげた。

「インベムドが私たちに手数料を要求したことはありません。手数料はすべて自分たちで決定しました。インベムドが提供したサービス全般のほかは、何も斟酌していません。割り当てられた株式の数と手数料の金額には、なんの関連もありません」

全員が署名してくれた。ひとり残らず。私たちはすべての宣誓供述書を持ってワシントンに行き、シャピロと彼女の刺客……失礼、同僚たちに見せた。

「残念ながら、いずれにしても訴訟を起こすことになります」と彼らは言った。

というわけで、私とチームは、戦いに備えた。

その二日後、午前一〇時二〇分前に、シャピロの手下のひとりがハーリヒーに電話してきて、二〇分以内に示談に応じなければ、NASDは私を利益分配の罪で告発することを発表すると言った。ハーリヒーは私に電話でそのことを伝えた。

「エド、頼みがある。やつらに二〇分も無駄にするなと言ってやれ。いますぐ告訴すればいい」

いかにもやりそうなことだが、スピッツァーは私たちの戦いをメディアに競って報じさせ、新聞社の友人に私とグラッソの悪評を定期的に漏らしていた。すると記者たちから電話がかかってくるようになり、私は反撃した。二〇〇四年と二〇〇五年のほとんどが、こんなふうにして過ぎていった。私は望むよりもずっと有名になっていた。私の人生におけるこのエピソードで、唯一がっかりしたのは、大勢の友人が電話をしてきて、「示談に応じればいいじゃないか」と言ったことだ。腹は立たなかったが、私がどういう考えで決めたことなのか、理解してもらえないことに傷ついた。私が抵抗しているのは、グラッソへの忠誠心とはなんの関係もない。自分は正しいことをしたのだという気持ちだけの問題だ。何度でも同じことをするだろう。私のことを本当に分かってくれている相手は、あの卑怯者と和解するぐらいなら、ブルックリン橋からさっさと飛び降りるはずだと知っていた。

そして、エリオット・スピッツァーが本当はどんなに悪い男なのか、その頃の私はほとんど分かっていなかった。

私の周りで嵐が吹き荒れ、雷鳴がとどろいているなか、二〇〇五年の初めにボブ・グリックマンが、NYUメディカルセンターの学部長として自分にできることはやり尽くしたので、医師の仕事に戻りたいと言った。私たちは整形外科部長のジョー・ズッカーマンを議長とする調査委員会を設立した。やがて最も有力な候補者のひとりで、この仕事にうってつけの人物は、ボブ・グロスマンだということが判明した。

同じ頃、新しい画像診断装置の入札もまだ進行中で、グロスマンはお気に入りのシーメンスと本格的な交渉に入っていた。グロスマンは、このドイツの会社のテクノロジーは、他のどこよりもずっと優れていると感じていた。

だが、彼は優秀な放射線科医というだけではなく、抜け目のない交渉人でもあることが分かった。グロスマンはシーメンスに、われわれに格安、つまりギリギリの価格で機器を売ってくれたら、NY

Uの設備をベータサイトとして使わせようと言った。つまり、シーメンスは見込みのありそうな顧客をここに連れてきて、画像装置が使われているところを見せたり、医師と話をさせたりする権利を得るわけだ。

それだけではなかった。グロスマンはシーメンスに、7テスラMRI装置を無料提供し――無料提供だ――設置する（費用は向こう持ちで！）ことを求めた。非常に強力なスキャナーで、これによって映しだされる身体画像は、あたかも皮膚が骨から取り払われたかのようで、骨格構造の写真みたいだ。当時、この装置は世界に五台しかなかった。この装置の磁石はあまりにも強力なため、全面を厚さ九〇センチのコンクリートの遮蔽壁で覆う必要があった。この最先端の装置が設置されれば、NYUのスタッフは最高のセールスマンとなって売り込むだろう、とグロスマンはシーメンスに主張した。

その後、シーメンスがこの取引についてまだ検討しているときに、グロスマンは調査委員会のミーティングに参加し、宣言した。

「もしもシーメンスから望むものをすべて手に入れられなかったら、そのときは私にこの役職を与えるべきではありません」

その場にいた私は、びっくり仰天した。ミーティングが終わると、グロスマンを捕まえて言った。

「言わせてもらおう。全財産を賭けてもいい、きみは生まれたときにユダヤの孤児院に預けられて、ユダヤ人の家族に養子に取られたカトリックの若造だ、これほど間抜けな野郎がユダヤ人のはずはないからな。とにかくあり得んよ」

「なんのことです？」とグロスマンは尋ねた。

「きみのとんでもない要求に対して、彼らは頑として譲らないかもしれないのに、なぜ自らのキャリアをドイツ人たちに賭けたりするんだ？　取引が成立せず、学部長の座も手に入らなかったらどうする？　気は確かか？」

彼は愚か者でもイカれているのでもなかった。これがありのままのグロスマンという男だった。ばか正直があだとなる人間もいるのだ。嘘をつくべきだということではない。自ら立場を悪くすることはないというだけだ。

そんなわけで、私はオリーバの後任としてNYUの学長に就任したジョン・セクストンに連絡し、グロスマンにもう一度チャンスをやってほしいと頼んだ。グロスマンは再び調査委員会に出席し、今回はなんの条件も設けることなく、彼らを圧倒した。

ところで、シーメンスはグロスマンの要求すべてを、さらにその他のことも認めた。新しい病院の建設のために、シーメンスは五億ドルの融資まで申し出たのだ。私がその話をすると、シーメンスはどうかしている、とGEのジェフ・イメルトは言った。

「競争相手がそれだけの金を失いたいと思っているなら、こちらとしては結構なことだ」と彼は言った。

結局のところ、私たちはシーメンスから五億ドルを借りなかった。自分たちで資金を調達した。おかげで機器の価格をさらに値切ることができた。われわれはずいぶん得をした。

一年後、この取引は完了していた。装置は設置された。私はシーメンスのチームとNYUのチームのために、サンズ・ポイントの自宅でディナーパーティーを開いた。当時、シーメンスの会長を務めていたのは、クラウス・クラインフェルドだった。シーメンスの会長にふさわしい名前じゃないか？　実に感じがいい男だ。ディナーではクラインフェルドを隣の席にした。デザートが運ばれてくる頃、私は彼に身を寄せて言った。

「クラウス、教えてくれないか。われわれとの取引で、きみはいくらなくした？」

「なくす？　いまのところ、一〇億ドル以上稼いでるよ」

私は少し驚いた顔をしていたらしい。

「ケン、われわれは装置を定価で販売しているんだ」とクラインフェルドは言った。購入の見込みがありそうな顧客をNYUに連れていくたびに、NYUの医師たちはシーメンスの装置と検討中の他社製品の違いを示してくれるのだ、とクラインフェルドは話した。NYUの医師たちは、7テスラMRI装置やその他すべてのテクノロジーについて非常に熱を込めて話し、シーメンスにとって最高のセールスマンになっていた。

よい製品の持つ力を決して侮るなかれ。それと、賢い医師も。

それに、ウィン・ウィンの関係はなんら間違ったことではないのだ。

私とディック・グラッソを相手取ったスピッツァーの訴訟は、二〇〇五年から二〇〇六年いっぱいまでだらだらと長引き、グラッソと私は弁護士たちを儲けさせた。すべてが片づく頃には、私の弁護料は二三〇〇万ドル、グラッソの弁護料は三〇〇〇万ドルになっていた。このすべてがNYSEの会社役員賠償責任保険で支払われた。おかしな話だが、この引き受け主幹事はAIGで、前CEOのハンク・グリーンバーグは二〇〇五年に会計疑惑で辞任を強いられていた。スピッツァーはグリーンバーグも追及していた。グラッソと私とその他の評議員で、弁護士たちは総額一億ドルも稼いでいた。私に言わせれば、持っていかれたのはすべてＡＩＧの金だ。

グラッソと私は、グラッソの報酬は受け取る権利がある分だけで、一セントたりとも水増しされておらず、取引所の評議会は充分に検討した上で彼の報酬パッケージを何度も認めており、スピッツァーのわれわれに対する告発は、ニューヨーク州知事の座を狙った政治運動におけるスタンドプレーにほかならない、と主張した。スピッツァーは二〇〇四年の後半に立候補を表明していた。選挙は二〇〇六年一一月だというのに、やけに早い出馬だ。とはいえ、彼は大きな勢いをつけて動きだしておきたかったようで、私とグラッソへの告発はＰＲ活動の第一歩の肝となる部分だった。

二〇〇五年に、私が終生の共和党員でありながら、ナッソー郡の知事選で民主党員のトム・スオッジを支持したのは、そういうわけだ。スオッジのことは好きだったし、いまでも好きだが、スピッツァーをやっつけてやりたかったというのがいちばんの動機だったことを認めよう。

復讐心だけではなかった。スピッツァーという男は、権力を手に入れるためなら、誰であろうとなんであろうと踏み潰そうとする、本物の悪党だと思っていたのだ。彼は目的の達成に向けて、戦利品として剥いだ頭皮をベルトに付けるため、何人もの人生を滅茶苦茶にした。二〇〇五年一〇月のある晩、白い蝶ネクタイで正装して参加する、ウォルドルフ・アストリアで開かれた毎年恒例のアル・スミス記念財団によるカトリックのための慈善晩餐会で、こんなことがあった。当時ニューヨーク州知事だったジョージ・パタキと、当時ニューヨーク市長だったマイク・ブルームバーグと立ち話をしていると、スピッツァーが近づいてくるのが見えた。

いったい何がしたいのか？　私はスピッツァーがパタキかブルームバーグに、ふた言三言、挨拶をするつもりだろうと思った。なんといっても、法の倫理によって、弁護士が代理人と先に話をせずに、訴訟相手と話をすることは禁じられているのだから。

ところが、スピッツァーは私のところへまっすぐ歩いてきた。

「ミスター・ランゴーン、こんばんは」

「司法長官、こんばんは」

私が返事をすると、スピッツァーは笑いかけてきた。私が愛想よくふるまっているとでも思ったのかもしれない。

「思うに、別の人生なら、あなたと私はいい友人になれたかもしれない」とスピッツァーは言った。

私はまっすぐ相手の目を見ると、「まさか」と言って、立ち去った。

スピッツァーは選挙戦に勝ったが、勝利の結果をそう長く楽しむことはできなかった。州知事に就任してから一年ちょっとで、売春スキャンダルによって辞任に追い込まれたのだ（覚えているだろうか、彼は一時間一万ドルの売春クラブの〝クライアント9〟だった）。私はこの男のために涙を流したとは言えない。スピッツァーが白状する間ずっと隣に立たされていた、彼の妻には心から同情した。なぜ公衆の面前でこの女性に恥をかかせるのか？　私は思った。もう嫌というほど恥をかかせてきたじゃないか。

ワクテル・リプトン・ローゼン・アンド・カッツの私のドリームチームは、利益分配に対するＮＡＳＤの訴訟に三年近く取り組み、二〇〇六年二月にＮＡＳＤは聴聞会を召集した。

それとも、イカサマ裁判と言うべきか？

審問官はＮＡＳＤの社員だった。他のふたりの聴聞委員も、ＮＡＳＤの関連会社の社員だった。

聴聞会は二週間以上続き、三月六日に聴聞会は、私たちの容疑を晴らすことに合意した、九四ページにわたる判決理由を発行した。

この勝利の後、私はいまではＦＩＮＲＡ（金融業規制機構）と名称を変えたＮＡＳＤの執行委員会とのミーティングを求めた。メアリー・シャピロ、彼女に神の恵みがあらんことを、彼女も出席する義務があった。全員が着席すると、「みなさんに、ひとつ話をさせてもらいたい」と私は言った。

一九六〇年代初め、ニューヨーク証券取引所の会長は、Ｊ・トルーマン・ビドウェルという人物が務めていた。連邦捜査局はビドウェルを大型脱税で訴え、新聞の一面を賑わせた。ところが、Ｊ・トルーマン・ビドウェルの容疑が晴れたときには、死亡記事欄の後ろに七五×二五ミリの小さな記事が掲載されただけだった。

「人々を食い物にしていて、何か手を打たなければやめない相手を訴えるのであれば、訴訟を起こすと公式声明をだすべきだ。金を失ってしまうかもしれない人々に注意を促すために。だが、合法的な争いの場合は、判決が下されるまで声明をだすわけにはいかない」

ＦＩＮＲＡはそれに同意した。私はこれをインベムド・ルールと呼んでいる。

私が何か間違った行いをしていたら、不名誉なことだ。だが、何も間違ったことをしていないなら、それを証明するために全力で戦うつもりでいる。私の人生において、子どもたちに残す名前より大事なものは他にないのだ。

何年にもわたって囁かれてきたことのひとつに――囁くというより声高に発言する者もいたが――私がエリオット・スピッツァーに仕返しするため、私立探偵を雇ってつけ回させ、その追跡が最終的にスピッツァーを失脚へと導いたという話がある。私の主張は以下の通りで、曲げるつもりはない。

二〇〇八年三月一〇日、私は晩餐会に出席するためニューヨークを訪れた。今回は〈トライベッカ・グリル〉で、名誉勲章の受章者を記念するものだ。ディック・グラッソがホストを務めることになっていた。私はこの晩餐会の前に、友人のエド・ハーリヒーと、ルディ・ジュリアーニが市長だった頃に首席補佐官を務めていたトニー・カーボネッティと、フォーシーズンズ・ホテルで一杯飲むことにした。ハーリヒーとカーボネッティと私が、〈グリル・ルーム〉のバンケットに座ってビジネスについて話し合っているとき、スピッツァーの名前が話題に上った。スピッツァーの無分別な行動に関しては噂が飛び交っていて、その日の午後にはついに彼の醜聞が報じられ、他のあらゆるニュースを押しのけて一面を飾っていた。カーボネッティは声を潜めた。

「今日、ある友人から電話をもらったんだが、二カ月ほど前にグランドセントラル駅郵便局で列に並んでいると、彼の前に並んでいたのは、ほかならぬニューヨーク州知事、エリオット・スピッツァーだったそうだ。順番が来ると、スピッツァーは二八〇〇ドルの郵便為替を購入したらしい」

カーボネッティはハーリヒーと私に意味ありげな顔をして見せた。言いたいことは分かった。ニューヨーク州知事ともあろうものが、郵便局の列に並んで、何をしているというのか？　スピッツァーは秘書官も、警護も、あらゆるお付きを従えている。ニューヨーク州知事が二八〇〇ドルの郵便為替をいったい何に使うというのか？　すべてはご想像にお任せしよう。

スピッツァーが郵便局の列に並んでいた話がどうやって漏れて、私が探偵を雇ったという噂にどうやって転じて、すべてがスピッツァーの暴露にどうやってつながったのか（あるいは、もしもつながったとしたら）、それもみなさんのご想像に委ねよう。

スピッツァーが捕まって、私は喜んだかって？　さて、どう思う？

それはさておき、私はハーリヒーとカーボネッティと別れると、名誉勲章の晩餐会に出席するため、ダウンタウンへ向かった。なぜか私が行くことをマスコミが知っていて、会場に到着すると、テレビ局のトラックやカメラ、ブームマイクが騒々しく集まっているのが見えた。グラッソは抜かりなく裏口から入場していた。私は愚かにも正面から入っていき、レポーターたちにとっ捕まった。話題はスピッツァーだ。「何を知っていますか？」と彼らは質問した。

私は真実を答えた。何も知らない、と。だが、こうも話した。

「われわれはみな、それぞれの地獄を抱えているものだ。子どもの病気であれ、結婚の失敗であれ。誰もがなんらかの責任を背負っている。皆がそれぞれの地獄を抱えている。彼の地獄が他の人より少しだけ熱いことを願うばかりだ」

そして二〇〇八年七月一日、ニューヨーク州控訴裁判所はディック・グラッソと私に対するすべての請求を取り下げ、われわれの法的な正当性が立証された。ニューヨーク証券取引所はいまでは営利を目的とする多国籍企業の傘下に置かれていて（二〇〇六年にシカゴを拠点とするアーキペラゴ取引所と合併していた）、ニューヨーク州は企業の問題を監視しておらず、過去の起訴は公益にならないという裁定による。

胸のすく勝利だ。

スピッツァーに関しては、彼の身に起きたすべての不幸は、自業自得だと思っている。

この一連の出来事で私にとって悲劇なのは、許すことを基本的な信条としているのに、エリオット・スピッツァーを許す気になれずにいることだ。ディック・グラッソと私は、スピッツァーを負かすだけの手段を持ち合わせていた。他の大勢の人々は、それほど幸運ではなかった。スピッツァーは見出しで取りあげられたいというだけの理由で、多くの人のキャリアと暮らしを壊した。自らの妻と子どもたちに惨めな思いをさせた。

そして、スピッツァーは私を英雄にした！　彼が辞任した後、通りで人々は私のもとに近づき、握手を求めてきたものだ。「なあ、あいつをやっつけちまえ、あんたのような人がいてくれることを神に感謝するよ」と彼らは言っていた。

私は毎朝、自分に与えられたすべてのものについて神に感謝し、より善い人間になれるよう祈っている。あの愚か者を許すことができないために、私は悪い人間になっているのかもしれない。そのことを受け入れなければならないのであれば、受け入れよう。

もっと前向きな話でこの章を締めくくるとしよう。

一九九九年にNYUメディカルセンターに一億ドルを寄付したとき、エレインと私はこの寄付を匿名にした。数年後にまた一億ドルの寄付をしたときも、同じ条件で行ったが、今度は別の結果になった。ボブ・グロスマンとマーティ・リプトンが私のもとに来て、メディカルセンターに私とエレインの名前をつけるつもりがあれば、他の人々ももっと大きな寄付を申し出ようという気になるのではないだろうか、と言った。結果的には、間違いなく彼らの言うとおりだった。現在の当メディカルセンターの名称、NYUランゴーンは、私に大きな誇りを与えてくれるが、それと同時に、カトリックとして、高慢は大罪だと承知している。私の誇りは、虚栄心とはあまり関係なく、他の人々が大いに善い行いをする助けになれたという認識によるものだと言っておきたい。

二〇〇七年にボブ・グロスマンがNYUメディカルセンターのCEOに就任したとき、この医学校は全米で三四位という位置づけにあり、病院は優等名簿に掲載さえされていなかった。それから一〇年以内に、どちらもトップ12にランクインした。ここ三年間、われわれは高い質、患者のケア、安全面で、トップに立っている。私は自分の仕事人生において、ホーム・デポの成功を上回るものはないだろうと思っていた。このメディカルセンターの成功が、私にとってどれほど大きな意味を持つか、とても伝えきれない。もちろん、ホーム・デポも大好きだ。

忘れないでほしい、私は六五歳のときにNYUの仕事を引き受けた。その年齢だと、たいていの人々は、のんびり草を食む牧草地を探している頃だ。その年齢で、私はひとつの機関が生まれ変わるのを手伝った。それから何年にもわたって、その病院は何万人という人々を治療してきている。一六年がたつが、NYUメディカルセンターをいまの状態に立て直すことに尽力したのは、私にとってはいまなお何よりも爽快な経験でありつづけている。
マーティ・リプトン――本当に、ありがとう。

第8章 人間の本質と思いがけない災難

HUMAN NATURE AND OTHER DISASTERS

誰もが最終的な利益の話をするが、私がこれまで何度も経験してきたように、人は危険を覚悟でビジネスの人的要素を無視するものだ。七つの大罪のほとんどが作用しかねず、また実際に作用し、人間同士の相性は――良い相性であれ、悪い相性であれ――必ずなんらかの影響を及ぼし、ときには多大な影響をもたらすこともある。会議室で、役員室で、営業会議で。長年かけて、私は相性というものについて、かなりの教訓を学んだ。

これから話すことは、私がGEの理事に加わったばかりの、一九九九年の春から始まる。私が理事に就任したわずか二カ月後、ジャック・ウェルチが言った。「きみに報酬委員会に加わってもらいたい」。別名、経営開発および報酬委員会（the Management Development and Compensation Committee）。ウェルチの口から出ると、要請というよりは直接の命令に聞こえた。

さて、GEでは通常は、会長がガバナンスおよび指名委員会と協議の上で、委員会のメンバーを任命する。だがウェルチはああいう人間で、これは彼の要求だった。

「ジャック、ここには一〇年や一五年も理事を務めている人々がいる。受け入れられるだろうか?」

ウェルチに幸あらんことを。彼は自分の望みが分かっていて、それを押しとどめなかった。

「そんなことはどうでもいい。きみを委員にしたいんだ」

「分かった」と私は答えた。

案の定、このことが発表されるとすぐに、九年間にわたって理事を務めていたある大手銀行の会長がウェルチのもとへ行き、こう言った。

「私は九年も理事を務めている。なぜ私をあの委員にしてくれなかったんだ?」

ウェルチは彼に答えた。「銀行家なんぞから、社員にどれだけ払えと指示されるのはごめんだ。必要なのは、能力の価値と重要さを理解している企業家だ」

これぞジャック・ウェルチ。話はそれで完了だった。

ジャック・ウェルチは二〇〇〇年の一一月で六五歳(GEの定年)になり、その年の終わりに退社することになっていた。彼の後任については、あらゆるビジネス誌の記事で、何年も憶測が飛び交っていた。いくつもの名前が取り沙汰されていた。だが、二〇〇〇年の半ばまでに、候補者は三名に絞られていた。ジェフ・イメルト、ジム・マックナーニー、ボブ・ナルデリだ。前にも話したように、イメルトはメディカルシステムズ部門の部長だった。マックナーニーはGEキャピタルの執行副社長で、GEエアクラフト・エンジンズとGEライティングのCEOだった。ナルデリはGEパワー・システムズの会長だった。三人ともウェルチが目をかけてきた人物で、もっともなことだが、三人ともわれこそがジャック・ウェルチの後任にふさわしいと思っていた。

ウェルチは、後継者とならなかったふたりには、GEからの金銭的な熱いキスを与えるつもりでいたが、そのふたりは会社を去ることになる。心理学的な観点から言えば、完全に理にかなっている。ウェルチとしては、候補から外されたと世間の目に（本人の目にも）映っているふたりを、GEにとどまらせたくはなかった。ウェルチはそのふたりがよその会社に移ったとき、そこでも同じ待遇が受けられるよう取り決めておくつもりだった。

このことは、ホーム・デポにとって、ふたりのうちひとりを雇うチャンスとなった。

少し時間を巻き戻そう。一九九九年、バーニー・マーカスは、約三年間ホーム・デポを経営してきたアーサー・ブランクに手綱を譲った。マーカスは理事会には残っていた。ある日、経営委員会を開いているときに、私は言った。

「アーサー、きみが列車に轢かれたら、代わりは誰になる？」

「誰もいない」

「この会社に昇格できそうな人間はいないのか？」

「ああ、いないんだ」

「そいつはまずいな」

ブランクも同意見だった。そこで私たちは、この業界で最もよく知られたヘッドハンターのひとり、ハイドリック＆ストラグルズのジェリー・ロシュを雇った。急ぐ必要はない、と私たちはロシュに伝えた。ブランクは会長兼ＣＥＯに就任することになっていた。私たちは社長兼ＣＯＯ（最高執行責任者）を連れてくるつもりだった。ＣＥＯというものは、より戦略的で大局的な見地に立つものだ。数字や結果を任されるＣＯＯを監督する責任がある。もちろん、ＣＥＯは取締役会と委員長との橋渡しにもなる。

ロシュには急ぐ必要はないと伝えたが、彼はすぐにこう提案してきた。

「ジャック・ウェルチの後任に選ばれなかったふたりはどうだろう？」

完璧に理にかなっていた。ＧＥのトップ候補は三人ともやり手だった。それにリーダーとして定評があり、ホーム・デポのような大企業の日々の事業を運営するのに、まさに適任だった。マーカスとブランクとそのことを話し合うと、ふたりは私に賛成した。

私はジャック・ウェルチに会いに行った。

「ジャック、お願いがあるんだ。後任を誰にするか決めたら、教えてほしい」

ウェルチは私の意図にすぐ気づいた。「うちの社員に手をだそうとするんじゃないぞ！　近づこうなんて考えるなよ！」と彼は怒鳴った。ウェルチは自分が決断する前に、私がイメルト、マックナーニー、ナルデリにアプローチして、彼の決断プロセスのバランスを崩すことを危惧していたのだ。三人の候補者はそれぞれ別々のスキルと才能を備えていたが、接戦だとウェルチは断言していた。

私はウェルチをなだめようとした。

「きみを出し抜くつもりはないよ、ジャック。私が言いたいのは、きみが誰にするか決めたら、その後で残りのふたりから選ばせてもらうということだ」

ジャックは以前、すでに得ている報奨に加えて、三人の候補者それぞれに三〇〇万株のストック・オプションを与えたい、とGEの理事会に話してあった。ジャックの側からすれば、実に抜け目ないやり方だ。トップの座を得られなかったふたりにとって、この贈り物は会社を去ってから初めて直接の価値を持つ。GEの株はまだ権利行使価格に到達していなかったので、彼らは空手で会社を去ることになる。だが、ふたりの次点者のどちらかが入社する外部の企業は、この三〇〇万ドルのストック・オプションと価値を釣り合わせることで、彼らの損失を補償しなければならない。「くそっ。こいつは私たちにとって——ホーム・デポにとって——大きな出費になるぞ」と私は思った。

一〇月最後の週末、私はこともあろうに、アリゾナ州にある依存症治療施設のザ・メドウズで過ごした。私は患者ではない。患者はホーム・デポの古参者のひとり。ひどい飲酒問題を抱えていたため、マーカスとブランクと私は彼にこの施設に行くよう命じるしかなかったのだ。何より悲しいのは、その日はザ・メドウズのファミリー・ウィークエンドだったのに、この男は二度離婚していて、週末を一緒に過ごしに来てくれる家族がいなかったことだ。だから私が買って出た。壮観だった。あちこちで家族が輪になって座り、互いに怒鳴り合っているのだ。「あんたはこんなことをした！」「おまえはあんなことをした！」と。私は少しも怒鳴らず、できるだけ彼を支え、日曜の夜には、GEが理事会を開くことになっているサウスカロライナのグリーンビルに飛行機で向かった。

午後一一時頃にホテルに着くと、三、四人の理事が座って一杯やっていた。「どうした？」と私は尋ねた。

「イメルトが後継者になる」と彼らは話した。

なるほど、そういうことか。なんとうぶだったことか。私は三人が接戦だというウェルチの言葉を信じ込んでいたが、どうやらずっと前からイメルトを選ぶつもりだったらしい。マックナーニーは早いうちに脱落していて、ウェルチはナルデリよりもイメルトのほうが重々しさを、ＣＥＯの風格を備えていると思ったのだろう。イメルトはダートマスの卒業生だった。ハーバードでＭＢＡを取得していた。ナルデリはウェスタン・イリノイ大学で文学士号を取得していた。ＭＢＡはルイビル大学で取得していた。

イメルトが引き継いだ後、ＧＥが混乱に見舞われて価値が低下したことを考えると、果たしてウェルチはいま、自分の選択を後悔しているのだろうか。

ナルデリはＧＥのトップに立てるほどには洗練されていなかったのかもしれないが、ホーム・デポには申し分なかった。私は彼の人物調査書を作成させ、マーカスとブランクにコピーを送った。

翌朝のミーティングで、私はウェルチのもとに行き、言った。

「ジャック、頼みがある。私はすぐにどうこうするつもりはないが、いつになったらナルデリに近づいていいか教えてくれ」

「余計な真似はひとつもするな！　すべて計画を立ててある」

感謝祭の後の金曜日に、イメルトと彼の妻に飛行機の迎えを寄越し、パームビーチの自宅に招き、後任に決まったことをイメルトに伝える予定だ、とウェルチは話した。飛行機の乗客名簿には別の人間の名前を載せるので、誰にも気づかれないはずだった。

ウェルチはさらに続けた。その週の日曜の夜に、マックナーニーがＧＥエアクラフト・エンジンズを運営しているシンシナティに飛行機で行き、後任に選ばれなかったことを伝える。その後、シンシナティから、ナルデリがGEパワー・システムズを運営しているスケネクタディへ飛び、選ばれなかったことを伝える。「そして月曜の朝八時に、公表することになっている」とウェルチは言った。

「分かった。月曜の朝八時まで何もしないよ」と私はウェルチに伝えた。

すべてが予定どおりに運んだ。感謝祭の後の金曜日、イメルトは自分が後任に選ばれたことを知った。日曜日、ウェルチはシンシナティに飛び、マックナーニーに結果を伝えた。ちなみに、マックナーニーは、火曜日の朝には3MのCEOに就任していた。しばらく前から話を付けてあったのだ。ナルデリはこの知らせに大きな打撃を受けていた。ウェルチがスケネクタディへ飛び、後任に選ばれなかったことを伝えると、ナルデリは文句を言った。

「なぜ？　私の数字を見てくれ。彼らと私を見てくれ。私は結果をだしてきたんだ」

「ボブ、これは私の決断だ。もう決まったことなんだよ」とウェルチは言った。

感謝祭の週末にあたる日曜日に、私はカリフォルニアへ行った。西海岸に行くといつも、私はニューヨーク時間のまま過ごしており、その月曜は午前四時に目を覚まして、テレビでCNBCをつけた。ウェルチはニューヨーク時間の午前八時までは公表を禁ずると言っていたが、NBCはGEの傘下だったので、ウェルチはイメルトが後任になったことをCNBCに三〇分早く発表させた。こちらの午前四時半に、私はすぐさま受話器を取って、ジェリー・ロシュに連絡した。

「いますぐボブ・ナルデリを捕まえて連絡がつくようにして、私たちが話したがっていると伝えてくれ」

ロシュはすぐにかけ直してきた。「ナルデリと連絡がついた」

私はナルデリに電話した。

「ボブ、きみはがっかりしているだろう。だが、素晴らしいチャンスがある」

二日後、マーカスがスケネクタディへ飛び、ナルデリとディナーをとった。マーカスはディナーが終わると私に電話してきて、「あの男が適任だ」と言った。

マーカスは乗り、ブランクも乗った。次の週末、ボブ・ナルデリと奥方を飛行機でアトランタへ呼び出し、ホーム・デポの本社を見てもらった。GEの候補から外れた六日後、われわれは最高経営執行者の役職を彼にオファーした。

すべてがめまぐるしく進展した。ナルデリはすべての役員会の議長と対面した。報酬委員会を招集し、ナルデリの報酬パッケージについて、本人と話し合わせた。GEの三〇〇万株のストック・オプションと同等の価値で、ホーム・デポのオプションを用意しなければならない。その時点で、GEの株は一株約五〇ドルで売買されており、ホーム・デポは約三五ドルだった。

その夜、偶然ハイドリック&ストラグルズのパートナーのディナーがアトランタで開かれていたため、ジェリー・ロシュも街にいた。私たちがフォーシーズンズ・ホテルで経営委員会のミーティングをしていると、ロシュが立ち寄って顔を見せ、こう言った。

「そうだ、ところで、ナルデリは社長兼CEOじゃなければ、この仕事を引き受けないそうだ」

この小さな爆弾発言をして、ロシュはディナーへ行ってしまい、後にはブランク、マーカス、ミッチ・ハート、ジョン・クレンデニン、ボニー・ヒル、私という六人の委員が残され、無言で座っていた。しばらくして、私は言った。

「さて、そういうことだ。ナルデリはCOOでは駄目だと。どうしたものか？」

いきなりブランクが言った。「ナルデリがCEOになりたいのなら、私は構わないよ」と。

筆頭取締役として、私は発言した。「いやはや、アーサー、実に寛大な申し出だ。席を外して、われわれに話し合わせてくれないか、また呼び戻すから」。ホテルの上階にスイートがあり、ブランクはそこで待機した。彼が部屋を出ていった瞬間、残りのみんなは安堵のため息をついた。

その頃、ホーム・デポは士気に関わる深刻な問題を抱えていた。ブランクは個人的な問題に心を乱しており、その問題の一部となっていた。それだけではなく、競合するチェーン店のロウズが勢力を誇っていて、ホーム・デポをおびやかしはじめていた。

「さあ、どうしようか？」と、私は他の取締役たちに問いかけた。

ブランクの申し出を受け入れて、ナルデリを代わりにCEOにするべきだということで、全員が同意した。

ただひとつ、意見がまとまらなかったのは、誰がスイートに上がってブランクにこのことを伝えるかということだ。

ブランクは創業当時からいる会社の共同設立者で、われわれの友人だ。少しばかりつまずいてしまっていたが、素晴らしい男だ。誰だって時にはつまずくものだ。だが、そのことを指摘する役目を引き受けたがる者は？

誰もいない。それが人間の性《さが》だ。

一時間近くも、やきもきしながらそこに座っていた。

「よし、バーニー、きみが上がって伝えたらどうだ。アーサーはそれで構わないと言っていたんだし」と私は言った。

「いや、だめだ、だめだ。きみがやるべきだよ」

「どうして私が？」

「きみがやるべきだ」とマーカスは繰り返している。

「しかし、バーニー、委員長はきみだぞ」

マーカスは譲ろうとしなかった。「いや、だめだ、きみがやるべきだ」

とうとう、私が上階へ行き、スイートのドアをノックした。ブランクはテレビでフットボールの試合を観ていた。

「アーサー、会社のために貢献しようというきみの姿勢に、委員会は本当に感心している。われわれはきみの申し出を受け入れることに決めた。ボブを社長兼CEOに就任させる」

すると、ブランクはカッとなった。「出ていけ！　顔も見たくない！」と彼は怒鳴った。

「待ってくれ、アーサー。〝構わない〟と言ったのは、本心じゃなかったということか？　だったら、どうして〝いやだ、私は譲らない〟と言わずに、われわれに決めさせたんだ？　信任票を集めようとしていただけなのか？　心底がっかりだよ」

ブランクはひどく動顛していた。

「とっとと出ていけ！　バーニーに会わせろ！　バーニーに！」

私は階下に戻った。

「バーニー、きみが彼に会いに行きたがらなかった理由が分かったよ」

「何があった？」

「アーサーは激怒した。私に用はないと。きみに会いたがっている」

「一緒に来てくれよ」とマーカスは言った。

「一緒に行く気はない」

マーカスは首を振った。ひとりでブランクと顔を合わせたくないのだ。人間の性だ！　「一緒に来てくれ」

「分かったよ」

私はついに折れて、ふたりで上階へ行った。

部屋に入った途端に、ブランクは私を指さして、「きみはとっとと出ていけ」と言った。

私が出ていくと、マーカスはひとりでブランクに対処しなければならなかった。ブランクは冷静になり――みんなと同じく、彼自身も動揺するだけの理由があることを理解したのかもしれない――非業務執行会長という役職を受け入れた。

われわれはナルデリに電話して、彼を社長兼ＣＥＯに就任させることと、その日の夜に彼の報酬パッケージを承認するため、取締役会を開くことを伝えた。この報酬パッケージには、ＧＥに残してきたものを埋め合わせるための、非常に高くつく内容も含まれていた。

この頃には、クリスマスが近づいていた。ナルデリは親切にも、スケネクタディで開かれるGEパワー・システムズのホリデーパーティー（彼が主宰する最後のホリデーパーティーだ）に私とエレインを招待してくれた。GEは各部門で別々にクリスマスパーティーを開いていて、なんとも贅沢な催しになっていた。ナルデリのパーティーでは、バリー・マニロウがパフォーマンスを披露した。

とにかく、エレインと私はパーティーに出席し、ドアをくぐった途端に、ホーム・デポを導くのにふさわしい男を選んだことが分かった。ナルデリの同僚たちは、彼がいなくなることを文字どおり泣いて悲しんでいた。涙を流していた！　彼らはナルデリに対して強い親愛の情を抱いていた。パーティーでは、組合の代表者が立ちあがり、「私たちにとって、ボブ・ナルデリのような人は二度と現れないでしょう」と言った。

「参ったな。ボブはみんなに愛されているじゃないか。本当に仲間思いの男なんだな。最高の経営者だ」と、私は心のなかで思っていた。

というわけで、ナルデリはホーム・デポにやって来た。そして、彼は本当に最高の経営者だった。ホーム・デポに来て最初の四年間、ナルデリは触るものすべてを黄金に変えていった。めざましい功績だ。丸五年間、彼は収益を年間二〇パーセントずつ増加させた。こんな話は聞いたことがない。ジャック・ウェルチがイメルトを後任にすると伝えたとき、ナルデリが言ったことを覚えているだろうか？　「私の数字を見てくれ」と彼は言った。ナルデリにとっては数字がすべてで、その数字は驚くべきものだった。

彼は組織全体のコストを削減した。各部門の幹部の責任を整理統合することで、多数の管理者を切り捨てた。アトランタの本社にコンピューターの在庫管理システムを導入した。

ＧＥにはシックス・シグマと呼ばれる経営手法があった。生産を最大化し、変動を最小化するための、統計的な手法だ。ジャック・ウェルチにとっての福音であり、ナルデリ（リトル・ジャックと呼ばれることもあった）は誰よりも熱烈なウェルチの信奉者だった。ナルデリはシックス・シグマをホーム・デポに持ち込んだ。それに、彼自身の主任顧問弁護士であるフランク・フェルナンデスも連れてきていた。これは普通ではない動きで、少しばかり気がかりでもあった。ＧＥの元人事で、チャートやパーセンテージばかりを気にしているデニス・ドノバンも引っぱってきていた。ドノバンはこうしたパーセンテージの虜だった。どんな結論を下すにも、必ずその裏づけに統計値があった。

唯一の問題は、ホーム・デポの最大の強みは（かつてもいまも）その社風にあり、統計を気にするのはわれわれの社風ではないということだ。

わが社の社風では、「何かお探しですか?」とか、「それは必要ないですよ。こっちに来て、これを見てください。そこまで高くないけど、これで問題ありません」と顧客に言う販売員の、形としては表れない価値も考慮に入れている。

ひとつ、こんな話がある。

ある土曜日の朝、ロングアイランドにあるホーム・デポの店に、ひとりのお客が洗面所の蛇口のバルブを手にやって来て、販売員に言った。「これの新しいものがほしい」

さて、配管工の息子である私に説明させてほしい。蛇口というものを見ると、ハンドルと座金（ハンドルの下を保護する部品だ）がある。そして座金の下に、内部の仕掛けがあり、軸となるステムあるいはシャフトをハンドルが回転させる仕組みになっている。シャフトの端には、ワッシャーがある。ワッシャーは座部というものにフィットし、蛇口を閉めると、ワッシャーが座部に押しあてられて、水が流れなくなる。ワッシャーが古くなって劣化すると、水がとどめられなくなり、水漏れするのだ。

「蛇口がどうしたんですか？」と、この若者はお客に尋ねた（その販売員は二八歳ぐらいだった。私にとっては八〇歳以下はみんな若者だ）。

「うん、水漏れするんだ」と、お客は答えた。

「蛇口が水漏れするのは……ワッシャーを見てみましょう。こちらへどうぞ」

その販売員は水回り品の売り場へ行き、展示品からさまざまなワッシャーが入った三九セントの小さなグラシン袋を取ると、袋をあけて、正しいサイズのワッシャーを取りだし、お客の蛇口のワッシャーをとどめていた部品のネジをゆるめて、古いワッシャーを外し、新しいものに付け替え、元どおりネジを締めた。

「さあ、どうぞ。家に帰って、これを元に戻してみてください。もう大丈夫なはずですよ」と、その販売員は話した。

すると、驚くなかれ、お客が家に帰って蛇口を元に戻すと、ばっちり使えたのだ。水漏れはしなくなり、問題は解決した。お客は一セントも払わずに。

それから三、四カ月ほどして、あのお客の妻が新しいキッチンを欲しがり、妻はばかげたキッチンのショールームに行きたがった。夫は、「いや、だめだ。私はホーム・デポの友人のところに行きたい」と言った。

夫婦はホーム・デポを訪れた。男はあのときの販売員のもとへ行き、彼に話した。「キッチンを新しくしたいのだが、きみの力を借りたいんだ」

「ロズに担当を引き継がせてください」と若者は言い、キッチン・デザイナーの女性のもとへ夫婦を案内した。「こちらのお客様の相談に乗ってもらえますか？」と彼は言った。

結局この夫婦は、新品のキッチン、装具、棚、床板を購入した。商品の総額は一〇万ドル近かった。これは統計学ではない。

二〇〇〇年から二〇〇五年の間に、ボブ・ナルデリはホーム・デポの売上げを二倍近くに伸ばした。この期間に、わが社の収入は四五〇億ドルから八一〇億ドルにまで増えた。ナルデリは税引き後の純利益を二五億ドルから五六億ドルに増やしていた。だが、それと同じ期間、ホーム・デポの株価はほぼ停滞している一方、競合するロウズの株価は二倍になっていた。

会社を創業したばかりの頃、私はどの取締役も、できるだけラフで目立たない服装で、九〇日ごとにホーム・デポを三店舗訪れて、各自が気づいたことを報告するという方針を推奨した。いま取締役たちが店舗を訪れて気づくのは、何かがおかしいということだった。ウォール街のアナリストたちも、同じ問題を報告していた。店舗における士気の問題と、全社的な、ナルデリの報酬パッケージに対する過度な注目だ。市場はわが社の問題を察知していた。

二〇〇一年初頭、ナルデリが指揮を執りはじめてから三カ月とたたずに、ブランクとナルデリがうまくいっていないと明らかになった。その年の春、ナルデリが私たちのところに来て、「なあ、これではやっていけない」と言った。そこで、私たちはパームビーチの空港で臨時取締役会議を開き、この問題についてしばらく堂々巡りをしながら、現在の構成では経営組織がうまくいっていないことをブランクに丁重に伝えようとしたが、やがてついに、不屈の、老練な戦闘機乗りのフランク・ボーマン（フランクは一九八〇年に取締役会に加わった）が、はっきり言った。

「なあ、アーサー、分からないのか？　きみはもう、次に進むべきだ」

ブランクは呆然としていたが、抗議はしなかった。彼は家に帰ったが……大変な金持ちになって帰った。次に私たちが聞いたのは、NFLのフットボールチーム、アトランタ・ファルコンズが売りにだされ、ブランクが買ったという話だった。

マーカスはもう少し会長を務めていた。だが、二〇〇二年の初めに退任し、ナルデリが会長も兼任することになった。

会社は苦しい状況が続いていた。ナルデリは部門管理者たちとまったく親しくせず、全店舗を対象に、商品知識の豊富な販売員――客にワッシャーをあげた、あの若者みたいな――を削減した。安く雇えるパート従業員を代わりに据えるというやり方は、会社の利益を膨らませたが、顧客との関係は腐らせた。

ナルデリは、ある持論も抱いていた。ストア・リーダーシップ・プログラム（SLP）だ。ナルデリは、大卒や元陸軍士官を店長にすることで、業績が上がり、運営全般の質が高まると考えていた。紙の上では、いい考えに思えた。私はロングアイランドのホーム・デポに入り、陸軍士官学校の卒業生でSLPの下に就任した店長と話したときのことを覚えている。彼は間違いなく賢い男だったが、この店のためにどんな野心を抱いているかと尋ねると、「いやあ、ここにいるのはいまだけなんで。アトランタに行くのが目標です」と答えた。つまり、本社で取締役に就任したいというわけだ。つまり、店長を務めている店については、細心の注意を払うどころではないわけだ。

そうこうする間にも、競合企業のロウズはわれわれに迫りつづけていた。

ナルデリの報酬についての問題も続いていた。ご記憶のように、二一世紀が始まって数年間（エンロン事件やワールドコム事件が起こり、私がグラッソの報酬についてスピッツァーと戦わなければならなかった当時に話は戻るわけだが）は、ＣＥＯの報酬に関するくだらない話題がニュースを賑わせていた。管理職の報酬に強い注目が集まっており、ナルデリは象徴的な存在になった。経済誌はナルデリのオプションが二億ドルを超えると報じていた。だが、その当時、ナルデリのオプションにそれだけの金銭的な価値はなかった。ブラック・ショールズ・モデルと呼ばれる一般に使われる金融方程式に当てはめると、ナルデリのオプション価格は理論値によれば約四〇〇〇万ドルということになった。しかし、その価格を実現するには、ホーム・デポの株が著しく上昇しなければならず、ホーム・デポの株価がいつそこまで高くなるのかも分からなければ、そこまで高くなる保証もどこにもなかった（ロウズに太鼓のように叩かれているとあってはなおさらだ）。

ナルデリの契約では、ボーナスも含めて彼に年俸一五〇〇万ドルから一六〇〇万ドルを支払うことになっていた。二〇〇〇年から二〇〇五年まで毎年、われわれはその二倍の額を支払っていた。それほど彼の業績はよかったのだ。だが、経済界の皆と同じく、ホーム・デポの取締役会も、二億ドルとされる報酬パッケージに関するさまざまな見出しを目にしており、いくら記事の内容が真実ではないといっても、体面――世論――が問題だった。私たちは臨時の執行委員会を開いた。報酬委員会の委員長はボニー・ヒルが務めていた。世間体のため、ナルデリに支払う報酬を去年より一〇〇万ドル減額するべきだと彼女は提案し、全員が同意した。つまり、二〇〇六年は、ナルデリの報酬は三一〇〇万ドルではなく、三〇〇〇万ドルということになる。それでも契約で求められている額よりも一五〇〇万ドル近く多い。われわれはナルデリを呼びだした。

初めはナルデリの業績について話した。彼の耳に心地いい話だ。彼がどんなに素晴らしい仕事ぶりを見せ、われわれがどれほど満足しているかを伝えた。その後で、こう言った。

「ボブ、体裁上の理由から、今年度はきみの報酬を一〇〇万ドル減らさせてもらおうと思う」

まるで身体に激しい電流が走ったみたいに、ナルデリは会議室の真ん中でさっと立ちあがった。

「なぜこんなことをする？　今年は去年よりもさらに頑張って働いたんだぞ！　減額じゃなく、増額するべきじゃないか！」

彼はその後も「私の叩きだした数字を見てくれ！」と延々と繰り返し、やがて会議室から荒々しく出ていった。

私たちは全員、呆然とその場に座っていた。私は筆頭取締役なので、ナルデリの隣の席だった。私は皆を見まわし、「すぐに戻る」と言った。

席を立ち、ボブのオフィスに向かった。「さっさとあの部屋に戻れ。二度と委員会にあんな無礼な態度を取るな。会議室に戻って、皆に謝罪するんだ。われわれは本来支払うべき金額よりも一四〇〇万ドル多くきみに支払っている。支払う必要がない余分な一四〇〇万ドルを支払っているんだぞ、ボブ。きみは本当によくやってくれた。ただ、きみのためにもわれわれのためにも、関心の的にならないようにしたほうがいいと思っている。一〇〇万ドルでそれがかなうんじゃないかと思って」

ナルデリはしばしば躊躇しているように見えた。

「自分のしたことを考えてみるんだな」と私は言った。

彼は考えた。そして、会議室に戻って謝罪した。だが、手遅れだった。報道は止まなかった。

執行委員会は、ナルデリと二億四〇〇〇万ドルの件について報道を鎮火させるにはどうすればいいのか、話し合いを続けた。ナルデリとのあのミーティングの後、ほどなく、二〇〇六年のレイバー・デーの頃、私はアトランタから車で約二時間半のところにある、ノースカロライナの山荘で二週間ほど過ごした。

美しい森や丘を見晴らしながら、考えに考えた。すると、あることをふと思いついた。

当時もまだホーム・デポの株価は一株三〇ドル代半ばだったため、ナルデリのオプションはイン・ザ・マネーではなかった。ならば、世間の怒りを煽っている（そして理論上でしかない）二億四〇〇〇万ドルという額を下げるために、オプションをいくらか返してくれとナルデリに頼んでみることもできた。しかし、いまではナルデリという男のことがよく分かっているので、何も返そうとはしないだろうと思った。

ナルデリから何かを取りあげるのではなく、ホーム・デポの株主に何かを与えるというのはどうだろう？

私が思いついた妙案とは、権利行使価格を一五パーセント上回るまで、そして一定の期間、その価格を維持するまで、オプションを行使しないようナルデリに頼むことだ。そうすれば、彼はオプションをすべて保有しつづけられるし、投資家は皆、儲けることができて、経済誌はナルデリの寛大さに驚くことになるだろう。

ウィン・ウィン・ウィンだ！

それを思いついたのは日曜の夜だった。私は、すでに引退してナンタケットに住んでいたジャック・ウェルチに電話をかけた。「ジャック、考えがあるんだ」。そして、すべてを話して聞かせた。

「素晴らしい！　素晴らしいアイデアだ。ナルデリは絶対にそうするべきだ」

そこで、私はナルデリに電話して、明朝会いたいと伝えた。月曜日の朝イチに、アトランタにあるホーム・デポの本社まで車で行き、彼のオフィスで食事をとりながら、私の計画について話した。

説明が終わると、私は言った。「ボブ、これですべてが解決する。きみに損はないんだ」。これは税制適格オプションではないから、ナルデリは行使価格で取得したすべての株式について、たとえ売却しなかったとしても、所得税を支払う必要があるのだ。彼がどんなに高潔で無欲な男か、株主も経済誌も思い知るだろう。

しかし、ナルデリは首を振った。「私としては、それで満足だと思えるか分からないな」と彼は言った。

「ボブ、聞いてくれ。私よりもきみのほうが、きみという人間をよく知っている。自分が満足できそうにないと思うのなら、たぶんきみはそうすることを心からは望んでいないということだろう」

「少し考えさせてほしい」とナルデリは言った。

「分かった」

ノースカロライナへ戻る車のなかで、私はウェルチに電話した。「ジャック、ナルデリはきみに電話するはずだ」

その月曜の夜に山荘に帰り着くと、私はもう一度ウェルチに電話した。

「ああ、ナルデリは電話してきた。忌々しい移民みたいな考え方をしていたぞ」とジャックは話した。

「どういうことだ？」

「そんな気はないとさ。私はきみの計画は素晴らしいと話した。ナルデリは何ひとつ手放す必要がなく、すべてを保持できると。だが、あの男は信じようとしない」

実際のところ、ナルデリは九〇〇億円企業のＣＥＯというよりも、すでに移民のように振る舞っていた。ホーム・デポの全体的な戦略ではなく、本質的に些末なこと、たとえば自らの報酬の詳細にこだわっていた。騙し取られたという気持ちがいつまでも抜けずにいたのだ。彼女に捨てられたことから立ち直れない男みたいに、ジャック・ウェルチが自分をＧＥのトップの座に選ばなかったことをいつまでも引きずっていた。ナルデリがホーム・デポに来てからそれほどたたない頃、イメルトが後任に座ったことについて、フォーチュン誌に記事が掲載された。その記事のなかでも彼は相変わらず自分の数字について話していて、なぜジャック・ウェルチがイメルトではなく自分を選ぶべきだったのか、相変わらず主張していた。

「私はジャックに言ったんだ、〝検視解剖をしてくれ〟と。死体を掘り起こそうじゃないか」とナルデリは記者に言っていた。あまりうまい言葉の選び方ではない。

その雑誌が発売された日の午前一一時半、ジャック・ウェルチは私に電話してきた。

「くそったれのイタ公どもが！　いつまでも、くどくどと！　あの男に言ってやれ、きみは後任に選ばれなかったんだ、もう前を向いて進め、とな」とウェルチはわめいた。

だが、ナルデリはGEのトップになれなかったことから、いつまでも立ち直れなかった。そして、ことあるごとにGEに固執した。彼がホーム・デポで最初にしたことのひとつは、全国二三〇〇店舗で取り扱っていたGEの電球をフィリップスの電球に代えたことだ。フィリップスの電球は同じ値段で三〇パーセント長持ちするから、顧客のためを思えば正しい行いだと言えるかもしれない。科学的に証明されていることなので、そのことを宣伝でき、顧客も支持した。が、一歩離れて少し考えてみてほしい。電球を換えたとき、その日付を書き留めているだろうか？　書き留めるはずがない！　そんなことをする者はいない！　ひとたび電球をひねれば、どれだけ長持ちするかなど、ナルデリは気にしちゃいなかった。彼の関心は、GEをひねってやることだけだ。

だが、二三〇〇店舗すべてについて、ナルデリが変えたのは電球だけではなかった。彼は売上げを伸ばしてコストを削減し、スタッフに無理をさせて時間外勤務を削らせるよう、店長たちに圧力をかけていたため、彼らが自分のことで不平を言っているのを知っていた。この不平に反応して、ナルデリは全米じゅうのホーム・デポに人事担当者を配置し、ひとりあたり年俸約一〇万ドルも支払っていた。計算してみよう。まず間違いなく不要なスタッフのため、毎年失うには大きな金額だ。

それでも、ナルデリはそれが店に必要だと思っていた。だが、本人が言っているのとは別の理由のためだろう。各店舗の士気は低下したままだった。人が離れていっていた。ホーム・デポの使命と社風が問われていた。各店舗の人事担当者はスタッフの不安を和らげるためにいるのだと言うこともできるが、不満を言うスタッフがいないか見張って、ボブ・ナルデリに報告するためにいるのだとも言えた。店長たちは人事担当者をナルデリのスパイだと感じはじめていた。会社全体の士気がさらに低下した。

私が店舗を回って士気が下がっていたことを話すと、ナルデリは「愚痴ってばかりの連中なんだ」と言った。

「ボブ、きみにとっては愚痴ってばかりの連中かもしれないが、彼らはわが社にとって何よりも貴重な存在だ。われわれを他社とは違ったものにしている唯一の存在だ。われわれの秘伝のソースであり、秘密兵器だ。彼らのおかげで、この会社は成り立っているんだ」

ホーム・デポに来たばかりの頃、ナルデリはGEにいた頃みたいに、仲間思いの男のように振る舞っていたが、それは誰も傷つけずに変化を起こすこと（店の返品条件を現金ではなく商品券に変えるなど）で業績を上げられていたからだ、ということが急に分かりはじめてきた。彼は低いところにぶら下がっている果実を摘み取っていたのだ。低いところに実っている果実がなくなってしまうと、ナルデリは強硬な態度を示すようになったが、それは逆効果だった。彼が仲間思いなのは、実はうわべだけだと私は気づいた。GEでナルデリが愛されていたのは、厳しいのと同じぐらい本当に仲間思いであるジャック・ウェルチを真似ていたからだった。ボブ・ナルデリは、ビッグ・ジャックの後を継ぎたかったから、自分をリトル・ジャックに見せようとしていたのだ。

この頃は二〇〇六年の初夏ぐらいだったが、ホーム・デポのふたりの取締役、グレッグ・ブレネマンとラベ・ジャクソンが、ナルデリのリーダーシップは会社のためになっていないと思う、と私に電話で伝えてきた。私は意見を差し控えた。

ナルデリが就任して五年半がたった二〇〇六年の秋、リレーショナル・インベスターズというサンディエゴのアクティビスト・ファンドが、ホーム・デポに関心を持ちはじめた。アクティビスト・ファンドは投資先の企業を批評し、改善策を提案する。理論的には、すべては企業と株主のためである。が、強制的にもなりかねず、逆効果になることもある。企業がその提案に従わなければ、ファンドは支配権を得るべく委任状争奪戦を開始するか、ネルソン・ペルツがGEに対してしたことや、ポール・シンガーがアーコニック（前アルコア）に対して実際に委任状争奪戦を仕掛ける前にしたことのように、最低でも公然としたやり方で行動を起こすかもしれない。

私は最初、リレーショナル・インベスターズのことを知らなかった。株価が横ばいで会社の士気が低下していることから、追及の手が伸びるかもしれないと、不安な感じを抱いているだけだった。そこで、一一月の取締役会で、ナルデリも含め、取締役たちと私は、何者かがホーム・デポの変化について世論を喚起しようとした場合に備え、コーポレート・ガバナンスにかけては世界一とみなされている、私の友人のマーティ・リプトンと、彼の事務所であるワクテル・リプトンを雇うことに決めた。誰かに追及されたら、まずはマーティ・リプトンに連絡するということで合意した。

こういう会議では、検討すべき課題は課題として、常に場の空気を読もうとするものだ。そして、この会議室で私が即座に読み取ったのは、ナルデリと取締役たちの関係がひどくギスギスしてしまっていることだった。

その後、私はナルデリに電話した。

「ボブ、私と委員長たちとでアトランタを訪れて、きみとディナーをとりたいと思っているんだが」

ナルデリは不安そうだった。邪推していた。

「どうかしたのか？　議題はなんだ？」

「議題はない。緊張をほぐしたいだけだ」

というわけで、私たち四人はアトランタに向かった。技術委員会の委員長のミッチ・ハート。報酬委員会の委員長のボニー・ヒル。監査委員会の委員長のジョン・クレンデニン。それと私だ。

ディナーの席に着くと、ジョン・クレンデニンが言った。

「ボブ、食事を始める前に、言っておきたいことがある。きみが何者なのか分からないんだ。きみという人間を知っていると思っていたのに。だが、何者なのか分からなくて、それが怖いんだ」

「どういうことだ？」とナルデリは尋ねた。

「ここできみがしていることだ。きみの態度だよ。われわれはきみのためにできることはすべてやっているし、きみの力になろうとしている。支払う義務のある金額よりも多くきみに支払っているし、喜んでそうしているわけだが、なぜか分からないが、きみ対われわれか、われわれ対きみという感じが、常につきまとっている。そこをなんとかしないと」

ナルデリは耳を貸した。自分は船を立て直そうとしているのだと言った。それを実現するには、やるべきことが山ほどある、と彼は話したが、疲れ果てていることを強調し、さらにいくつかつけ加えた。誰もナルデリの労働意欲を批判したことはなかった。彼はなだめるような口調で話し、テーブルに漂う緊張感は和らいだ。ディナーは楽しく終わった。

一週間後の一二月の初め、リーマン・ブラザーズの銀行家であるアンディ・タウシグから私に電話があった。

「ケン、どうなっているのか分からないんだが、ナルデリは月曜日にわれわれと他ふたりの銀行員と会うため、シニア・スタッフの一団をニューヨークに連れて来ようとしている。広告会社も三社、面談のために集めて、われわれに三つの法律事務所を集めさせようとしているんだ」

「なんのために?」

「どうやら、アクティビストのグループのひとつが働きかけてきたらしく、準備しておきたいようだ。だが、私から聞いたことはボブには知らせないでくれ」

頭にきた。取締役会は、アクティビストのグループが動きを見せたら、どうするかはもう決めてあったはずだ。マーティ・リプトンと一緒に、取締役会の全員にすぐに通達することになっていた。ナルデリは自分自身が法であるかのように振る舞っている。

金曜の午後三時頃、ナルデリから電話があった。リレーショナル・インベスターズからFAXを受け取り、そこには彼らが重大だと考えているホーム・デポのいくつかの問題が列挙され、わが社の支配権を得るために委任状争奪戦を開始するつもりでいると強くほのめかされている、と私に話した。

「そのFAXはいつ受け取ったんだ?」と私は尋ねた。

「水曜日に届いた」

「なのに、金曜日になるまで私に知らせずにいたのか?」

ＦＡＸは誰も確認しない投資家向け広報部のＦＡＸ機に届いており、二日間気づかれずにほったらかされていたのだ、とナルデリは苛立った様子で話した。アンディ・タウシグに教えられていたおかげで、私はナルデリの言葉をひと言も信じなかった。

「きみの考えは?」と私は問いかけた。私に知らせずにお膳立てしてあるのは知っていたが、知っているとは話すわけにはいかない。

「シニア・スタッフと私で、月曜の朝にニューヨークへ行こうと思っている。銀行三社、法律事務所三社、広告会社三社と面談する予定だ」

「そんなことはするな。ボブ、こういうことは、きみだけではなく取締役会の全員にすぐ知らせることに決めてあったじゃないか。面談はキャンセルするんだ。取締役会を招集する」

金曜の夜一〇時、ナルデリとマーティ・リプトンも含め、ホーム・デポの取締役会の一二人全員が参加する電話会議が行われ、リレーショナル・インベスターズにどう対応するか話し合った。ナルデリが準備したミーティングはキャンセルするべきだということに、全員が同意した。ワクテル・リプトンがわれわれの法的代理人になることを確認したが、広告会社や投資銀行にはまだ用がないと決断した。ホーム・デポは手負いの企業だ。アクティビスト・ファンドとの争いを公表するのは、デリケートな問題だ。どの銀行家を選ぶべきかについて、私はマーティ・リプトンに後でこう言われた。

「いいか、本当に信頼できる相手を選ばないといけない、多くの銀行家は、こういうことが進行していると気づいたら、きみたちをしのいで他社に狙わせようとするだろう」。言い換えれば、わが社を乗っ取ろうとするということだ。

何度も言っていることだが、ビジネスとは残酷にもなり得る。どれほど残酷なものか、私はじきに思い知ることになった。

電話会議後の日曜の午後、新たな招集がかけられた。非常に物静かで、高潔で、礼儀正しい男であるジョン・クレンデニンは、ナルデリへの怒りをまだ治められずにいた。「われわれは取締役会だぞ！彼が決断することじゃない！」とクレンデニンはわめいた。

一二月を通して、ホーム・デポの取締役会はナルデリへの信頼を失いつつあることが、次第に明らかになった。すると、クリスマスの翌日に、何人かの取締役から電話があり、ナルデリが私を取締役会から追いだすための支持を求めていると聞かされた。

「冗談じゃない！」と、実際はもっと強い言葉を使って、私は言った。

「ナルデリはそう言っていた」

私はこれからどうするか考えてみると伝えた。それは二〇〇六年一二月二六日火曜日、ジェラルド・フォードが亡くなったのと同じ日のことだった。次の日、グレッグ・ブレネマンとラベ・ジャクソンがまた電話してきて、ナルデリを解任すべきだと思うと言った。

私は同意した。「だが、規則に則ったやり方をする。個人としてではなく、取締役会として決断するんだ」

一二月二九日の金曜日、私は執行委員会のメンバーたちと電話で話し、ナルデリに辞任を求めるときが来たことを全員が認めた。一月二日にダラスで臨時委員会を開くことに決まった。元日は休業することになっており、二日の火曜日はフォード元大統領を追悼するナショナルデーとすることが宣言されていた。ナルデリにも出席するよう伝えておくと私は言った。

ナルデリの後任を誰にするかということについては、五人全員の意見が一致した。副会長であるフランク・ブレイクをおいて他にいなかった。

ブレイクはナルデリがGEから連れてきた男で、GEではパワー・システムズ部門の法務部長と事業開発担当上級副社長を務めていた。フランクは輝かしい経歴の持ち主だった。ハーバードとコロンビア・ロースクールを卒業し、最高裁判事のジョン・ポール・スティーブンスの事務官になり、一番目のブッシュ大統領の次席法務顧問を務めた。ナルデリが積極的に攻めまくるのと逆に、ブレイクは物静かで思慮深かった。これほどの功績をあげていながらも、フランク・ブレイクにはどこか謙虚さがあった。この資質のために、見る人によっては、ブレイクはホーム・デポみたいな大企業を導く第一候補とはならなかったかもしれない。だが、私は彼を強く信じていた。

私たちはまだ電話会議をしている状態だった。私はフロリダの自宅にいた。ミッチ・ハートとグレッグ・ブレネマンはコロラド州ベールでスキーをしていた。ボニー・ヒルはカリフォルニアにいた。クレンデニンだけが、住んでいるアトランタにいた。ブレイクもアトランタにいると知っていた。

「ジョン、フランクと話をしてくれ。これは極秘事項だが、もしもナルデリの後任としてオファーされたら、引き受けるつもりかと聞いてほしい」

もしブレイクに引き受ける気があれば、そのときは取締役会全体の承認を得る必要がある。

次に私はマーティ・リプトンと電話が繋がった状態にすると、私たちはナルデリに電話して、二日の火曜日に臨時取締役会を開くことを伝えた。

ナルデリはどういうことかすぐに察した。「そんなことはさせない」と彼は言った。

マーティ・リプトンが発言した。「いいや、残念だが、ボブ。取締役は誰でも、取締役会を招集することができる。必要なのは、きみに四八時間の猶予を与えることだけで、今回の場合は四八時間以上ある」

ナルデリに言えることは何もなかった。

正午にジョン・クレンデニンが折り返し電話してきた。

「フランクと話した。考える時間がほしいそうだ」

「三時間しかないと伝えてくれ」と私は言った。

三時にクレンデニンがブレイクに電話をかけ直すと、「そういうオファーがあれば、引き受けよう」とブレイクは答えた。クレンデニンは私に電話でこの知らせを伝えてくれた。

「誰にも何も話さないように。ボブはこのことを知らないんだ」と私は言った。

翌朝の土曜日に、ナルデリから私に電話があった。

「ケン、私はきみに感心しているし、大好きで、尊敬している。きみは私の指導者で、恩師で、手本だ。これは父と子の家族喧嘩みたいなものだよ」

「ボブ、きみは三〇万人を率いていて」――ホーム・デポの従業員総数だ――「彼らはきみの正しい決断に頼っている。この状態を家族とは呼べない。三〇万人の人生だ。家族の域を超えている。ボブ、はっきりしておこう。私は一票を投じるに過ぎないが、私の考えでは、きみに辞めてもらうときが来た」

「きみに会いに行ってもいいかな？　このことについて話せないだろうか？」

「ボブ、私はきみに会いたくない。心は決まっている。もう潮時だ」

電話の向こうで重苦しい沈黙があった。

「ボブ、火曜日に、きみは自らの言い分を話す機会を与えられ、取締役会が決断をくだすことになる。現状を維持するか、変化を起こすかを。私には他の取締役たちを代表する権限はないので、いまきみに話していることは、あくまで私だけの意見だ。残りの取締役がどうするかは、彼らが決めることだ。彼らは皆、独立した意志の強い人々だ」

取締役たちは国じゅうに散らばっていたため、会議の場としていちばん真ん中に位置するダラス・ラブフィールド空港を選び、一般航空ターミナルのダルフォートに会議室をふた部屋、予約した。一月二日の火曜日に、私たちはそこに集まった。私たちに課せられた義務と、どういうプロセスを踏むべきかを教えるため――〝t〟はすべてクロスさせてあり、〝i〟にはすべて点がついていることを確認するため――マーティ・リプトンも同席していた。フランク・ブレイクは別室で待機していた。

最初の発言権はナルデリにあり、彼が話したのは、当然ながら数字のことだった。「私が引き継いだとき、これはこうだった。いまはこうだ。間に起きたことはこうだ」。売上げ、収益、純利益。すべて上向いている。すべて申し分ない。ナルデリは、士気については決して言及しなかった。二三〇〇人の人事担当者については、決して言及しなかった。

私はその場に座り、魅了されていた。「彼は本当に仲間思いの男だ。最高の経営者だ」という、ボブ・ナルデリに対する私の第一印象は、きっかり五〇パーセントは正しかった。この男は本当に最高の経営者だった。だが、私はやっと気づきはじめた。ひどく時間がかかったが、ホーム・デポのすべての人々の方程式が、われわれの社風の本質が、完全に彼をすり抜けていたことに。私にとって、ナルデリとの間で起こった一連の問題は、社風を損ねることだった。私たちの店で働く人々は、何にも代えがたい。彼らは特別なのだ。では、どうすればこうした特別な人々が得られるのか？　彼らを特別な存在として扱うことから始めればいい。彼らが大事だと知らせるのだ。彼らの意見に感謝していることを知らせるのだ。彼らがいまのやり方よりもいい方法を思いついたときには、われわれに伝える責任があり、われわれには耳を貸す責任があることを知らせるのだ。誰もが広い店舗の空間を築き、そこにあらゆる商品を並べられるのだということも知らせるのだ。ホーム・デポをひとつに結びつけているものは、これらの価値観だ。私たちは口で言っているだけじゃない。これらの価値観を信じ、一貫して実践している。

この人々は、最低賃金を遥かに超えてスタートし、勤務評価が高ければ毎年昇給するが、ナルデリは彼らをコストだと考えていた。そして、彼らはコストだった！　会社の全般的なコストの、かなりの部分を占めていた。そのため、ナルデリは多くの時間を費やして、そのコストを下げるにはどうすればいいのか考えようとしていた。私の考えでは、まるでラクダの背中と藁の話の逆みたいだった。ナルデリはラクダの背中から藁を一本ずつ取り払いつづけていき、ついにはとても価値のあるものを失っていたのだ。

やがてナルデリの口上が終わると、取締役会はこれからどうするか話し合うため、彼に部屋から出ていくよう頼んだ。この会議の議長を務めていたので、私が最初に口を開いた。

「よし。初めに言っておくが、意見を持たないという贅沢は誰にも許されない。どちらであっても、全員がはっきりした見解を持つんだ」

ナルデリは在任期間にふたりの人間を取締役会に加えていた。前ペンシルベニア州知事で元国土安全保障長官のトム・リッジと、数カ月前に就任したばかりのＳ・Ｃ・ジョンソン一族のヘレン・ジョンソン・ライポルトだ。ヘレンはこの会社でまだ長くないため、情報に基づいた意見を展開させられそうもないので、意見を控えさせてほしいと言った。リッジはナルデリを解雇するべきではないという立場を取った。残りの一一人の取締役は全員、ナルデリを辞めさせるべきだと思っていた。

その後、フランク・ブレイクについて短い討論が行われた。彼に直ちにこの役職を与えるのではなく、ＣＥＯ代理としたがる取締役も何人かいた。ひとつには、ブレイクには会社を率いた経験がないからだ。彼のおとなしい性格も、何人かを躊躇させた理由としてあるかもしれない。

「ちょっと待ってくれ。段階を踏ませるのはやめよう。そのほうが成功する可能性は高まるだろう。われわれはＣＥＯをクビにする勇気があると証明したばかりだ。条件を付けずに権限を引き継ぐガッツを持とうじゃないか」と私は言った。私たちはブレイクを即刻ＣＥＯとすることを認めた。

マーティ・リプトンと私は、ナルデリが弁護士と座っている部屋に入った。「ボブ、取締役会の結論が出た。きみの幸運を祈るよ。私はきみの契約解除について協議することになるが、他に言うことは何もない。きみの働きには感謝している。数々のよいことをしたと思う。だが、この岐路で、きみはひとつの道を行き、われわれはもうひとつの道を行くときが来たのだろう」

その後、リプトンと私はフランク・ブレイクが待っている部屋に行き、いい知らせを伝えた。われわれは三人で会議室に戻った。「みなさん、新しいＣＥＯを紹介します」と私は言った。皆は温かい拍手を送った。

フランクが真っ先にしたことは興味深かった。「フランク、いますぐきみのためにできることは何かあるかね？」と私が聞くと、「うん、バーニー・マーカスと話がしたい」と彼は答えた。

マーカスは二〇〇二年に七三歳で引退していたが、会社の共同創設者として、ホーム・デポのあらゆる動きに注目しており、ＣＥＯとしてボブ・ナルデリがしたほとんどすべてのことを嫌がっていた。ためらわずナルデリに向かって自分の意見をはっきり言ってもいたため、ふたりの間の敵意は次第に増していき、お互いに口をきこうともしなくなっていた。

私はマーカスに電話をかけた。ついさっきフランク・ブレイクにＣＥＯの座を渡したことを話すと、彼の反応は素っ気なく、あまり愉快なものではなかった。「またＧＥの人間か」とマーカスは言った。「そうだ、バーニー、またＧＥの人間だが、今回は全然違う男だ。そのうち分かるよ」

「ふーむ」と彼は言ったが、少しも納得していないようだった。ブレイクはしっかりした男で、ナルデリとはまったくの別人であることを、私はマーカスに伝えようとした。しかし、マーカスはやはりちっとも信じていなかった。私は彼がやがて意見を変えることを願った。

「バーニー、きみと話したいという人がいるんだ」。私はブレイクに電話を替わった。

「バーニー、フランク・ブレイクです。あなたとアーサーとケンが創立したこの最高の会社を、責任もって率いることを、私は楽しみにしています。素晴らしいチャンスだと思い、この先どうなるかわくわくしています。だが、あなたの助けと見識が必要になるでしょう」

ブレイクの表情から、相手がなかなか応じてくれないことが分かった。しかし、電話の最後には、次の日曜の朝にパームビーチで、今後の方針について話し合うため、マーカス、ブレイク、私で朝食をとることになった。

ブレイクがアトランタへ出発した後、リプトンと私は、ナルデリと彼の弁護士と、契約解除をまとめようとした。

取締役会は、ナルデリに一八〇〇万ドル支払うことで合意した（ちなみに、彼はイン・ザ・マネーのストック・オプションの権利を行使するのに九〇日間を与えられていたが、そのほとんどがイン・ザ・マネーではなかった。彼のオプション・パッケージは本質的に無価値となっていた。二億ドルという報道からはほど遠い）。

ナルデリが契約解除内容に合意すれば、解雇手当を税金対策として四年間に分けて受け取るか、一括で受け取るか、彼に選択させると私たちは話した。だが、私たちが話しはじめた途端に、ナルデリの弁護士は、くだらない保険がどうのと、けちなことを言いだした！

「言っておこう。私の飛行機は下で待っている。五分以内にこの契約書にサインしなければ、私は飛行機に乗ってパームビーチに向かい、きみたちは明朝一八〇〇万ドルの振込みを受けて、それですべて終わりだ。そっちがわれわれを困らせようとするなら、こっちも同じことをするし、負けるのはそちらだ」と私はその弁護士に向かって言った。

そんなふうにして、ナルデリは契約書にサインをして、去った。それ以来、彼と会うことは滅多にない。友好的ではあるが、疎遠になっている。

次の日、晴れやかな早朝に、共に暮らしているノースパームビーチで、ラリー・ボシディとばったり会った。ハネウェルの前会長兼CEOで、その前はGEの副会長を務めていたボシディは、実に優れた才能の持ち主で、とても親しい友人だ。ナルデリの解任が新聞紙上を賑わせていた。そのときは、彼が受け取ることになっている解雇手当について取り沙汰されていた。

「なあ、きみは大きなヘマをやらかしたな」とボシディは言った。

「なんのことだ?」

「GEでフランク・ブレイクは私の下で働いていたが、CEOの器じゃない」

「私はそうは思わない」

ポーカーは私の好きなゲームで、かなり得意だ。私とポーカーはやらないことだ! とはいえ、本当のところ、そのときはフランク・ブレイクというカードがどんな手になるのか、正確には分かっていなかった。分かっているのは、ブレイクが非常に賢く、非常に善良な男だということだけだ。ブレイクも彼の妻であるリズも信心深いことは知っていた。彼が謙虚に振る舞い、質問するのを恐れないことも知っていた。だが、ブレイクがどんなに良かろうと悪かろうと問題ではなく、私は頭に銃を突きつけられていたために、彼を推したのだ。あの部屋を出ていく前に、リーダーを立てておく必要があると分かっていた。ブレイクがこれほど頼もしいリーダーになると、私は知っていたか? もちろん知らなかった。けれど、私はポーカー・モードに入っていて、フランク・ブレイクの可能性に賭けたかった。

「ラリー、きみは間違っている。実際、私は強い確信を持っているが、きみはいくら賭ける？」

「一万ドル賭けよう」

「オーケー。負けたほうは買ったほうが選んだチャリティに一万ドルを寄付する。では、勝敗はどうやって決めようか？」

「私はフランクが六カ月と持たないと思っている」

「私がフランクにどれだけ期待しているか教えよう。一年は乗り切るはずだ。たった半年だと、〝いや、彼にもう少し時間をあげよう〟ということになるかもしれない。一年持たなかったら、きみのチャリティを教えてもらおう」

ブレイクにとって、簡単な仕事ではなかった。マーカスとの最初の朝食が、それを方向づけた。マーカスはこの新しいCEOに対し、冷淡そのものだった。冷淡では済まないほどだったかもしれない。それに、ブレイクは再建中の会社を引き継いでいた。株価は横ばいで、士気は上がらず、ナルデリが人事担当者を据えたせいで、各店舗に渦巻く疑念はまだ払拭されていなかった。

ブレイクは人事担当者を徐々に減らしていったが、それだけではなく、もっと多くのことをした。次から次へと店を訪れ、入ったどのホーム・デポでも、自分は耳を傾けて学ぶためにそこにいるのだという姿勢を崩さなかった。ボブ・ナルデリはひどい見当違いをしていたが、ブレイクは社風を認めて称賛していた。出会った販売員は、みんなブレイクのファンになった。

司令官が歩兵に感銘を与えるのは簡単なことだ。ナルデリはたしかに司令官らしく振る舞っていた。

だが、フランク・ブレイクは、違うやり方で人々を感心させた。彼は威張り散らさなかった。声を荒らげなかった。話している相手に、自分と同じぐらい重要な存在だと感じさせるやり方を心得ていた。ブレイクは配管工のような服装をして、オタクみたいな風貌をしていた。才気溢れた男であることは間違いなく、卓越した才能を持つ人々の例に漏れず、好奇心が尽きなかった。些細なことまで、各店舗で起きていることを心から気遣っていた。一緒に訪れたオハイオ州コロンバスのある店舗で、私はブレイクが数字を書き記した紙を持っているのに気づいた。

「それはなんだ?」と私は尋ねた。

「確認したいことがあって」とブレイクは言った。後についていくと、彼は通路を進んで木工用きりとその穂先の売り場に向かった。ホーム・デポはこの値付けを間違えていると誰かに言われたため、ブレイクは木工用きりの値段を確かめようとしていた。実際は間違っていなかったのだが、ブレイクは自分の目で確かめたかったのだ。

全体的な眺望は、小さな眺望が集まってできているものなのだと証明している。

フランク・ブレイクは従業員たちのロックスターになり、やがてマーカスにも認められ、彼に聞くのがいちばんだと思う疑問があれば、いつでも受話器を取って電話をかけるというシンプルな行動によって、マーカスからの深い親愛の情も勝ち取った。どれもこれも、すぐに実現したことではない。ブレイクの最初の一年は厳しいものだったが、それが実を結んだ頃には、会社の置かれている状況は、それまでに比べて改善していた。

ナルデリがホーム・デポを溝に落としたことについて、マーカスはいまでもときどき、私をなじることがある。私はこんなふうに彼に言い返している。「ナルデリが先にいなければ、ホーム・デポに来ていたかと、フランクに聞いてみろ！」

フランク・ブレイクがホーム・デポのCEOに就任してぴったり一年後、私は朝一番でラリー・ボシディに電話した。

「ラリー、小切手とペンの準備はできたか？」

「なんのことだ？」

「ザ・ボーイズ・クラブ・オブ・ニューヨークに、一万ドルの小切手を振りだしてもらいたい」

「なぜ？」

「忘れたのか？　今朝六時半にフランクと話したばかりだ。彼はちゃんといたぞ」

本人は決して話そうとしないだろうから、フランク・ブレイクについて、あといくつか小さなことに触れておきたい。彼は優れた知力の持ち主というだけではない。文句なしに、私がこれまで出会った誰よりも聞き上手だ。人と集まって話しているときに、誰かがおもしろいことを口にしたら、ブレイクは直ちに話すのをやめて、その人物に発言の場を与えている。見たこともないほど謙虚な男だ。最高経営責任者として稀有な存在であることは、言うまでもない。ブレイクの報酬について初めて交渉したとき、彼には三つの条件があった。その一、ウォール・ストリート・ジャーナル紙の一面を飾るような報酬はいらない。その二、ホーム・デポの販売員がきまり悪さを覚えるような報酬では困る。

顧客が批判的に話題を持ちだすようなものでは。その三、報酬の九〇パーセントは株式にしてほしい。「株主が儲かれば、私も儲かる」と彼は言った。これぞ成果を得るための投資というものだ。

そして、一度ならずブレイクは、総額だと何百万ドルにものぼることになるが、年次賞与を会社のホーマー・ファンドに寄付した。ホーマー・ファンドは、いざというとき必要に迫られたアソシエイツに提供し、彼らの子どもたちに奨学金を与えるものである。

ボブ・ナルデリを雇うという私の誤った判断についても、最後に言っておきたい。IVAC社のスティーブ・サトウと同じく、ナルデリもそうでなくなるまでは偉大なリーダーだった。どちらの件でも、私は不吉な前兆を感じるのが遅すぎただろうか？　間違いない。ふたりとも、立派な数字をあげていたが、人の個性というものを無視していた。ビジネスにおいて立派な数字というものは、太陽光みたいになり得る。目もくらむほどまぶしいのだ。

しかし、私の自信のなさは、好かれたいという思いは、それ以上の損害を与える前に彼らを解任する妨げになったか？　それは絶対にない。

誰かをクビにするのは、少しも楽しいことではない。それでも、ビジネスの世界では、考えられる最高の基準に対する責任がある人間を確保しないという贅沢は許されない。会社のために、正しいことをする義務がある。こうした厳しい決断を迫られるとき、私にはなんの躊躇もない。

それに、自分の間違いを認めることにも躊躇はない。私にはその責任がある。消しゴムのついていない鉛筆は決して買わないし、神は私のような者のために、消しゴムつきの鉛筆を発明したのだ。

第9章
資産価値
NET WORTH

一〇歳の頃、採石場から港を挟んですぐのところにある、ロズリンのセント・メアリーズ教会で、私はミサの侍者を務めていた。司祭のファーザー・フランクことファーザー・フランシス・ライアンはアイルランド出身で、アイルランド訛りでしゃべり、ボクサーの鼻をしていた。スペンサー・トレイシー主演の映画みたいな感じがしてきただろうか?

私は昔から信心深く、ミサの従者を務めるのが大好きだった。とはいえ、時間は厳しかった。六時半に行われるミサの従者を務める週が回ってくると、月曜から土曜まで毎朝六時に起き、ロズリン・ロードの鉄道橋の下のある地点まで二キロ近く歩いていかなければならない。そこからは、教会の管理人であるミスター・ハーネットが、小さなフォード・モデルAで迎えに来て、セント・メアリーズ教会まで残りの三キロを車に乗せてくれた。ミスター・ハーネットが吸っていたパイプのにおいや、教会に入ったときのお香や信徒席の木、賛美歌集の接合剤の入り混じった香りを覚えている。

平日はミサの従者を務めた後、また丘をのぼって学校へ行った。けれど、土曜日は家までの五キロをずっと歩かなければならなかった。一度、父のいちばん上の兄であるパット伯父さんと、奥さんのアグネス伯母さんの車に乗せてもらったことがあった。伯母さんは車中ずっと、私の父と母が教会に行かないことについて小言を言っていた。私は二度と伯父さんたちの車には乗らなかった。

世の中で最悪の人々のなかにも定期的にミサに参列する者もいるし、世のなかで最高の人々のなかにも教会に決して足を踏み入れない者はいる、と私は常々思ってきた。私は毎週日曜日にミサに参列し、毎日のミサにもできるだけ参加しようとしている。私には毎朝のルーティーンがある。起きて、歯を磨くと、パジャマのままで家の静かな片隅に聖書と聖書の参考書を持っていき、祈りを捧げている。

神が存在するのか、天国が存在するのか、私には分からない。証明することはできないが、存在すると信じている。人は死んだら、それまでだ、と考えている部分が私にはある。人生は一度きりで、次に進むのだ。だけど、神が存在しないとしても、祈りを捧げることで何を失ったというのか？　何も失っていない。損失のない賭けなのだ。

最初に祈るのは、私が裁きを受けるとき、私が人生の大半を主の教えと聖書に従って生きてきたと、創造主が結論を下してくださることだ。次に、私を残して逝ってしまった愛する人々や尊敬する人々と、来世で再会できますようにと祈る。それから、愛する人を亡くした人々や、問題を抱えている人々のために祈りを捧げる。私が力になることのできる人々だ。「神様、いつも私が自分自身のためではなく、あなたの賛美、名誉、栄光のために、そうできるようお導きください」

誰もが宗教心を持っているわけではないと分かっているが、私にとっては、計り知れないほど重要な動機となる要因だ。私のすべての行動において、神は何よりも重要な部分を占めている。

とはいえ、日常的に、賛美、名誉、栄光を自分が受けていることを、私は強く意識している。私は人間だ。褒められれば嬉しい。ここでも、そこでも、そこらじゅうでNYUランゴーンの文字を目にするたびに、私が少しばかり感情を昂ぶらせないと思うだろうか？　信じられないほど素晴らしい医師や研究者が、私の名前を胸に付けて歩きまわっているところを、想像できるだろうか？　それを見て、誇らしく思うかって？　そうに決まってる！　そのことを認めなければ、不正直なこと極まりない。こんなふうに思わない者もどこかにいるのかもしれないが……もしかしたら。

数カ月前、メディカルセンターに関係した仕事をしている相手と、ゴルフをする機会があった。私は彼を自分のクラブに連れていった。最初のティーグラウンドに向かって歩きながら、私は彼のゴルフキャップに「NYU - ランゴーン」と書かれているのに気づいた。「なあ、そいつは私の名前だ！」と心のなかで思った。

さて、高慢が七つの大罪の一つであることは重々承知している。私は人に好かれたいと思うぐらい自分に自信がなく、人に好かれるのは金と影響力があるからにほかならないと認められる程度の頭はある。人をちやほやして、すっかりうぬぼれさせるのは、恐ろしく簡単なことだ。だが、そんなことでうぬぼれていたら、自分を見失ってしまう。だから私にとって、自分が実際よりも――あるいは誰よりも――立派だと思わないようにすることは、非常に大切なのだ。自分に言いきかせる必要がある。

ある朝、私の運転手のアルバーロ・ギャレゴは、セント・パトリック教会のミサのため、私を車に乗せて送っていくところだった。ギャレゴは私のもとで二六年間勤めていて、とてもよくやってくれていた。銀行家みたいな服装をしている。人々はしょっちゅう彼のことを褒めている。「きみの運転手はなんて素晴らしいんだ」と人に言われるたびに、「アルバーロはチームの一員で、本人もそれを分かっているからね」と私は話している。

ギャレゴはフロリダでふたつのアパートメントを売買し、たっぷり儲けて、いまではシンガーアイランドの高層建築の一六階にあるアパートメントを所有しているほどだ。彼がエレベーターに乗っているときに、ニューヨーク出身の引退したどこぞの銀行家が乗り合わせて、「お仕事は何を?」と尋ね、「私はミスター・ランゴーンの運転手です」と答えるところを、私はぜひともこっそり見てみたいと常々思っている。ギャレゴはこの新しい物件を私とエレインに見せたくて待ちきれずにいた。三面がオーシャンビューになっている。私からすると、これこそが資本主義のあるべき姿だ。

ダウンタウンに車で向かいながら、私は言った。

「なあ、アルバーロ、ここまでの長い歳月、きみにいてもらえて、私は本当に幸運だ」

「私はあなたのために働けて幸運です。あなたみたいな人はどこにもいませんよ、ミスター・ランゴーン」

「きみみたいな人もどこにもいないよ、アルバーロ」。すべて本心だった。

毎日の終わりに、エレインはいつも妻の祈りを捧げる。

「親愛なる神様、夫を成功させてくださるのなら、わたしは夫が慎ましくあるよう努めます」

神はその願いを聞き入れてくださったが、エレインはあまりうまくやれなかった。

一九八六年、妻がこれほど冷静でなければ、驚いて慌ててしまうようなことを、私は言った。

「エレイン、飛行機を買おうと思うんだ」と私は妻に話した。「使わなければ、処分するから」と急いでつけ加えた。

「どうぞ」とエレインは言った。妻はいつも私の味方でいてくれる。無理なことはしないだろうと思っていて、それはいい想定だった。

なるほど、買うには買えたが、その小切手にサインをするときは、大きく息を吸い込んだと認めよう。私が買った初めての飛行機は中古のリアジェット35で、一七〇万ドルかかった。大金だ。それだけではなく、ホーム・デポは五年前に上場したばかりで、まだエンジン全開にはなっていなかったので、当時の一七〇万ドルは私にとって本当に厳しい金額だった。

だが、私は「やった」と、この飛行機にわくわくしていた。飛行機を買った理由の一部には、友人のフランク・ボーマンへの親近感があった。彼の父親はクリーニング店のトラックを運転していて、ボーマンは月の周りを飛行することになった。配管工である私の父親は、お茶の会社のあの古いトラックを運転していて、私はこのとおりだ。自分の幸運に興奮していた。

私は母親に電話して、「母さん、飛行機を買ったよ」と言った。

「それはとても素晴らしいわね、ケネス。お父さんに教えてあげたら？」

「いや、駄目だよ。驚かせたいんだ。出張でノースカロライナに行くから、父さんを一緒に連れていきたいとだけ伝えてもらえるかな」

私はユニファイの会長であるアレン・ミーベーンと、私たちのトラックレンタル業、セーラム・リーシングのパートナーであるトミー・ティーグに会いに行くところだった。父親と言えば、トミーの父親は農地を借りて収穫を地主に収める小作人で、私の父はトミーのことが大好きだった。両親は共に南部の人たちの話し方が大好きだった。

「父さんの小さなかばんに荷造りをして、五時半に迎えに行くと伝えてよ。まずは食事をさせておいて」と私は母に言っておいた。

そんなわけで、母は父の洗面用品、清潔な下着、パジャマ、きれいなシャツをかばんに詰めて、食事をさせ、私は迎えに行った。両親が住む家の通りから、ノーザン・ブールバードへ向かい、そこを右折すれば街だった――が、私は飛行機のあるファーミングデールのリパブリック・エアポートへ行こうとしていたので、左折した。

「方向を間違えてるぞ」と父が言った。

「いや、道はちゃんと分かってるよ。大丈夫だから」と私は話した。

というわけで、車で空港に到着すると、格納庫のそばに小型のジェット機がとまっていた。見た目は戦闘機みたいだ。乗り込んでみると、外よりもなかはもっと小さく思えた。立ちあがることができない。這うようにして座席に着かなければならない。父は八一歳、いまの私と同じぐらいの年で、あまり身軽ではなかった。背は低く、ややずんぐりしている。父が這うように乗り込み、私が這うように乗り込み、パイロットがエンジンを始動させると、飛行機は滑走路へ向かい、まるでロケットみたいに離陸した。

二時間後、ウィンストン・セーラムに着陸した。トミーが迎えに来てくれることになっていた。飛行機から降りるとき、私は父親の顔をじっと見つめ、「父さん、感想は？」と尋ねた。

「大きい飛行機のほうが好きだな」と父は答えた。

それから約一〇年後、ホーム・デポの成功のおかげで、私は大変な金持ちになっていた。一九七七年に初めて一〇〇万ドルを稼いだのは強く意識しているが、現状がどうなっているのかについて、私は迷信にとらわれている。私はポーカーをするとき、ゲームが終わってから儲けを数えるのは問題ないのだが、ゲームの途中で金を数えると、必ず負けるのだ。だから、周りの人間のなかには、私がどれほど金持ちになっているのか、興奮している者もいたようだが、「私は数えないぞ」と思っていた。いまでも数えていない。テーブルを降りるまでは数えないし、必要なときが来るまでテーブルを降りるつもりもない。

そうは言っても、成功のおかげで、それまではなかったあらゆる自由を手に入れてきた。いま、私は最初に買ったあの小さなリアジェットの二〇倍以上する飛行機を所有している。なかを歩ける客室もある。四人乗りだ。行きたいときはいつでもヨーロッパへ飛んでいけて、実際、定期的にそうしている。ロングアイランドばかりか、国じゅうにいくつかの美しい家を持っている。マンハッタンにも、パームビーチにも、ノースカロライナの山の頂きにも。私はアメリカにあるいくつかの一流クラブの会員である。毎晩、家族や友人を連れていきたくなれば、最高のレストランでの食事にいくらかかるのか考えもしない。

それと同時に、稼いできた金よりも大きな意味が人生にはあるはずだと常に思っている。金持ちが天国に入るよりも、ラクダが針の穴を通り抜けるほうが易しい、と聖書に書かれている。本当に豊かになりたければ、すべてを手放すことだ、と聖書にはある。ウォーレン・バフェットの言葉は、聖書ほど厳密ではない。裕福な人々は慈善のために、少なくとも富の半分を手放すべきだ、と彼は言っている。私は何年も前にバフェットのギビング・プレッジにサインしたが、私の場合、空疎なものだった。私はすでに純資産の半分以上を寄付に充てていたのだから。

聖書の教えに従うべきだろうか？　正直に言おう。すべてを手放すつもりはない。なぜかって？この暮らしが大好きだからだ！　すてきな家があり、助けてくれる善い人たちがいてくれるのが好きだ。民間航空機に乗るために靴を脱いで列に並んで待つのではなく、自家用機に乗るのが好きだ。いい暮らしをしていると私を責めたいだろうか？　罪を認めよう。

私は自分より物に動かされない人たちを妬ましく思うし、妬みもまた七つの大罪のひとつだと知っている。何か自分にとって得るものがなければ、私はこれまでしてきたことや、犠牲にしてきた時間を費やしていたかは、分からない。それが強欲なのであれば、そのときはそのときだ。言ったように、私は金持ちと貧乏の両方を経験したが、金持ちのほうがいい。

とはいえ、あまりに多くの人々が、成功の測り方を間違えている。金はリストのトップではなく、いちばん下にあるべきだ。人生が預金額の大きさでしか定義されないのであれば、私の人生は失敗だということには、早いうちに気づいた。一五年か二〇年前、きみにはいくらの価値があるか、とひとりの男に尋ねられ、私は考えもせずに答えた。

「自分の持っているもので、どれだけ立派にやっているか。それが私の資産価値だ」

私は金儲けができると知っている。私にはその才能がある。窮地に陥ったとき、そこから脱する方法を思いつけると知っている。だが、自分の才能を誰かのために活かすのがどれほど大切なことかを忘れたら、大きな賭けに失敗することになるだろう。だから、エレインと私は大いに与えている。これは、父から教わった信念の影響でもある。父はこう教えてくれた。「何かを犠牲にしなければ、本当の慈善とは言えない」。私が所有しているすべてのもの、飛行機、家、車を合計して、毎年の維持費も含めたとすると、その合計額はこれまで寄付してきた総額の約三分の一になる。アニマル・メディカル・センターやボーイズ・クラブ・オブ・ニューヨーク、バックネル大学に。ハーレム・チルドレンズ・ゾーンと、私のチャータースクールであるプロミス・アカデミーに。NYUメディカルセンター、セント・パトリック教会の改修に費用を出してきた。

ところが、与えれば与えただけ、その分が戻ってきている。私たちは与えた金をすべて取り戻し、それ以上に手に入れている。エレインと私が自分たちで増やせないものは、時間だ。私たちは時間を費やしているが、取り戻すことはできない。

子どもたちに遺す分は別として、死ぬ頃には金の大部分を寄付しておこうと決めている。不自由のない暮らしができる程度には、子どもたちに譲りたいと思っているが、何かばかな真似ができるほどには遺さない。屋根の下で暮らさせたいが、それぞれの道を切り開くことで人生の意義を見いだしてほしいとも思っている。

二〇〇八年、前にも話したように、二〇〇〇年にデータベース・テクノロジーズと合併したデータ集計会社のチョイスポイントを、IT出版社のリード・エルゼビアに売却するという大型取引をした。チョイスポイントの前身は、私が大学卒業後に初めて勤めたリテール・クレジットだったことを覚えているだろう。当然だが、この頃には会社はすべて電子化されていた。車で外回りをして、ドアをノックするなどということは、もうしていなかった。この会社には巨大なデータベースがあり、リード・エルゼビアは総額四三億ドルでそれを欲しがった。

ワクテル・リプトンのエド・ハーリヒーは、彼のチームと共に、水も漏らさぬ契約書を作成した。それほど隙のないものだった。そして、九月一五日に、リーマン・ブラザーズが破産を申請し、金融危機が始まった。世界が終わると誰もが思っていた。リード・エルゼビアは、チョイスポイントの契約を中止するために、不可抗力を宣言しようとした。

「なあ、きみたちには正当な根拠がまったくない。契約は完了する」とハーリヒーは彼らに言った。

そんなわけで、契約は完了した。二〇〇八年九月一九日、金曜日の夜、あの大恐慌以来最大の金融危機のまっただ中に、リード・エルゼビアは四三億ドルを送金することになった。インベムドはチョイスポイントの持ち株で二億ドルを手に入れた。多額の現金が手に入るのは、ありがたい時期だった。

ここから話はさらにおもしろくなる。

数週間後、名前は伏せるが取引交渉役の大物で、私の親しい友人のひとりから、電話がかかってきた。

「バーニー・マドフがきみのことをすべて知っていて、ぜひ話がしたいと言っている」

バーニー・マドフと面識はなかった。彼について知っていることといえば、変わり者で、隠遁生活を送っていて、ウォール街最大のオプション・プレーヤーという評判を持つことぐらいだ。彼は誰もその実体を知らない投資ファンドを運営していた。ファンドは大変な成功を収めていたが、その仕組みについては、誰も理解していなかった。ブラックボックスだ。だが、私は友人の顔を立てて、「オーケー、きみのために彼と会うよ」と返事をした。

さて、オプションについて私は何も知らない。コールにプットにストリップにストラドル、その他のくだらない一切合切。私がするのは、株の銘柄を選ぶことだけで、自分が理解していないものは絶対に買わない。だが、私にはスティーブ・ホルツマンという投資パートナーがいて、彼はオプションをあれこれ扱うのが好きで、非常にうまくやっていた。そこで、私は彼に電話して言った。

「スティーブ、頼みがあるんだ。バーニー・マドフが私に会いたがっているんだが。彼がいったい何をしているのか、私は知らない。知識のある人間に同席してもらいたいから、一緒に来てくれないか？」

ホルツマンはちっとも興味がなさそうだった。マドフのファンドは彼には合わず、私も気に入らないだろうと言っていた。

「頼むよ、スティーブ、助けると思って。大事な友人のために引き受けたことなんだ」

すると、ホルツマンは承諾し、私たちは面談に向かった。月曜の午後四時半。私はアッパー・イースト・サイドのレストランで六時半から友人とディナーの約束をしていた。余裕で間に合うはずだと思っていた。マドフのオフィスはリップスティック・ビルに入っていた。三番街五三丁目にある、あのピンク色の醜悪な楕円形のビルだ。ホルツマンと私はオフィスに上がり、握手を交わすと、マドフが真っ先にしたのは、自分のアートコレクションを私たちに披露しはじめることだった。壁一面に現代アートが飾られていた。ウォーホル、ジャスパー・ジョーンズ、フランク・ステラ、ロイ・リキテンスタイン。大半は複製だった。ある作品は、一頭の雄牛の異なる身体の部位が、四枚の額にバラバラに収められていた。額装師の仕事を増やすことのほかは、作品の趣旨などさっぱり分からなかった。

マドフは口先がうまかった。洗練されていた。自分がどれだけ芸術に精通しているか、本気で分かってもらいたがっていた。彼がこれらの絵画をすべて見せている間、私は六時半からアップタウンでディナーの約束があるということばかり考えていた。とうとう、私は言った。

「バーニー、私にはディナーの約束があるんだ。座って話さないか？」

「もちろんだ」と彼は答えた。冷静そのものに。なぜ私たちを呼びだしたのか、たったいま思いだしたかのように。

会議テーブルの片側にマドフと私、向かい側にホルツマンが陣取ると、マドフはとても低くて柔らかな声で話しはじめた。わが社のコンピューターの天才たちが開発した新しい方法によって、既に堅実な長期利回りをさらに約二パーセントのプラスにできそうだ、と彼は話した。分割行使〔split-strike〕転換戦略とかなんとか……私は頭がぼーっとした。いかにもな専門用語が使われていたが、私には彼が何を言っているのかちんぷんかんぷんだった。ホルツマンを連れてきてよかったと思った。

そのとき、あることに思い至った。

「なあ、バーニー。どうして私たちなんだ？　きみの幸せなクライアントたちに勧めてやればいいじゃないか。パームビーチに大勢いるだろう」

マドフを描いたHBOの映画のなかでは、私を演じている役者がこの質問をすると、マドフ（ロバート・デ・ニーロが見事に演じた）は取り乱し、口ごもりはじめ、映画のランゴーンは立ちあがってオフィスからずんずん出ていく。現実はまったく違った。現実では、マドフは私の疑念に対し、いたって冷静に答えた。

「ああ、煩雑な手続きが必要になるからね。既存の商品からこういう新しいものに移すとなると」と言って、マドフは首を振った。「うん、新規の資金を探すほうが楽なんだ」

新規資金とは、どういった？

必要なのはたった五億ドルだ、と彼は話した。

「ふざけるな」と私は思った。「三〇年や四〇年もきみと一緒にやってきたこの人たち、この顧客たちではなく、一度も取引をしたことがない私に話を持ちかけるのか？　そんなに凄い運用なら、きみのやっていることは、彼らを裏切ることになる。だったら、次は私を騙さないと言えないだろう？」

テーブルの向こうのホルツマンを見て、ぐるっと目を回してみせた。彼も同じ考えでいるのが分かった。

ようやくマドフは話を締めくくると、私たちにそれぞれ名刺をわたした。オフィスを出ると、私はホルツマンを見て言った。

「あの男はどうなってるんだ？」

ある話が思い浮かんだ。かつてソロモン・ブラザーズは、毎年21クラブで、あるイベントをやっていた。上階の広いダイニングルームで、劇場みたいに椅子を並べて、著名なエコノミストをひとり招いて講演させていた。誰かがある年、エコノミストのふりをした役者に講演させることを思いついた。さて、保険会社や銀行の有力なトップたちが集まり、座ってカクテルを飲んでいるなかで、この偽物が壇上に上がり、このY曲線がどうの、あのX曲線がこうの、このグラフがなんたら、こことここの交点がなんだかんだと話した。ここにいる権力者たちは、彼が何を言っているのかさっぱりだった。話し終わると、この役者は言った。

「みなさん、いまの話について、何かご質問は?」

その後、こう言った。

「言わせてください。私の話をみなさんが理解しているといいのですが。私には理解できませんので——なにしろ私はエコノミストではないので」

すると、みんなが笑った。すっかり騙されたのだ。

次の年は、本物のエコノミストを招いた。ニューヨーク・ライフ・インシュアランスのCEOであるドナルド・ロスは、講演が始まる前に何杯か飲んでいた。彼は座っていて、演者は講演を始めている。今回は本物のエコノミスト、真剣な男が、X曲線やY曲線について話しているのだ。ところが、ドナルド・ロスは、「今年はこんな戯言を聞く気はないよ」と言い、席を立って出ていってしまった。

この話の教訓は? 賢い人々でも、愚かな人々以上にとまでは言わなくても、同じぐらい簡単に騙されかねないということだ。

ホルツマンと私が他の人々よりも賢いと言っているのではない。私たちはたまたま、バーニー・マドフが売り込んでいるものの風味が気に入らなかっただけだ。後でホルツマンは、マドフのファンドにはボラティリティがまったくなかったために興味をなくしたのだ、と話していた。ホルツマンは、高級顧客向けの投資にはボラティリティが付き物であり、富裕な投資家はより大きなリターンを得るために、不安定さを許容する必要があるものだと固く信じている。

マドフと面談した二週間後、二〇〇八年一二月一一日に、オフィスの電話が鳴り、スティーブ・ホルツマンからだとアシスタントのパムに言われた。私は電話に出た。

「まいったな、ニュースを聞いたか?」

ホルツマンはたったいま、バーニー・マドフが証券詐欺で逮捕されたというニュースを、ブルームバーグ端末で見たばかりだった。

「バーでロレーナ・ボビットといちゃついてた男になった気分だ」とホルツマンは言った。

当然ながら、マドフが逮捕された後、私は彼が何をしていたのか正確に知った。金融危機に陥り、顧客たちが先を争って逃げだすと、マドフは彼らに返済してゲームを続ける資金が必要になった。マドフについて、私が何より恐ろしかったのは、彼は屋根が吹き飛ばされようとしているときに、これまでにないほど暮らし向きは上々であるかのように振る舞っていたことだ。私はポーカーが得意だと言ったが、あのろくでなしとはやりたくない。尻の毛まで毟られてしまうだろう。

スティーブ・ホルツマンは、フロリダの自宅に小さな仕掛けをしている。透明アクリル樹脂の箱のなかに、マドフの名刺が据えられていて、そのそばを通りかかると、動作感知器が作動して、「あの男はどうなってるんだ？」と録音された私の声が流れるのだ。

本当にどうなっているのやら。マドフとスイスミスの話をご存知だろうか？

彼が収監されている刑務所には売店があり、受刑者たちは軽食や洗面用品といった細々したものを買うことができる。そして、受刑者たちに大人気なもののひとつが、小さな袋に粉末が入ったインスタントの、スイスミスのホットチョコレートだそうだ。マドフはスイスミスの市場を独占し、刑務所の在庫を買い占めて、他の受刑者たちが欲しがったら、独占しているのをいいことに、不当な金額を吹っかけているらしい。

懲りない男だ！

昨今、資本主義は不当な批判を受けている。マドフは助けにはならなかった。金融危機は助けにはならなかった。二〇一六年にバーニー・サンダースが大統領選に出馬したとき、私は彼が大勢の大学生に、資本主義は悪で、アメリカが私の考えでは社会主義に似たものへと向かっている、あるいは向かうべきだと、信じ込ませることを恐れた。収入保証制度。大学の授業料の無償化。単一機関支払い保険制度。

私は反対だ。断固として。

収入保証制度　収入が自分のしている仕事や頑張りに関係ないとしたら、もっと頑張ろう、もっとうまくやろうという励みはどこにある？

授業料の無償化　最高に思えるが、その金はどこから出るというのか？

単一機関支払い保険制度　重い病気を患いながら、どこにするか選べず病院に行くことになったら、どんな気分だろう？

私が社会主義に反対なのは、（あなたが思っているように）自分の金にしがみつこうとしている金持ちの人間だからではない。社会主義というものが、われわれは何から何まで完全に平等であるべきだという誤った概念に基づいているためだ。ニューヨーク市立大学シティカレッジを見てみよう。一九七〇年、学生運動が盛んだった時代に、シティカレッジは選抜入学制をやめて、ニューヨーク市立の高校の卒業生なら誰でも受け入れる全入制に変更した。その結果は？「貧しい者のハーバード」として知られていた立派な大学はたちまち衰退し、アカデミックな評判は地に堕ち、結局、一九九九年には全入制が廃止されることになる。

私たちはそれぞれ違う才能を持っている。完全に平等ではない。何百万という人が、乾せん、慢性関節リウマチ、大腸炎、過敏性腸症候群といった、炎症性の病気に苦しんでおり、その多くの患者がレミケードという薬に大いに助けられている。NYUメディカルセンターの評議員には、ジャン・ビルチェックという著名な科学者がいて、彼が発見した分子からレミケードは開発された。では、ビルチェックの才能に恩恵を受けている人々の生活の質を思い浮かべてみて、レミケードの売上げから支払われるロイヤリティーによって、ビルチェックがとても金持ちになっているという事実について考えてほしい。社会主義であれば、ビルチェック（奥さんのマリカともども、彼も大変な慈善家だ）はこれだけの人々の生活を改善したことへの報酬を受け取るべきではない、とされるだろう。

社会主義であれば、バーニー・マーカスとアーサー・ブランクと私がしたことのおかげで、人々がホーム・デポに行き、よりよい商品を手に入れ、手ごろな価格で家を修繕できるようになったことに対して、私たちは高額の報酬を受け取るべきではないとされるだろう。まあ、私たちに関して言えば、社会主義は正しいのかもしれない！　だが、社会主義よりも資本主義のほうがよりよい暮らしをもたらしてくれることを、私たちは知っている。どの社会主義国でも――ロシアでも、ルーマニアでも、ハンガリーでも――連れていくので、自分の目で確かめてみるといい。気に入ろうと気に入るまいと、われわれは平等ではなく、私は自分がこの奇妙な才能を備えていることに罪悪感を抱いていない。神は私に、誰とどのビジネスを支援したいか嗅ぎ分けられる鼻と併せて、リスクを測るこの素晴らしい才能を授けてくださった。そのおかげで、私が仕事を生みだして金持ちになるだけだとしても、誰も損はしていない。

金融危機の後、ウォール街の評判はひどく堕ちたが、こんにちでは大卒者の四〇パーセントが金融関係の仕事に進んでいる。私は若者たちに、それは大きな間違いだと伝えている。株式の売買をする前に、ビジネスの基本を学んでおくべきだと伝えている。プレスプリッチの販売員だった頃、私は自分のばかさ加減に気づいていなかった！　自分が株や債権を売っている会社の、ほんの表面しか見ていなかった。それらのビジネスの仕組みがどうなっているのか、本当の意味ではまったく理解していなかった。企業の一部を買えるぐらい裕福になってからようやく、理解をぐっと深めていった。ちなみに、もっと簡単にさらに多くの金を稼げるようになったのは、その頃だ。ビジネスを見て、ずっとよく理解できるようになっているおかげだ。「待てよ、この点は修正できる。あれについては、なくしても問題ない」と言えるようになった。

私をそこまで押し上げたのは、富そのものだけではない。絶えることのない純粋な好奇心によるところが大きい。企業の評議員を務めるといつも、私は他のどの取締役よりも多くの質問をすることで有名だ。その質問によって、どれだけ無知をさらすことになろうと、知ったことではない。自分がどんなにばかか知られたくないために、多くの人は質問することを恐れている。私はそんな心配をしたことはない。

多くの人々は、途中で転落して傷つくことも恐れている。資本主義は機能しているが、努力をする必要があり、批判に耐えられるようになる必要がある。打ちのめされたとき、立ちあがって埃を払い、打ちのめされたことなどないかのように前に進むスタミナが必要だ。一九七〇年に破産しかけたとき、ほとんど一夜のうちに最も高い山から最も低い谷に転落したとき、毎日午後四時に帰宅して庭の草むしりをしながら泣いていたとき、のちに私はどうにか前に進んだ。

資本主義は残酷だ。適者生存である。成功しているビジネスとは、どういうものだろう？　出ていく金よりも入ってくる金のほうが多い。その逆だと、廃業に追い込まれる。単純なことなのだ。ホーム・デポを創立したとき、マーカスとブランクと私がまずいことを思いついていたら、われわれは破産していただろう。名案を思いついても、下手なやり方をしていたら、やはり破産していたはずだ。事業を畳んだ自動車会社を見てみればいい。パッカード、スチュードベーカー、ハドソン。ずらりと並べることができる。何があったのか？　ほとんどは名案を下手に実行していた。彼らは競争できなかった。

資本主義は残酷だが、ゼロサムゲームになることは滅多にない。どんな取引でも、両者にとって何かしら得るものがある。製薬会社のバリアントは、重要な薬剤の一覧を独占していたが、それらの薬に対して法外な価格を請求していたことが判明すると、株価が九〇パーセント暴落した。市場が物を言い、バリアント社は耳を傾けるしかなかった。

私はこれまでしてきた取引のなかで、もっと取れるのに取り損ねたというものは、ひとつも思いつかない。はっきり言ってあるように、私は稼ぐのが好きだ。私は豆を食べて余生を送りたいと思うような仏教僧ではない。だが、誰かに買ってもらうために、ただの利益の先を見通すことで、どんなことが達成できるのか、驚かされるばかりだ。私は一億ドル企業の一〇〇パーセントを所有するより、一〇億ドル企業の一〇パーセントを所有するほうがいい。数字はまったく同じだが、一〇億ドル企業の一部を所有することで、私は一緒に引っ張ってきたみんなの利益も上げられ、それこそが巨大な利益だ。

話は戻って一九八六年、トミー・ティーグと私は、レーガンの新しい税法の恩恵を受けるため、トラックリース事業を私有化することに決めた。私は大衆株主の株を買い占めるべく資金を投入していた。会社の株はすべてティーグと私に再分配されることになっていた。

「ケン、もっと株を手に入れる方法があれば、ありがたいんだが」とティーグが言った。彼はその当時、八パーセントか九パーセントの株を所有していた。

「トミー、私に任せてくれ」と私は言った。

手続きを完了させるにあたって、ティーグと彼の弁護士がテーブルの片側に、私と私の弁護士が反対側についた。突然、ティーグが弁護士に何やら囁き、動揺しはじめているのが分かった。とうとう、彼は弁護士に向かって口走った。

「くそったれ、彼に話すからな」

ティーグは立ちあがり、私に言った。「ケン、外に出て、きみとふたりで話がしたい」

私たちは外に出た。「あの契約書を読んだか？」

「いや、読んでない」と私は答えた。

「きみの弁護士がヘマをやったんだ」

「私の弁護士はヘマをしてないよ、トミー。この契約書は、私が彼に伝えたとおりに作成されている」

「ちくしょう、弁護士がやらかしたんだ。あの契約書の記載によると、私が会社の三分の二を所有して、きみは三分の一しか所有しないことになっている！」

「なあ、私が三分の二を所有して、きみが三分の一を所有するよりも、私の三分の一は遥かに価値が上がるはずだ」

もしも私が会社の二〇パーセントをティーグに与えていたら、彼は最高にハッピーだっただろう。しかし、会社の三分の二を委ねたら、ティーグはセーラム・リーシングを成功させようと、懸命に働くだろうと分かっていた。そして、思ったとおりだった。トミー・ティーグは現在七六歳だが、週に七日働いている。私たちはこの会社を約一五〇〇万ドルで私企業化した。現在、私の三分の一は、一億五〇〇〇万ドル以上の価値になっている。

私が生涯で学んだ最も重要な教訓のひとつはこれだ。相手が手に入れられると見込んでいる以上のものを、テーブルに残しておけ。資本主義で最も重要なルールのひとつは、報奨だ。

私はたまたま金持ちになったのではない。金額や条件や取引を常に強く意識しており、何度もやり取りを繰り返して交渉している。だが、相手が騙されたと思うほどの取引は、決して望まなかった。私よりも相手が得をしたと感じさせるほうがいい。それぐらいのことは受け入れられる。私は、誰のオチンチンがいちばん大きいか、ガレージの裏で確かめたがる一〇歳児ではない。相手が自分よりもうまくやれば、その相手がまた私のところに来て、いくつもの取引をする可能性は充分にある。他方で、相手は私に正直であらねばならない。

ある日、ひとりの男が私のオフィスにやって来て、厳しい交渉をして、私たちは契約した。すると、翌日彼はまたやって来て、こう言った。「なあ、きみに出し抜かれたと思うんだ」

「どういうことだ?」と私は尋ねた。

「同意した内容は、私にとって正しくない気がする」

「契約内容を変えるべきだと?」

「そうだ」

「よし、こうしよう。きみがこうだと思う契約条件を教えてくれれば、その内容で契約しよう」

「本当に?」

「本当だ」と私は答え、彼は契約条件を伝えた。

「結構。では、契約するかね?」

「もちろんだ」

「請願書を提出したまえ。弁護士を立てるんだ。こちらも弁護士を立てる。契約は成立だ。出ていってから、私がきみにつけ込んだなどとは言わせない。だが、これだけは言わせてもらおう。私は生きている限り、きみとは二度と仕事をしたくない」

彼のしたことのどこがそんなに間違っていたのか？　私たちは取引をした。私はフェアな取引だと思った。彼もフェアな取引だと思った。ところが、契約条件のどこかを譲っていると感じたのか、私の気が咎めていると感じたのか、彼は戻ってきてさらに多くを求めた。私の考えだと、彼は約束に背いた。

しかし、強欲の反対は愚かさになり得る。私はＣＳＩＳ（戦略国際問題研究所）と呼ばれる、ワシントンの超党派のシンクタンクに所属している。数年前のある日、私はその会議に出席していて、仲間の評議員である故ズビグネフ・ブレジンスキーにこう言われた。

「きみたちがホーム・デポで利益を得ていなければ、店の商品価格をどれだけ下げられたか、分かっているのか？」

「ああ、ズビグ、きみの言うとおりだ。だが、投資からリターンが得られなければ、誰がわが社の株を買って、ビジネスを築くための資本金をだそうとしてくれるだろう？　なんの利益もなければ、なんのリターンも生まれない」

人がある会社の株を買って、別の会社の株を買わないのはなぜか？　人々はなぜホーム・デポの株を買って、シアーズやローバックの株を買わないのか？　彼らはシアーズをじっくり観察して、言うのだ。「ひどいな、この会社はめちゃくちゃだ。ここに投資はしたくない」と。そうなると、シアーズの株価は下落する。われわれの株価は上昇する。これが資本配分だ。そして、残酷だ。敗者の居場所はないのだから。だが、あってもおかしい。

勝者の驕りもない。自慢したいだろう？　破産するぞ。どこでもいいからロウズの店に入って、店内を見まわせば、イメージカラーがオレンジではなく青であることは別として、きみはこう言うだろう。「これはホーム・デポだ」と。彼らはわれわれを真似たのだ！　それは構わない。きみが私よりいいアイデアを持っているとすれば、私はそのアイデアを使うだろう。

驕りはなし、自己満足もなし。現在の栄光に満足していれば、神は助けてくださる。一九六〇年代と一九七〇年代初めには、ニフティ・フィフティと呼ばれる大型株のグループがあった。アンハイザー・ブッシュ。ブラック・アンド・デッカー。ブリストル・マイヤーズ。ザ・コカ・コーラ・カンパニー。ダウ・ケミカル。イーストマン・コダック。イーライリリー。ゼネラル・エレクトリック。IBM。ジョンソン・エンド・ジョンソン。３Ｍ。ゼロックス。州の年金基金や保険会社が普通株を買いはじめたとき、盲目的にこれらの企業の株を買っていた。当時の物の考え方は、こうだった。この企業のなかからどれでもいいから買って、自動運転させておけば、どんどん上がっていくだろう。止まることは決してない。

コダックは現金自動支払機だった。あの小さな黄色いフィルムの箱で、とんでもなく稼いでいた。するとある日ひとりのエンジニアがコダックの研究開発部に入っていき、言った。

「やあ、これを見てくれ。写真をデジタルで撮影できるんだ」

「それでどうなる？」。研究開発部員が尋ねた。

「電子化されて、画面に表示される」とエンジニアは答えた。

「フィルムはどこに入れるんだ？」

「フィルムは使わない」

「どういうことだ、フィルムを使わないのか？」

「そう、フィルムは使わない。紙にプリントしたければできるが、これはデジタルだ。ピクセルに過ぎない」

その後、どうなったかはご存知だろう。コダックは金のなる木であるフィルムを手放したがらず、シリコンバレーの若者は自分たちでデジタル写真を考案し、コダックは倒産した。

ゼロックス。一九五九年、ゼロックスの株は半年おきに文字どおり二倍になっていた。ゼロックスには、九一四機と呼ばれる最初の乾式印刷機があった。やがて特許権が切れて、同じ技術を取り入れたミノルタや他の企業が急に台頭してきた。いまのゼロックスは、昔の面影になっている。

他にはない製品を抱えている貴重な時期に、テクノロジー企業がするべきことは、それ自体を時代遅れにするために大金を投じることだ。かつてＩＢＭが最も得意としていたことだが、完全な驕りから道に迷ってしまった。ＩＢＭは自分たちを時代遅れにするのをやめて、他者によって時代遅れにされていた。世界の残り、シスコ、クアルコム、インテル、マイクロソフトがソフトウェアに向かっているときに、ＩＢＭはハードウェアを生産しつづけられると考えていた。特にマイクロソフトだ。ＩＢＭはビル・ゲイツにそのビジネスを与えたのだ！　彼らは面倒くさがってやろうとしなかった。

驕りはＩＢＭの社風に蔓延していた。彼らは統一することにこだわった。黒いスーツ、白いシャツ、地味なネクタイ、編み上げ靴の着用が求められた。私に言わせれば、いいアイデアを持っているやつなら、裸足で出社させてやれ、だ！

医療記録で最も成功したソフトウェア会社は、ウィスコンシン州マディソンにあるエピック・システムズという会社だ。われわれは三億ドルでそこのソフトウェアをＮＹＵメディカルセンターに導入したが、驚異的だ。そのソフトで私たちに何ができるか、人々は信じることができない。エピック社はジュディ・フォークナーという女性が創立した。私は彼女をニューヨークに呼び寄せ、投資家たちに話をしてもらったが、彼女の話の最後に私は尋ねた。

「ジュディ、きみのところには何か服装規定はあるのか？」

「そうねえ、構内にゲストがいるときは、服を着ておいてもらいたいわね」

ニフティ・フィフティは、驕り、柔軟性のなさ、先見の明のないことによって、そんなに素晴らしくないもの（ノット・ソー・ニフティ）へと衰退した。人間がするのと同じやり方で――そして、見通しを持たない人間がトップに立っていることによって、企業も道に迷うものだ。ＩＢＭは、焦点を合わせるものを間違えた。エイボンは消えた。プロクター・アンド・ギャンブルはずっと下方に傾いた。彼らは至るところで製品ラインを減らしてきた。いまは、引退する前にジェフ・イメルトが、工業用ソフトウェア会社としての将来を見据えて再建に着手していた、ＧＥへのインスピレーションを探している。幸運を祈る。遠洋定期船に一八〇度向きを変えさせるようなものだ。

そのリストのなかで、本当に見事に生まれ変わったひとつの企業は、ミネソタ・マイニング・アンド・マニュファクチャリング——3Mだ。彼らは新しい技術、新しい製品に、かなりの投資をしてきた。彼らには、毎年新しい製品をどんどん生みださなければならないという、変わらぬ信念があった。ポスト・イットの付箋メモを作るだけで、どれだけの金がかかっていることか！　3Mのイノベーションは素晴らしい。

もうひとつの素晴らしい手本となるのは、ウォルマートだ。

第二次大戦の終わりに、サム・ウォルトンはアーカンソー北西部のベン・フランクリン雑貨店を買い、利潤を少なくしてその分を顧客に還元することで、経営を大成功させた。ウォルトンは認可を受けていた。支店のオーナーではあったが、リース契約が切れて、希望どおりの収益があげられるようになる新しい契約を交渉するまで、ベン・フランクリンにリース料を支払っていた。そこで、彼はベン・フランクリンと別れ、ウォルトンズ5&10と店名を変えて、問題なくやっていたが、彼にはもっと大きな野望があった。

やがてウォルトンは、ミシガン州ガーデンシティのハリー・カニンガムという男の噂を聞いた。カニンガム——ニックネームはピート——は、S・S・クレスギーという経営不振の安物雑貨店を引き継ぎ、最高に成功したディスカウントストアのチェーン、Kマートに生まれ変わらせた。カニンガムが最初に着想を得たのは、アン&ホープというロードアイランドの大規模小売店で、一九六〇年代初めの百貨店としては革命的なことを、いくつか率先して行っていた。限られた販売員しか店に配置しないこと、ショッピングカート、巨大な駐車場。低いコストと高い売上げによって、アン&ホープは顧客に大幅な値引きを提供できた。ピート・カニンガムはアン&ホープを真似てKマートを作っており、サム・ウォルトンは注意を引かれた。

何年も後に、カニンガムはフロリダに隠居し、私はパームビーチで彼と知り合いになった。彼がガーデンシティの最初のKマートに入るたび、サム・ウォルトンがそこにいて、店内を見まわしていたことを話してくれた。ウォルトンは、Kマートがいいところを突いているとすっかり確信し、自分も同じことをしようと決めた。そこで、彼はアーカンソー北西部の小さな安物雑貨店のチェーンを買い、それをウォルマートに生まれ変わらせた。Kマートは破産申請し、シアーズと合併したが、ウォルマートは世界最大の企業になった。

ピート・カニンガムはパームビーチのわが家から通りを行ったすぐ先に住んでいて、ある日私は彼を誘って、近所にオープンしたホーム・デポを一緒に訪れた。店に入り、ここで働く若者たちと店内を歩いているとき、カニンガムが三メートルほど後ろをのろのろと歩きながら、絶えず首を振っていることに気づいた。

しばらくして、車に乗り込み、家に帰る途中で私は尋ねた。

「ピート、つい気になってしまったんですが、店内を歩いているとき、首を振っていましたね。何か気に入らないものでもありましたか？」

「いや、違うんだ。そうじゃない」とカニンガムはため息をついた。「Kマートも前はこんなふうだったのに、ああなってしまったと思ってね」

Kマートがどうなったか？　カニンガムが退任した後、ビジネスのこと、顧客のことなど知ったことではなく、関心があるのは最高経営責任者の特権だけというCEOが連続した。毎度のことだ。

では、ウォルマートはどうなったか？　サム・ウォルトンは、拡大していくチェーン店のあらゆる詳細に、鋭い目を光らせつづけた。店舗や倉庫の立地、運送費（彼は自身のトラック運送会社を始めた）、諸経費。ウォルマートが成長すればするほど、買い付ける量を増やすことができ、おかげで価格を下げることができた。そして、サム・ウォルトンが亡くなった後は、家族が会社を管理しつづけているが、ウォルトン一族は賢い人々だ。店舗でのエコ包装や節電、オンライン販売といったアイデアと共に、時代に順応してきて、本来の使命を見失わずにいる。低価格を維持し、買い物を最適化すること。そして、彼らはその見返りを得ていた。

われわれもホーム・デポで同じようなことをしようと努めてきた。自己満足は敵だ。一日一日、起きている一分一分に、自分たちの使命に集中していなければ、ホーム・デポは眠りに就くだろう。

そして、傲慢は敵だ。何年もの間、バーニー・マーカスと私は、決してホーム・デポの店に入らなかった（駐車場のカートを店まで押していくときは別として）。以前は私が自分で拾えるように、店の床にゴミがひとつ落ちていますように、と祈っていたものだ。なぜかって？　その店で働く若者にとって、初歩的な仕事だからだ。トップの人間がそういうことをしているのを見れば、その若者は自分に言いきかせられるだろう。「あの人たちにとって小さなことじゃないのなら、ぼくにとっても小さなことじゃない」と。社員との間にある人為的なバリアを取り払った瞬間に、驚異的な成功へとつながっていく。だが、それにはわずかな謙虚さが必要だ。

今日にいたるまで、私はホーム・デポに入って、迷っているような顔をした顧客を見かけたら、近づいていって、「私はこの会社の関係者ですが。何かお手伝いできることは？」と話しかけている。

私には答えられない質問があれば、若者をひとり捕まえて、「こちらのお客様の力になってくれるかな?」と伝えている。

おもしろい交流は、顧客相手だけじゃない。ある晩、ロングアイランドのエルモンドで、オープンを間近に控えた新店舗に入ると、ひとりの若い販売員が私を見て、誰だか気づいた。「ひとつ質問させてもらえますか?」と、この若者は言った（私は自分より若い相手は誰でも若者と呼んでいる）。

「もちろんだ」と私は答えた。

「あなた方は生まれながらに愚かなんでしょうか、それとも、だんだんとそうなっていったんでしょうか?」

こいつはおもしろい！「何が気になっているのかね?」

「あなた方がこの店にした、いくつかのまずいことは、理にかなっていません」

「案内して、見せてくれ」

彼は私をトイレのラバーカップのところへ連れていった。ディスプレーの下の箱に入っていて、ラバーカップは見えない。「まったく、もう。ここで働く半分の人間は、ラバーカップが下にある大きな箱のなかに入っていることを知らず、手を突っ込んだら、埃まみれになってしまいます。普通、土曜の朝に目を覚まして、〝ハニー、トイレのラバーカップを買いに行こう〟とはなりません。たいていの人は、午前三時にトイレが詰まり、夜明けに目を覚ましてから真っ先に店にラバーカップを買いに行くものです。なのに、すぐ見つからなければ、彼らは喜びはしないでしょう。それに、普通の買い物客の見えるところにラバーカップがあれば、万が一に備えて買っていくかもしれません」

「きみならどう改善する？」と私は聞いた。

「ウォールラックの上下にパイプフックを取りつけます。そして、銃架みたいに、ラバーカップをそこに吊します。ちょうど目線の高さに」

これは木曜日のグランドオープンを控えた、水曜日の夜のことだった。土曜の朝、私は店に入ると、ラバーカップのディスプレーへまっすぐ向かった。パイプフックはあるが、ラバーカップはない。

「ラバーカップはどこにある？」と、私はあの若者に尋ねた。

「ぜんぶなくなりましたよ」と彼は大きな笑みを浮かべて言った。売り切れたのだ。

さて、この若者は私をばかでも間抜けでも、どうとでも好きに呼んで構わない。私はちっとも気にしない！　大事なのは、彼が正しかったということだ。彼は顧客の立場に立って、どうあるべきかを考え、文句なしの買い物にするにはどうすればいいのかを考えていた。そのため、彼は称賛に値し、その年の終わりにはちょっとしたご褒美もあったことは言うまでもない。

もうひとり、こんな若者もいる。名前はドン。ドンは〝エンド陳列〟の勉強をしていた。店の通路の奥にある、特別なディスプレーのことだ。スーパーマーケットの場合は、トーマス・イングリッシュ・マフィンか、ペパリッジファームのクッキーか、ハインツのケチャップとマスタードが並んでいるかもしれない。顧客が自然と立ち止まって眺め、買っていくので、納入業者はエンド陳列のために追加料金を支払っている。ドンは、トイレを設置するのに必要なすべての物をお客に見せるというディスプレーのアイデアを思いついた。「どうやるつもりだ？」と私は彼に聞いた。

「水回り用品売り場の前のエンド陳列に展開しようと思います。銅から、塩化ビニル管から、排水管、取っ手の部品、フロート弁、便座まで、ありとあらゆる商品を展示するつもりです。何もかも」

その店の水回り用品の売上げは三〇パーセント伸びた。莫大な数字だ。そして、ホーム・デポのエンド陳列には、新たなニックネームがついた。デポ・ドンだ。われわれはドンにかなりのボーナスをはずんだ。

それが資本主義だ。店にいる他の若者たちが素晴らしいアイデアを思いつかなかったからといって、ラバーカップの若者とドンは、ボーナスをもらうべきではなかっただろうか？

ニューヨーク証券取引所に多大な価値を加えたことで、ディック・グラッソは一億四〇〇〇万ドルを支払われるべきではなかっただろうか？

聖書に、働き手を求めている農場主の寓話がある。その農場主は、午前八時にひとりの男を雇い、午後六時まで働かせ、丸一日分の報酬を支払う。ところが、午後五時に、農場主はもうひとり男を雇って一時間働かせ、こちらにも丸一日分支払う。最初の男が文句を言う。すると、農場主は言うのだ、「なあ、私はきみから何も奪い取ってはいないじゃないか。これは私の金だぞ」と。まさに資本主義の真髄だ。資本主義とは、投資することであり、人間は常に最高の投資対象なのだ。


一カ月前、アシスタントのパムが、ロングアイランドでホーム・デポの地区支配人を務めている人物からの電話を受けた。その相手は、オフィスを訪ねて私に会いたいと言っていた。どうぞ、と私は答えた。そこでパムは約束を取りつけ、その人物はオフィスに入ってきて、私の向かいに座った。彼のことはフィル・モレリと呼ぶことにしよう。

一九年ほど前、モレリは最低賃金より二ドル高い時給で、ホーム・デポの時間給従業員として働きはじめた。最初は駐車場係としてお客がカートに荷物を積むのを手伝ったり、駐車場から店内へカートを戻したりしていた。いまでは地区支配人になり、八店舗を取り仕切り、約二五万ドルの年収を稼いでいる。「今日あなたに会いに来なければならなかった理由をお話しします」と彼は言い、私を見た。「知っておいてほしいんですが、去年の春、私は両親の住宅ローンを完済しました。一二月には、自分のローンも完済しました。そして昨日の午後、メリルリンチのブローカーから電話があり、私の口座はいまでは一〇〇万ドル以上の価値になっていると言われました。つまり、私は百万長者です」

これは大学にも行けなかった若者の話だ。彼は大学向きの人間ではなかったのかもしれない。どうでもいい、いま彼は百万長者なのだから。彼だけではない。ホーム・デポには、時間給従業員からスタートして、いまでは億万長者になっている者が三〇〇〇人いる。資本主義は、あるべき状態で機能していれば、誰にでも機能する。すべてのボートを持ちあげられる、潮のようなものだ。

私は名声を期待しているか？　名声はいらない。もう充分だ。だけど、それ以上に、私は大きな満足感を得ている。私は、深刻な訴訟に直面しているふたりのユダヤ人と、企業破産と個人破産を申請したばかりのアイルランド人のために、二〇〇万ドルを調達しようと全国を飛び回って門前払いを食らい、ついに資金を集めると、彼らのもとへ行き「会社を興そう」と言った。私たちは起業し、〝ジャジャーン〟、ホーム・デポができた。私の計算では、この会社は少なく見積もっても一五〇万人の人生に影響を与えている。

どういう計算をしたのか？　ホーム・デポは、二三〇〇店舗に四〇万人の従業員がいる。これらの従業員の大多数は、妻や夫、子どもがいる。それに、ホーム・デポで販売している商品を作る会社に対して、私たちが生みだした雇用の数を思い浮かべてほしい。ブラック・アンド・デッカー。スタンレー・ワークス。蛇口メーカーのマスコ。

さて、四〇万人の従業員のうち、二〇万人は私たちが破産させたホームセンターに勤めていたのだから、厳密には純利益ではないと主張するかもしれない。この議論には価値がある。だが、この二〇万人は、私たちが支払っているような支払いは受けていなかったし、私たちが彼らを気遣うようには気遣われておらず、私たちが与えているような恩恵にもあずかっていなかった。

例えば、ホーム・デポでは誰に対しても、絶対に最低賃金での支払いはしていない。われわれにはシンプルな信念があった。最低の賃金に、最低の能力。私たちはいつも、キャリアを望んでいる優秀な若者たちを求めており、給料は妥協するしかないと彼らに思わせたくなかった。最低賃金よりも二ドルか三ドル多い時給を支払っていた。半年ごとに彼らの評価を見直している。それに、われわれは最初から雑草みたいに成長していたので、流動性という大きな利点を作りだしていた。

収入格差はこの国の深刻な問題であり、私には魔法の解決策はない。最低賃金の引き上げを命じることについては、私には分からない。年収二万ドルでは誰も暮らしていけないことは、よく分かっている。しかし、最低賃金を引きあげることで、助けたいと思っている人々が苦しむことになるかもしれない。製品にかかるどんな要素のコストでも上がれば上がるほど、その要素を変える方法を見つけ出すため、オーナーにさらに多くの発憤材料を与えられる。例えば、ウェンディーズのカウンターの奥にいる若者は、そのレベルの働きしかできないのかもしれない。その機能のコストが上がれば、ウエンディーズの経営陣はオートメーション化を考えることになるかもしれず、カウンターの若者は仕事を失ってしまう。

他方で、最低賃金を短期間で引きあげることが、取締役会で実行されるのであれば、私は賛成だ。ビジネスを営んでいる人々のなかには、先まで充分に見通して考えることのできていない者が大勢いる。私が取締役会に座っているノースカロライナの繊維会社、ユニファイは、アクリル糸にコットンの感触を与える織り方をする工場をエルサルバドルに置いている。莫大な収益をあげている工場で、一八〇人の従業員が、年間八〇〇万ドルから九〇〇万ドルの利益を堅実に生みだしていた。

二年前、取締役会を開いているとき、この企業の会長とCEOが顔を揃えていた。「ところで、工場で働く人々には、いくら払っているんだ?」と私は質問した。

週給八〇ドルだ、と彼らは答えた。

「エルサルバドルのことは何も知らないが、世界のどんな場所でも、どうすれば週給八〇ドルで暮らしていける?」

「だが、それが現行の賃金だ」と彼らは言った。

「計算してみよう。この労働者たちが年間四〇〇〇ドルを稼いでいるとしよう。その給与を三〇パーセント上げたら、彼らは五二〇〇ドル稼ぐことになる。この一二〇〇ドルに従業員数一八〇をかけても、年間で二五万ドルを下回る。収益は九〇〇万ドルなのだから、これならやっていけそうじゃないか！　彼らの賃金を上げたらどうなる?」と言って、私はふたりの男を見た。

「そうだな、エルサルバドルにある数々のアメリカ企業を怒らせることになるだろう」

「それでいいのか？　取締役会の権限の及ぶ方法かは知らないが、私は直ちに年間一二〇〇ドルの賃上げを行うことの動議をだすつもりだ」。こうして、取締役会は賃上げを可決した。

この会議は水曜に行われていた。会長とＣＥＯは月曜に飛行機で戻り、発表することになっていた。

「電話で彼らの反応を教えてほしい」と私は彼らに頼んだ。

月曜になり、彼らは発表し、私に電話してきた。競合する会社からあらゆる種類の電話がかかってきて、悪例を作ったと文句を言われているという。だが、工場の人々にこの発表をしたとき、彼らは泣いて抱き合っていたという。工場勤務者たちは、夢見心地だったようだ。その直後には、他社で働いていた大勢の人が、ユニファイの採用担当オフィスにやって来て、申込書を提出することになった。

現在でも、あの工場は同じ地区のどの工場よりも高い賃金を支払っていて、これまで以上の収益を上げている。

上げ潮だ。

私の哲学を簡単に言おうか？　私はみんなに成功してほしい。一部の人間だけでなく、みんなが金持ちになれば、この世界はずっと楽しい。

裕福になった人間のなかには、自分の腕一本でたたき上げたと豪語したがる者がいる。その方程式に誰も残そうとしないなんて、私には想像もできない。私は自分が腕一本でたたき上げたなどとは言えないし、今後も決して言うつもりはない。そんなことを言えば、私がここにたどり着けるよう助けてくれた大勢の人たち皆に対して、重い罪を犯すことになるだろう。助けてくれた人たちでヤンキー・スタジアムを満杯にでき、それでも足りないかもしれない。私の両親。エレイン。その両親。祈りを教えてくれた、私の兄。ラッセル・ヘッドリー。ジャック・カーレン。ビンディ・バンカー。プレスプリッチの第一五部署に採用したすべての若者たち。ロス・ペロー。アールバウム兄弟。バーニー・マーカス。マーティ・リプトン。エド・ハーリヒー。スタン・ドラッケンミラー。ボブ・グロスマン。そして、ホーム・デポの四〇万人のアソシエイツも忘れてはいけない。

私はこうして金持ちになった。自分だけの力ではない。私はひとりの男に過ぎない。私には優れた人々を集める能力があると思いたいが、私という人間は大勢の人々の努力をコラージュしたものでもある。

一九四七年に、古いブルージーンズをはいてレニー・アルトマンの酒の段ボール箱を売っていた、一二歳の頃のことを思いだす。あれは賢い子どもだった。独創力があった。だが、私に払う必要のない金を毎週すべて貯めていて、私が大学に行くというときにくれたレニーは、さらに賢かった。私は決して忘れない教訓を教わった。

ここに至るまでに、大勢の人々が私に大切な教訓を教えてくれた。今日、子どもたちにひとつ教訓を伝えるなら、それはこれだ。現在、アメリカには、かつてないほどのチャンスが溢れている。私の頃よりも目を凝らす必要があるかもしれないが、チャンスはそこにある。ああ、また二一歳に戻って、これから始めることができれば、どんなにいいか。

その一方で、二一歳の頃、私は世の中を片目でしか見ていなかったことを認めなければならない。いまの多くの大学生みたいに、私はウォール街へ行ってリッチになりたかった。大金を稼ぐにはいい方法だ。大きく失敗する方法でもある。すぐに燃え尽きてしまうことは言うまでもなく。

自分のしている仕事を愛することがどれだけ不可欠か、私は早い時期に学んだ。ときどき、私は後ろをふり返って、こんなことがどうやって起きたんだろう？　と思うことがある。それから、答えが思い浮かぶ。ばかだな、どうやって起きたかは分かっている。私は楽しく過ごせる場所にいたんだ！六〇年前、ハドソン・ホワイトナイトに言われたことを、いまでも覚えている。「私が予想するように、きみが心から仕事を愛すれば、きみはきっと大成功を収めるだろう」。だから、私は若者に言っている。私は事後にそのことを学んだ。きみは前もって学んでおくべきだ！

そう、私は幸運だった、信じられないほど幸運だった、そして、幸運を学ぶことはできない。父はよく言っていた。「クソの入ったバケツに落っこちて、金の腕時計と鎖を持って出てくることもある」と。私たちは皆、ときどきそのバケツに落ちることがある。勝者を敗者と隔てるものは、不幸を逆に活かす能力だ。立ち直る力と独創力だ。

私はいまでも、何から何まで仕事が大好きだ。八二歳のいまでも、朝になればわくわくしながらベッドから起き、次の取引が何をもたらすだろうかと興奮している。私の熱狂がもたらした金のおかげで、いい暮らしをして人々を助けることができているが、正直な話、その必要があれば、私は毎日働くために金を払うだろう。

そんなことを言える人間が、どれだけいるだろう？

謝辞

この本の執筆は楽しかった。人生における素晴らしい思い出、そのすべてをふり返ることができたからだ。幸運なことに私は、思いやりあふれるたくさんの人に助けられながら人生という道のりを歩んできた。彼らの励まし、サポート、関心は、私の人生を形作る大きな要素になっている。

まず伝えたいのは、この人生の旅路において、信念がどれほど大切な役割を担ってきたかということだ。成功の見込みがなさそうな窮地に陥り、困難に直面したときも、信念のおかげでいつも進みつづけることができた。私がいま、他人の苦境や困窮を敏感に感じ取れるのは、この信念、そして信仰心のためだ。神への信仰がなければ、私はただの抜け殻になっていただろう。

私の人生で最良の日は、一九五四年六月初め、その後、一生をかけて愛を捧げることになるエレインと初めて出会ったあの月曜日の夜だ。二年間の交際期間を含めると、私たちは六三年間をともに過ごしている。いやはや。エレインは、物事がうまくいっているときには喝采を送り、うまくいかないときは諦めず最後までやり抜くように励まし、いつもそばにいると言ってくれた。勝っても負けても、引き分けても。エレインは私の人生のパートナーで、魂の伴侶で、親友だ。彼女への愛は日増しに大きくなっている。エレインの存在は、私の人生に神が与えてくれた最高の贈り物のひとつだ。エレインがついていてくれなかったら、ここに書くことのほとんどは絶対に実現しなかっただろう。私は永久に彼女のものだ。

私の両親、ジョンとアンジー・ランゴーンは、子どもからすると文句なしに最高の親だった。ふたりは、私といまは亡き兄のマイケルに、子どもにとって何よりも大切なものである無条件の愛を、たっぷり注いでくれた。兄はあまりにも若くして亡くなったが、生前は私に祈ることの大切さを教え、いつだってカブ・スカウト〔低年齢向けのボーイスカウト〕の課題を手伝ってくれた。永遠に消えない兄の思い出が、私を守ってくれているのを感じる。兄と過ごす時間を主がもっと与えてくださったらよかったのだが。父と母は、私たちがよりよい生活を送れるようにと懸命に働いた。そういう暮しによって、両親は価値観を教え、勤勉に働くことと教育の大切さを教えてくれた。どれほど家計が苦しくても、ふたりは自分たちを犠牲にすることもいとわず、私たちがお腹いっぱい食べて、温かく居心地のいい家で過ごせるようにして、心待ちにできる楽しいことを用意してくれた。両親への思いは、いまも募るばかりだ。

エレインと私は幸運にも、主の思し召しによって、三人の素晴らしい息子、ケニー、ブルース、スティーブンを授かった。息子たちのおかげで、私はよりよい人間でいられる。三人が私に寄せてくれる愛情と敬意は、大きな力の源になっている。息子たちは、私がどんなことにチャレンジするときも常に励ましてくれる。そして、自分が何を成し遂げても謙虚さを失わず、他人への思いやりを忘れずにいる。私がひとつ後悔しているのは、仕事のために思うように家で過ごせなかったことだが、ありがたいことにエレインがその穴を埋めてくれた。息子たちと一緒に過ごせるときはいつも真っ先にキスとハグをしているし、電話を切るときにはいつも、お互いへの愛情を伝え合っている。何にも代えがたいことだ！　私たち夫婦は、ジェシカとニュンという優しい義理の娘、そしてマニーとソフィアというふたりの孫にも恵まれた。彼らが幸福で生産的な人生を送れるよう、私たちが手本となれることを心から願っている。

義理の両親であるマリオンとディック・アッピ、そして義理の姉のジャネット・ライダーは、まるで血の繋がった息子や弟のように私を受け入れてくれた。三人は、限りなく親切で、思慮深く、寛大だ。私の経歴において特別な役割を果たしてくれた義父は、とりわけウォール街への進出を手伝うことを楽しんでいた。彼の賢明な助言と洞察がなければ、私はいくつもの失敗を重ねていたかもしれない。これほど愛情深く思いやりのある義理の家族は、他にいないだろう。

若かりし頃をふり返ると、祖父母、伯父や伯母、いとこたちをはじめ、親戚から受けた愛と支えを思いだす。毎週日曜日の午後一時には、ポートワシントンに住む祖父母のローセラ家にみんなで集まった。肉汁（グレービーソースではなく！）、ミートボールとソーセージ、ブラチョーレ〔薄切りの牛肉で具材を巻いて煮込んだイタリア料理〕、通りの先にあるフラッパオロのパン屋で買った焼きたてパンの香り。どんなに大勢で集まっていようと、常にもうひとり分の席が用意されていた食卓。昼食後は、『テッド・マックのアマチュア・コンテスト（Ted Mack's Amateur Hour）』〔スターを発掘するオーディション番組〕の家族版が行われ、孫がそれぞれの芸を披露した。何よりもはっきり覚えているのは、お互いに対する愛と尊敬、思いやりの心であふれていたことだ。主は情け深くも、こんなにあたたかく愛情深い家族を私に与えてくださった。

これまでに私が成し遂げてきた仕事において、重要な役割を果たしてくれた人は大勢いるが、なかでもとくに大きな存在が、アシスタントで友人でもあるパム・ゴールドマンだ。私ほど一緒に働くのが大変な人間はいないかもしれないが、パムはほぼ完璧にやってのけている。しかも二五年間にもわたって！　私にはついついイエスと言ってしまう悪い癖があるが、パムはいつも物事がうまく運ぶよう取り計らってくれる。私が知る誰よりもたくさんの仕事を同時に進めることができ、しかも常に笑顔を絶やさず元気に仕事をしてくれる。どんな言葉でも言い表せないぐらい、彼女に感謝している。それから、友人で運転手のアルバーロ・ギャレゴ。アルバーロは二六年間そばにいてくれて、どんな無茶なスケジュールだろうと必ず応えてくれる。この偉大な国が差しだすすべてを、勤勉でひたむきな人間が有効に利用したら、どれほどのことを成し遂げられるのか、アルバーロはそれを示してくれている。アルバーロ・エス・ミ・アミーゴ〔アルバーロは私の友人だ〕！

初めはこの本を書くことに大きな不安を感じていたが、あらゆる面で特別な経験となった。執筆に協力してくれたジム・カプランは、親切で思慮深いパートナーだった。彼の提案はひとつ残らずすべて、本書を改善してくれた。明解でより意義深い文章になるように彼が丁寧に確認してくれたおかげで、私は自分の思いをきちんと表現し、伝えたいと思う物語を伝えることができた。おまけに、ジム自身が、美しい英語を巧みに操る素晴らしい作家でもある。始まりは完全に仕事上の関係だったが、私たちは大いに楽しみ、終わってみればいい友人になっていた。

一緒に仕事をしたペンギン・ランダムハウスのグループ全員が列車を時間どおりに走らせることに力を尽くしてくれ、私のチームのエイドリアン・ザックハイム、メリー・サン、ウィル・ワイザー、タラ・ギルブライド、マーゴット・スタマス、キャサリン・バレンティノ、リサ・ダゴスティーノ、ケイト・グリッグスの面々は、この本に私が書こうとしていることの趣旨を汲み取り、私よりも彼らのほうが詳しいことについては譲らず主張してくれた。ボブ・バーネットは最高のエージェントだ。配慮が行き届き、徹底していて、現実的で、みんなが合意しているかどうかを常に確認しながら進めてくれた。非常に前向きな姿勢で刊行まで突き進んでくれたチーム全体に感謝している。

本書を読めばお分かりだろうが、私がこれまで世話になってきた人すべてを集めたら、ヤンキー・スタジアムにも収容しきれないだろう。何人かは忘れているかもしれないが、それは彼らを認めていないからではなく、私の記憶力の問題だ。見落としてしまったことを、前もってお詫びしておきたい。このリストに挙げるひとりひとり、あるいは団体が、私の人生と仕事に関わってくれたことに感謝している。ここに至るまでに、彼らは私を導き、助け、忠告し、支えてくれた。そういうわけで、私は感謝でいっぱいだ。もし間違いがあれば、すべて私自身の責任である。

レニー・アルトマン ／ アダム・アーノット ／ ビンディ・バンカー ／ ジョン・バートロッティ ／ キャロル・バーツ ／ デビッド・バッチェルダー ／ ゲリー・ベル ／ アート・ベンベヌート ／ ビル・バークリー ／ ジョー・ビレラ ／ フランク・ブレイク ／ アーサー・ブランク ／ ジョナサン・ブルム ／ ジュールズ・ボーゲン ／ フランク・ボーマン ／ エリック・ボスハルト ／ ラリー・ボシディ ／ アリ・ブースビ ／ エド・ブラニフ ／ ジョン・ブラフマン ／ グレッグ・ブレネマン ／ ゴードン・ブリュワー ／ ロン・ブリル

／　エリオット・ブロイディ　／　ディック・ブラウン　／　ボビー・バックリー　／　ウォルター・バックリー　／　アーサー・カルカニーニ　／　ドナルド・カルカニーニ　／　デイブ・カルフーン　／　ジェフ・カナダ　／　トニー・カーボネッティ　／　アル・キャリー　／　テリー・キャシディ　／　ポール・チアパロネ　／　ジョン・クレンデニン　／　アルマンド・コディーナ　／ゲイリー・コーン　／　バド・コーン　／　ジョージ・コンウエー　／　リー・クーパーマン　／ブライアン・コーンウェル　／　デイブ・コート　／　トム・コフリン　／　ビル・カウィー　／アーチー・コックス　／　ベリー・コックス　／　エド・コックス　／　マック・クロフォード　／グレッグ・クリード　／　ジャック・カーレン　／　ダグ・カーリング　／　ジョージ・デイリー／　ウィル・ダノフ　／　フレッド・デマッティス　／　メル・ディッケンソン　／　ジェイミー・ダイモン　／　ティモシー・ドラン枢機卿　／　ボブ・ドナート　／　フィオナ・ドラッケンミラー／　スタン・ドラッケンミラー　／　スティーブ・ドゥラ　／　ジミー・ダン　／　マービン・エリソン　／　マイケル・アールバウム　／　ゲイリー・アールバウム　／　スティーブン・アールバウム　／　ボブ・フェイゲンソン　／　パット・ファラ　／　トム・ファジオ　／　マイク・フェディシン　／　ラリー・フィンク　／　ビル・フラハティ　／　アルミニオ・フラーガ　／　ルイス・フラーガ　／　アラン・フレーザー　／　パオロ・フレスコ　／　デール・フライ　／　ビル・ガイデン　／　ピーター・ジョージェスク　／　スージー・ゴールドバーガー　／　パム・ゴールドマン／　ジョー・グラーノ　／　ボブ・グレーパー　／　ディック・グラッソ　／　ハンク・グリーンバーグ　／　ロン・グリーンバーグ　／　ビル・グリーブ　／　ボブ・グロスマン　／　デビッド・グ

ルエンスタイン ／ ジル・ハーク ／ デービス・ハムリン ／ ジョン・ヘイムリ ／ ビル・ハリス ／ アイラ・ハリス ／ ジョン・ハリス ／ ミッチ・ハート ／ ラッセル・ヘッドリー ／ エド・ハーリヒー ／ レイ・ハーマン ／ ボニー・ヒル ／ スティーブ・ホルツマン ／ スタン・ハバード ／ ラベ・ジャクソン ／ トム・F・ケイン ／ トム・W・ケイン ／ メル・カーマジン ／ アレックス・カープ ／ ヘンリー・カウフマン ／ スティーブ・ケイ ／ クリスティーナ・ケプナー ／ アート・キニー ／ ジョエル・クライン ／ デイブ・コマンスキー ／ ロバート・クラフト ／ ディック・クラムリック ／ ジミー・リー ／ スティーブ・レビン ／ ランディ・レビン ／ マーティ・リプトン ／ ジョー・リッテンバーグ ／ ウォルター・ローブ ／ アート・ロング ／ ジョー・ロンズデール ／ ダン・ラフキン ／ ジョン・マック ／ ショーティー・マハンナ ／ エド・マローン ／ チャールズ・マンガム ／ バーニー・マーカス ／ トム・マルケス ／ ジム・マーシャル ／ ジム・マッカーシー ／ ジョー・マクファーランド ／ アレン・ミーベーン ／ クレイグ・メニア ／ モート・マイヤーソン ／ ロベルト・ミニョーネ ／ テッド・マービス ／ ボブ・モーザー ／ ジョン・マウンテン ／ アンジェロ・モジロ ／ ビル・マーフィー司教 ／ トム・マーフィー ／ ジョン・マイヤーズ ／ ゲイリー・ナフタリス ／ ブレア・ナンス ／ ボブ・ナノビック ／ トム・ネフ ／ ネーダー・ニアニ ／ デビッド・ノバック ／ マイケル・オービッツ ／ デビッド・パーカー ／ マイケル・パスクッチ ／ ラリー・ペドウィッツ ／ フランク・ペレグリノ ／ ロス・ペロー ／ アンディ・ピアソン ／ ディーン・ポル ／ ジョン・プリントン

／スコット・プロバスコ／クリス・クイック／ロバート・リッチー教区司祭／ジェリー・ロシュ／ジョン・ローゼンウォルド／ナサニエル・ド・ロスチャイルド／エディ・ローワン／ルー・ルーディン／ジャック・ルーディン／ビル・ルーディン／ジョン・ルネット／フランシス・ライアン教区司祭／ハーブ・サルキシャン／ジュリアン・ソール／ルー・ショット／ザック・シュライバー／アラン・シュワルツ／スタン・シャピロ／デビッド・シャピロ／ラリー・シルバースタイン／ジェフ・スキッドモア／ボブ・スミス／デレク・スミス／ダンカン・スミス／ゲイリー・ソイカ／マイケル・ソロモン／ジョー・スペクター／フランク・スペンサー／ロブ・スパイヤー／ジェリー・スパイヤー／ポール・スタンデル／ボブ・スタンスキー／マイケル・スタンスキー／アル・スタインハウス／ジーン・ステップ／ブレンダン・サリバン／ビル・サマーズ／シドニー・トーレル／アンディ・タウシグ／トム・ティーグ／キャロル・トーム／ポール・チューダー・ジョーンズ／ダン・タリー／ジョン・ターナー／ジェフ・アンガー／ラリー・ビクター／ピーター・ブラチョス／ドロシア・ウォルバーグ／フィッツ・ウォーリング／トム・ウォルター／アンディ・ウォーリック／ガス・ワタナベ／ジョン・ワインバーグ／ジャック・ワイスト教区司祭／ジャック・ウエルチ／トニー・ウェルターズ／ハドソン・ホワイトナイト／デビッド・ビーダーレヒト／フランク・ウィルキンズ／ウェッブ・ウィリアムズ／フェイ・ウィルソン／アーニー・ウリガー／デビッド・ザスラフ／ガーソン・ツバイファッハ

幸運にも私が一員となれた、素晴らしい企業と団体の仲間たち。

オートファイナンス・グループ／バックネル大学／チョイスポイント／エレクトロニック・データ・システムズ／ホーム・デポ／インベムド／IVAC／ミセル・テクノロジーズ／NYUランゴーン・ヘルスの医師、看護師、スタッフ、理事会／NYUスターン・スクール・オブ・ビジネス／オハイオ・マットレス・カンパニー／パークデール・アメリカ／パトレックス・コーポレーション／セーラム・リーシング・コープ／ユニファイ／ユナイテッド・ステーツ・サテライト・ブロードキャスティング／ワクテル・リプトン・ローゼン・アンド・カッツ／ヤム・ブランズ

■著者紹介
ケン・ランゴーン（Kenneth Gerard Langone）
1935年生まれ。ビジネスマン、投資家で億万長者。アメリカではとくにホーム・デポ社の共同設立者として知られる。バックネル大学で文学士号、ニューヨーク大学スターン・スクール・オブ・ビジネスで経営学修士号を取得。インベムド・アソシエイツ社の創立者兼会長。ニューヨーク大学の理事会とスターン・スクールの顧問組織に名を連ね、NYUランゴーン・ヘルスの理事会の会長も務める。セント・パトリック大聖堂、ロナルド・マクドナルド・ハウス・ニューヨーク、戦略国際問題研究所、ホレイショ・アルジャー協会、ハーレム・チルドレンズ・ゾーンとそのチャーター・スクールであるプロミス・アカデミーの役員。マルタ騎士団と聖グレゴリー騎士団の一員でもある。

■訳者紹介
堀川志野舞（ほりかわ・しのぶ）
横浜市立大学国際文化学部卒。英米文学翻訳家。おもな訳書に『無限の宇宙　ホーキング博士とわたしの旅』（静山社）、『愛は戦渦を駆け抜けて』（KADOKAWA）、『NASA式最強の健康法』（ポプラ社）、『マーク・トウェイン ショートセレクション 百万ポンド紙幣』（理論社）、『フライング・ハイ——エアアジア、F1、プレミアリーグ』（パンローリング）などがある。

■翻訳協力：株式会社リベル

2019年5月3日　初版第1刷発行

ウィザードブックシリーズ ㉘①

資本主義は最高！
――グローバル企業ホーム・デポ設立で夢をつかんだ男

著　者　ケン・ランゴーン
訳　者　堀川志野舞
発行者　後藤康徳
発行所　パンローリング株式会社
〒160-0023　東京都新宿区西新宿7-9-18　6階
TEL 03-5386-7391　FAX 03-5386-7393
http://www.panrolling.com/
E-mail　info@panrolling.com
装　丁　パンローリング装丁室
組　版　パンローリング制作室
印刷・製本　株式会社シナノ

ISBN978-4-7759-7250-2